Omslagontwerp deur Mike Cruywagen
Voorbladfoto deur Mia Claisse
Agterbladfoto deur Alain Claisse
Tipografie deur Susan Bloemhof

Oorspronklik gedruk in Suid-Afrika
ISBN: 978-0-624-09568-2 (Eerste uitgawe, eerste druk 2025)

LSiPOD: 978-0-624-09612-2 (Eerste uitgawe, eerste druk 2025)

ISBN 978-0-624-09569-9 (epub)

MARITA VAN DER VYVER

My jaar van van vrees en vryheid

Tafelberg

Die fondament van hierdie boek was kort reisrubrieke wat aanlyn gepubliseer is in *LitNet*, *Vrye Weekblad* en *Daily Maverick* (in Engels). Sommige hoofstukke bevat gedeeltes uit spesifieke rubrieke, of sinne uit verskillende rubrieke, hoewel die meeste van nuuts af geskryf is. 'n Vroeë weergawe van die hoofstuk "Om met ander oë na Parys te kyk" het in die tydskrif *Sarie* verskyn, en 'n verkorte weergawe van "As jy normaal wil agterlaat" is opgeneem in die bundel *Draaie, swaaie en afdwaalpaaie*, saamgestel deur Corlia Fourie en Annelize van Rooyen, en in 2024 deur Queillerie uitgegee.

"Elke reisiger bly homself, en reis kan dit nie genees nie, het ek eers ge-dink. En dis waar. Maar soms op 'n reis belewe 'n mens iets gevaarliks én waaragtig moois, en daarna is jý nooit weer dieselfde mens nie."

Abraham H. de Vries, *Soms op 'n reis*

"Le véritable voyage de découverte ne consiste pas à chercher de nou-veaux paysages, mais à avoir de nouveaux yeux." (Die ware ontdekkings-reis bestaan nie daaruit om na nuwe landskappe te soek nie, maar om met nuwe oë te kyk.)

Marcel Proust, *À la recherche du temps perdu*

OM TE BEGIN

Reis en sien die wêreld. Bly tuis en red die wêreld. Dis die soort slagspreuk wat reis deesdae 'n ingewikkelde affêre maak. Want hoewel miljoene mense afhanklik is van 'n inkomste uit toerisme, het massatoerisme ongetwyfeld ook 'n nadelige invloed op ou stede en geskiedkundige geboue en voorheen ongerepte natuurtonele. Te veel vliegtuie wat skadelike gasse in die lug vrystel, te veel passasierskepe wat die water besoedel, te veel voertuie oral op aarde.

Reis het sy onskuld verloor, kan jy seker sê, dit het net nog iets geword wat aan jou gewete krap, soos om vleis of kitskos te eet, of te veel goedkoop klere te koop, of 'n rolprent te geniet van 'n regisseur wat aangekla is van seksuele wangedrag, of, of, of. Die lys is eindeloos.

Jy kan seker ook sê om te lewe het 'n ingewikkelde affêre geword, om daagliks jou balans te hou op 'n wankelrige bruggie bo-oor 'n afgrond van morele en ekologiese besware. *Everything gives you cancer*, soos Joe Jackson gesing het. Of anders help dit om ons enigste bewoonbare planeet te vernietig.

En tog sal die meeste van ons aanhou reis, soos ons sal aanhou lewe, met aanpassings en kompromieë, bewus van die slagysters, soms aspris blind vir die gevare, want om jou hele lewe op dieselfde plek deur te bring, soos 'n boom, het byna ondenkbaar geword.

Ek is oud genoeg om 'n tyd te onthou toe enige buitelandse reis 'n eksotiese ervaring was, nie beskore vir die massas nie, toe niemand in my familie nog ooit in 'n vliegtuig geklim het nie. As kind het ons gesin soms op 'n Sondagmiddag na die ou D.F. Malan-lughawe buite Kaapstad gery om op 'n balkon te staan en kyk hoe vliegtuie opstyg en land. Dit was die naaste wat ek aan vlieg gekom het, behalwe in my verbeelding en in my drome, dwarsdeur my skooljare.

As vriende van Pa en Ma, of selfs net 'n kennis in die straat, gelukkig genoeg was om oorsee te gaan, is die hele straat genooi om 'n ellelange skyfievertoning van elke monument en natuurtoneel by te woon. Of 'n klanklose home movie te kyk, met lang stukke uit fokus of in die donker afgeneem of heeltemal te helder belig, en die dele wat jy wel kon sien, het in elk geval niks beteken nie, want dit was net name uit boeke of tydskrifte. Die Eiffeltoring. Trafalgar Square. Die Colosseum. Manneken Pis. (Dít het ons darem laat giggel.)

Wanneer Afrikaanse skrywers soos André P. Brink, Elsa Joubert, Jan Rabie of Uys Krige oorsee gereis het, kon hulle die ervaring beter verwoord as die oom in die straat met sy skyfievertoning, en omdat ons so ongelooflik niks gewoond was, het ons gretig gelees wat hulle skryf oor plekke waar ons nog nooit was nie.

Toe breek die era van massatoerisme aan, en in die laaste dekade of twee het slimfone en sosiale media die ganse mensdom in verslaggewers van reise verander. Pleks van woorde deel jy nou meestal foto's en video's van jou reise, en omdat omtrent almal wat jy ken óók reis, wys ons maar net vir mekaar prentjies wat almal reeds tot vervelens toe gesien het, met die enigste verskil dat jý nou ook in die prentjie is. Ek voor die Eiffeltoring. Ek op Trafalgar Square.

Is woorde enigsins nog nodig om 'n reis te beskryf?

Dis die vraag wat ek aanhoudend vir myself moes vra terwyl ek aan hierdie reisboek geskryf het.

En dan word enige verslag boonop moeiliker gemaak deur die gemengde gevoelens wat 'n denkende skrywer deesdae onvermydelik oor die verskynsel reis moet hê. Ek is verslaaf aan reis, en dwarsdeur hierdie boek soek ek redes vir hierdie verslawing, verduidelikings om my gewete te sus, verklarings vir waarom reis so onweerstaanbaar bly. Ondanks alles.

Een ding wat duidelik geword het in vyftien maande van swerf op drie vastelande, is dat jy nie jou gewete kan afskakel terwyl jy reis soos wat jy 'n bedlamp afskakel om rustiger te slaap nie. Jy dra daardie morele lampie saam met jou en in die lig daarvan kyk jy anders na alles wat jy sien. Om deesdae skaamteloos te spog oor hoeveel lande jy al gesien het, al was jy skaars 'n dag in sommige van dié lande, is soos om te spog oor hoeveel keer 'n dag jy stort of jou tuin natlei ondanks streng waterbeperkings. Selfs al gebruik jy jou eie boorgatwater. Dit klink eenvoudig toondoof, selfs ietwat onbetaamlik.

Maar dit ís moontlik om meer betaamlik te reis, om massatoerisme te vermy, om *the road less traveled* te kies, om met plaaslike mense in aanraking te kom en die plaaslike ekonomie op 'n beskeie manier te help, om ook iets terug te gee in ruil vir alles wat jy uit die ervaring kry.

Ek en my man, Alain, het soveel meer gekry as wat ons verwag het nadat 'n sameloop van onaangename omstandighede ons vir meer as 'n jaar lank in huislose swerwers verander het. Ek, 'n Afrikaanse skrywer wat ná meer as 'n kwarteeu in Europa steeds swaar dra aan my spesifieke kulturele bagasie, en "my Fransman", soos ek hom graag noem, met 'n knypie selfspot, want sy Franse blik op al ons belewenisse laat my ook anders kyk, dieper en wyer, as wat op my eie moontlik sou wees.

Dit was in vele opsigte 'n gedwonge reis, veroorsaak deur finansiële kwellinge vererger deur 'n pandemie, gepaard met depressie en verslawing wat ons by 'n breekpunt gebring het. Dis die konteks, waaroor ek later meer vertel, van 'n avontuur wat ons aangedurf het soos 'n adrenalien-belaaide sprong van 'n hoë krans af, hand aan hand, na 'n poel water so ver onder ons dat ons dit skaars kon sien. Dalk sou ons mekaar verloor in die sprong of in die water doer onder, maar daar was ten minste 'n kans dat ons saam anderkant sou uitkom.

Indien ons op die rand van die krans bly aarsel het, sou alles wat ons tot daar gedryf het, ons ingehaal het. En dan was daar moontlik nie meer 'n "ons" waaroor ek hierdie storie, of enige ander een, kon vertel nie.

Gedurende ons omswerwinge het ek gereeld aan Joan Didion se raad in *Slouching Towards Bethlehem* gedink. Sien genoeg en skryf dit neer, sê sy vir haarself. *And then some morning when the world seems drained of wonder . . . I will simply open my notebook and there it will all be, a forgotten account with accumulated interest, paid passage back to the world out there.*

Dis wat die beste reisbeskrywings is, 'n betaalde kaartjie na die wye wêreld, na verwondering en oorrompeling. 'n Goeie reisstorie voer jou as leser weg, uit die alledaagse hier na 'n verleidelike elders, en terselfdertyd bring dit jou terug in jou eie lyf, na jou eie emosies, na wat jy voel terwyl jy lees. Soos goeie fiksie transformeer dit dáár en eendag na hiér en nou.

Tydens ons reis het ek dikwels by ander reisende skrywers aangeklop om raad en besieling te vind, deur hulle boeke oop te maak, hulle woorde te lees. En noudat ek weer in 'n huis woon, sit ek in 'n leunstoel en reis steeds saam met hulle.

Dalk moet jy baie dapper of baie dom wees om te glo dat mense nog stories oor reis wil lees as hulle bloot na prentjies oor reis kan kyk. Aan die ander kant, jy het waarskynlik 'n goeie dosis dapperheid en domheid nodig om énige storie te skryf en te hoop iemand sal dit wil lees. En tog doen ek dit al meer as veertig jaar lank.

Dis te laat om op te hou skryf. Dis te vroeg om op te hou reis. Geen verdere verskonings nie.

Kom ons doen dit net.

Dis die woorde waarmee hierdie reisverhaal begin.

DEEL I

DWALEND DEUR EUROPA

1. KOM ONS DOEN DIT NET

In my geboorteland is dit Lentedag, al die veld is vrolik, tralala, die natuur begin weer lewe. Hier in Frankryk is dit herfs en dinge begin doodgaan om ons. Maar selfs in die Europese herfs beteken September darem ook 'n vars begin, 'n nuwe akademiese jaar, kinders wat vir die eerste keer skool toe gaan, studente wat begin studeer, nuwe loopbane, nuwe kanse.

La Rentrée word dit hier genoem, Die Terugkeer, en vir die eerste keer in die kwarteeu wat ek al in Frankryk woon, het ek nie 'n kind of 'n man in die huis wat ná die somervakansie moet terugkeer skool of werk toe nie. Trouens, ek het nie eens meer 'n huis nie.

Die Terugkeer word eerder 'n Bybelse Eksodus. *Afskeid en vertrek. You Can't Go Home Again.* Titels van geliefde boeke klink meteens soos onheilspellende waarskuwings.

Want op 1 September 2021 vat ons die lang pad na wie weet waar, met al ons aardse besittings vir die volgende jaar in ons ou Renault Kangoo gelaai. My rooi karretjie het ons reeds 'n maand vroeër verkoop, saam met heelwat van ons meubels en dinge wat meteens vreemd oortollig geword het. Wat onontbeerlik is, meestal besittings met sentimentele eerder as geldelike waarde, is in 'n skeepshouer gestoor.

"Soos vlugtelinge uit 'n oorloggeteisterde land," mompel Alain terwyl hy oor sy skouer kyk na alles wat in die Kangoo geprop is nadat ons die agtersitplekke platgeslaan het.

Saam met twee groot tasse vir ons klere en twee kleintjies vir winterklere wat ons waarskynlik later nodig gaan kry en twee kajuittassies met ons skootrekenaars en persoonlike dokumente, is daar ook 'n boks vol wyn en olyfolie uit ons streek wat ons vir vriende langs die pad wil skenk, en twee sakke vol van my boeke om uit te deel en te smous. En 'n kameelperd uit hout gekerf, amper so lank soos 'n mens, wat ons by ons seun Daniel in Switserland moet gaan aflaai omdat hy nie langer sonder dié aandenking uit sy geboorteland kan lewe nie. En 'n skaatsplank, 'n opgerolde tapyt, 'n tuisgebreide lappieskombers en ander "noodsaaklike" besittings waarsonder ons dogter Mia in haar nuwe woonstelletjie in die buitewyke van Parys ook nie langer kan lewe nie.

Hugo, die jongste seun, het reeds 'n wavrag vol besittings kom oplaai – ons besittings, nie syne nie, want Hugo het nog altyd lig gelewe. Maar nou is dit ons beurt om te leer om ligter te lewe, en Hugo het meubels nodig vir sy huurhuis op 'n dorpie noord van Lyon. Eintlik het ons al vier die kinders genooi om te kom haal wat hulle wil hê voordat ons daarvan ontslae raak, maar Hugo is die enigste wat die uitnodiging aanvaar het. (Moontlik 'n bewys van hoe onbegeerlik die meeste van ons afgeleefde meubels en elektroniese toerusting vir ons byderwetse kinders is.) Thomas, die oudste, het vinnig laat weet ons is welkom om in sy woonstel in Lille te kom kuier, maar ons hoef niks saam te bring nie, dankie.

Ons rol toe maar Daniel se kameelperd toe in Mia se tapyt en gooi die gebreide kombers oor die hele boksemdais agter in die kar, in 'n waarskynlik vergeefse poging om minder soos huislose vlugtelinge te lyk. Want hoewel ons inderdaad huisloos is ná ons vroeër dié oggend die sleutels van ons huis aan die nuwe eienaars oorhandig het, is ons darem nie op vlug nie.

Wel, nie wérklik nie. Ons vlug nie van ons probleme nie, ons weet ons vat hulle saam met ons in die oorlaaide kar, maar ons hoop dat ons soektog na nuwe landskappe ons sal leer om ook, soos Proust dit gestel het, met nuwe oë na ou landskappe – en ou probleme – te kyk.

Intussen is ons, soos Frances McDormand se karakter in die fliek *Nomadland* sê: *Not homeless. Houseless.* Nie tuisloos nie, net huisloos. Daar is 'n groot verskil.

Jou tuiste is immers veronderstel om te wees waar jou hart ook al is, en vir die voorsienbare toekoms lê ons hart op die langpad, uitgestrek oor die wêreldkaart, kloppend van opgewondenheid oor onbekende plekname, bonsend van vrees om uit ons gemaksone gedryf te word. Bowenal aan die brand van nuuskierigheid oor waarheen die wind ons gaan waai.

Miskien moet ek elke twintig jaar so 'n brugjaar aandurf, begin ek nou bespiegel, om 'n nuwe perspektief op my lewe te kry. My eerste keer was in my vroeë twintigs, pas ná ek graad gevang het op Stellenbosch, in die dae toe 'n *gap year* nog nie 'n alombekende begrip was nie. Vir my was dit bloot 'n wegkomkans van alles wat bekend was, 'n begeerlike sprong na die eksotiese "oorsee", soos al daardie negentiende-eeuse reisigers wat so besielend oor hulle Grand Tour deur Europa geskryf het.

Ek was egter heelwat meer platsak as my romantiese rolmodelle van ouds. My gidsboeke was eerder George Orwell se *Down and Out in Paris and London*, of Hemingway se *A Moveable Feast*, of James A. Michener se *The Drifters* wat vele jong lesers in die jare sewentig oor sorgelose swerftogte laat droom het. Bewapen met 'n te groot rugsak en 'n te dun beursie, en so dapper soos jy net kan wees as jy onnosel en onervare is, het ek 'n jaar lank deur Europa geswerf.

Die jaar 1980 het my kop oopgeblaas, my vooroordele weggegee, my perspektief vir die res van my lewe verskuif. Ek moes op allerhande beskeie maniere aan die lewe bly – deur 'n baba op te pas in Frankryk, tafels te bedien in 'n Griekse restaurant, 'n teetrollie rond te stoot in die gange van Rio Tinto Zinc se Londense hoofkantoor. In 'n wit oorjassie agter my trollie vol teekoppies en versnaperinge het ek, bedorwe wit meisiekind uit Afrika, gou agtergekom ek is onsigbaar vir die kantoorpersoneel. Die meeste het nie eens opgekyk as ek vir hulle 'n koppie tee skink nie.

Dit het my bewus gemaak, tot vandag toe, van werkers in uniforms en oorjasse wat dikwels soos spoke in groot geboue beweeg. Skoonmakers, bedieners, veiligheidswagte, die hele stil skare wat selde raakgesien word deur beter betaalde beroepslui op kantoor of haastige reisigers op lughawens of gaste in hotelle. Sedert my eerste swerfjaar probeer ek hulle in die oë kyk, waar ek hulle ook al teëkom, want ek sal nooit vergeet hoe dit voel om onsigbaar te wees nie.

Twintig jaar later, op die vooraand van my veertigste verjaardag, was dit weer tyd vir 'n sprong na die onbekende, om weg te kom uit 'n groef wat net te gemaklik begin voel het. Dié keer het dit heelwat meer moed gekos om 'n brugjaar aan te durf, want ek was ouer en banger, met 'n huis wat verhuur moes word, 'n motor wat verkoop moes word, rekeninge en polisse wat maandeliks betaal moes word, al hoe meer besittings wat ek nie saam met my kon piekel nie. Boonop was ek 'n enkelma van 'n kleuterseun wat saam met my moes swerf. Dis juis die feit dat Daniel binnekort sy skoolloopbaan sou begin – wat alle verdere swerftogte vir die volgende twaalf jaar sou kortwiek – wat hierdie een so dringend noodsaaklik laat voel het.

In my tweede wegkomkansjaar het ek, soos die ironie dit wou hê, aan my roman *Wegkomkans* geskryf – en halsoorkop verlief geraak op die Fransman wat nou, 'n kwarteeu later, saam met my hierdie derde weg-komkansjaar aanpak. Wie sê die lewe is nie vol onverwagse kringlope en sirkelvlugte nie?

Terwyl ons in ons oorlaaide Kangoo na wie weet waar ry, luister ons na musiek uit ons jeugjare wat skielik weer splinternuut klink. Spesiaal vir ons geskryf. Soos Janis Joplin se rasperstem-weergawe van Kris Kristoffer-son se *Me and Bobby McGee*, met 'n liriese frase wat moontlik ons motto vir dié Jaar van Waagmoedig Lewe gaan word: *Freedom is just another word for nothin' left to lose.*

Want ons moes inderdaad baie verloor voor ons hierdie soort vryheid kon wen. Hoewel ons lankal droom oor 'n láng reis wanneer Alain die dag aftree, het ons altyd gedog ons sou 'n huis hê om na terug te keer wan-neer ons moeg gereis raak. Gedog ons sou ons huis verhuur, soos ek twee dekades gelede gedurende my tweede brugjaar met my Stellenbosch-huis gemaak het. Maar ons weet mos wat van Dog geword het.

Ons het nie rekening gehou met Covid-19 nie. Hoe hierdie pandemie 'n Afrikaanse skrywer in Europa se inkomste kon laat krimp tot sy nie meer die paaiemente op haar huis kon bekostig nie. Of hoe die inper-kings en die afsondering en die opeenvolgende golwe van eensaamheid my man se depressie soos 'n tydbom sou laat tik tot dit onvermydelik moes ontplof.

Alain was 'n jaar lank met siekverlof, van vóór Covid uitgebreek het, en gedurende die eerste paniekbevange maande van die pandemie was dit onmoontlik om voldoende sielkundige hulp te kry in Frankryk, soos seker in die meeste lande, omdat alle mediese dienste toegespits was op die fisieke eerder as die emosionele gesondheid van die bevolking. An-ders gestel, as jy reeds vóór die inperkings aan depressie gely het, was jou kanse skraal om wonderbaarlik op jou eie te herstel.

Boonop is die sogenaamde swart hond 'n ongenooide gas wat ge-woonlik nie alleen opdaag om jou partytjie te gatecrash nie. Saam met hom sleep hy 'n sluwe pêl wat ons as verslawing ken. Depressielyers is dikwels ook verslaaf aan alkohol of nikotien, verbode dwelmmiddels of voorgeskrewe pille of selfs aan kos. Soms sluip verslawing eerste by die deur in, dan kom snuffel daardie gevreesde hond op sy spoor, maar soos met die hoender en die eier is dit bykans onmoontlik om die volgorde te bepaal.

Alain was baie jare lank 'n sober alkoholis. Op die waterkan-wa, 'n paar keer afgeval en weer opgeklim, soos dit maar gaan, maar elke keer meer vasbeslote om bo te bly. Toe die depressie hom platslaan, het die rit op die wa al hoe wankelriger geword. En toe kom die pandemie. Die *addictologue* (Franse dokter wat in verslawing spesialiseer) wat hy gereeld gesien het, moet haar spreekkamer sluit. Sy sielkundige en sy psigiater raak onbeskikbaar. En alle AA-vergaderings word afgestel.

In hierdie *perfect storm* het ons bootjie begin sink. Hoe meer depressief my man geraak het, hoe groter was die versoeking om weer te drink, en elke keer as hy voor die versoeking geswig het, het hy net nog méér depressief geraak. 'n Bose kringloop wat ons soos 'n draaikolk saam ondertoe getrek het.

Vanweë sy uitgerekte siekverlof kon hy ook nie sy volle salaris verdien nie, wat my al hoe meer laat stres het oor my eie krimpende inkomste in die pandemie, en uiteindelik moes hy vroeër aftree as wat ons beplan het. Die gevolg is dat hy vir die res van sy lewe 'n laer pensioen gaan kry as waarop ons gereken het.

Kortom, 'n sameloop van omstandighede wat die finansiële en emosionele mat onder ons voete uitgeruk het. En die finansiële mat was in elk geval maar altyd 'n klein bidmatjie eerder as 'n luuksueuse tapyt.

Dit het ons gedwing om ons groot ou huis op die Franse platteland te verkoop. En van die oomblik dat ons dié besluit geneem het, het alles teen 'n verhoogde spoed gebeur. Soos 'n video op *fast forward,* dis hoe die weke vóór 1 September 2021 lyk as ek daarna terugkyk.

Ons huis is letterlik binne 'n dag verkoop. Die heel eerste egpaar wat kom kyk het, het verlief geraak op "die gees van die plek". (Die vrou is al veertig jaar lank 'n joga-afrigter, wat moontlik verklaar waarom sy nie die stof en die spinnerakke raakgesien het nie.) Ek en Alain het verskrik na mekaar gekyk, soos in wát nóú, tot ons besef het dat dit nie nodig was om dadelik 'n nuwe huis te soek om hierdie tuiste te vervang nie.

Ons jongste kind het pas die nes verlaat, en ons hoef nie 'n huis naby Alain se werk te vind nie, want hy het nie meer 'n werk nie.

Ons volgende blyplek kan enige plek op aarde wees.

Dis 'n angswekkende dog diep bevrydende gedagte.

Dís waarom Nomadland ons nuwe tuiste geword het. Ons gaan vir minstens 'n jaar lank swerf – daardie reis van die aftreejare waaroor ons gedroom het, maar wat ons net vir 'n kort rukkie sou kon bekostig indien ons maandeliks 'n huislening moes afbetaal, saam met water, elektrisiteit, belasting en al die ander kostes – en so al swerwend kan ons tydsaam besin oor waar ons die volgende hoofstuk van ons lewe wil begin.

Of dalk spat ons uitmekaar om afsonderlike hoofstukke te begin.

'n Reis is altyd 'n toets vir 'n verhouding, en ons het nog nooit só lank saam gereis nie, maar ons is hoopvol. Gedurende die afgelope weke van voorbereiding, van besittings verkoop en weggee sodat ons ligter kan reis, van opgewonde planne oor nuwe plekke wat ons saam kan ontdek en ou plekke wat ons wil herontdek, het my man daardie versmorende depressie-kombers begin afgooi. Aangesien die pandemie-kombers ook stadig maar seker gelig word, in Europa altans, kan hy weer sy dokter en psigiater sien en met hulle raad geleidelik sy medikasie verminder. En hy is weer sober, hy sien weer uit na iets, hy sien weer kans vir die lewe.

Ek wéét daar is geen waarborg dat hierdie avontuur my man se depressie gaan genees óf hom sober gaan hou nie, maar ek weet ook dat ons nie op dieselfde plek kan bly watertrap nie. Ons bootjie het gesink, nou moet ons land toe swem – of verdrink terwyl ons swem.

Ons wil eers deur Europa toer, om ou vriende en familie op te soek en bande te versterk wat dun gerek is deur die gedwonge afsondering van die pandemie. Frankryk, om mee te begin, en dan suidwaarts deur Switserland na Italië en Griekeland, op soek na 'n laaste bietjie son voordat die winter ons oorval. As die krokkerige Kangoo nie langs die pad die gees gee nie, wil ons dit voor die einde van die jaar verkwansel en koers kies na die suide van Amerika, waar ons 'n vriendin se huis kan oppas vir 'n maand of drie. Dis nou as die Amerikaners teen daardie tyd al besluit het om die grense weer oop te stel vir reisigers uit Europa wat kan bewys dat hulle teen Covid-19 ingeënt is.

As, as, as. As daar één les is wat hierdie aaklige pandemie my geleer het, is dit om van dag tot dag te lewe, meer aanpasbaar te wees, altyd 'n Plan B, Plan C en selfs Plan Z byderhand te hou vir ingeval Plan A nie uitwerk nie. Dis 'n swáár les vir 'n self-erkende beheervraat, en ek leer steeds, elke dag. Maar ná hierdie Jaar van Waagmoedig Lewe gaan ek waaragtig so aanpasbaar soos 'n verkleurmannetjie wees.

Plan A is dus om drie maande in Europa, drie maande in die VSA, en hopelik vroegerig volgende jaar minstens drie maande in Suid-Afrika te reis. Hoewel Alain my al 'n hele paar keer na my geboorteland vergesel het, kon hy weens sy werk vir die Franse onderwysdepartement gewoon-lik nie langer as 'n week of twee bly nie. Nou sal ons oplaas genoeg tyd hê vir 'n behoorlike verkenningstog, veral na plekke uit my verlede waaroor hy al in my boeke kon lees, maar wat hy nog nooit self kon besoek nie. Vir hom sal dit 'n ontdekkingstog wees, vir my 'n terugkeer na verlore tyd, soos Proust dit genoem het.

Vir ons albei sal die swerftog ook 'n soektog wees, al weet ons nog nie presies wat ons soek nie. 'n Vorm van vryheid, seker, maar vryheid om wát te doen?

Dalk net die vryheid om aanpasbaar te wees, want as Plan A as gevolg van die voortslepende pandemie of enige ander rede onmoontlik raak, sal ons ander planne beraam. Die wêreld is inderdaad ons woning, anders as wat Totius gedig het, vir so lank as wat ons aan die swerf kan bly.

"Kom ons noem dit 'n geriatric gap year," stel ek voor terwyl ons in die Kangoo na Pink Floyd se *Time* luister. *Every year is getting shorter, never seem to find the time / Plans that either come to naught or half a page of scribbled lines.* "Wie sê dis net jongmense wat 'n brugjaar kan geniet? Kom ons dóén dit net."

En ek lag, moontlik 'n bietjie te baldadig, sodat ek nie my bang hart in my borskas kan hoor klop nie.

2. VAARWEL AAN 'N VYEBOOM

Dis altyd swaar om 'n geliefde huis te verlaat. As dit boonop die eerste huis is waar jy met jou flink verbeelding en jou lomp hande 'n tuin geskep het, rose en laventelbosse en vrugtebome geplant het in grond wat so klipperig is dat jy elke gat vir elke plant met 'n pik moes oopkap, tot jou hande vol skurwe eelte was en jou rug aanmekaar gepyn het, word die afskeid net nog swaarder. As jy jou eie vyeboom hier aan die groei kon kry, en jy moet padgee presies wanneer die vye begin ryp word, kan dit voel asof jou hart soos 'n oorryp vy gaan oopbars.

In die laaste skarrelende weke van inpak en oppak voor ons moes trek, het ek daardie skewe vyeboom met groeiende ongeduld dopgehou terwyl die donkerpers vye stadig – hopeloos te stadig – ryp word in die laatsomerson. Al wat ek wou hê, was 'n laaste kans om 'n paar van die begeerlike vye te eet voordat ons die huissleutels aan die nuwe eienaars oorhandig.

Ek was verlig om te hoor dat hulle ook van vye hou. Dit was darem 'n skrale troos dat die vye nie op die grond sou lê en vrot nie. Die boom was piepklein, skaars meer as 'n tak, toe ek dit teen 'n muur naby die wasgoedlyn geplant het. Ek het hierdie beskeie plek gekies omdat die vyebome in my jeugherinneringe altyd in die agterplaas gegroei het. Vyebome het nooit ydel in voortuine tussen die rose of die dahlias gepronk nie. Hulle was die skaam Aspoesters van die jaart, die mooiste sussies wat weggesteek word sodat hulle nie hoogmoediger blomme in die skadu stel nie. Langs die hoenderhok agter my ouma Tina se huis. Langs die wasgoedlyn in my ma se laaste aardse tuiste.

Maar nes Aspoester in die sprokie kan 'n vyeboom se nederige omgewing nie haar adellikheid verbloem nie. Haar bloedlyn kan immers teruggespoor word tot in die Tuin van Eden, waar Adam en Eva volgens oorlewering haar vrygewige blare gebruik het om hulle skaamte te bedek, en haar koninklike vrugte word in mites en legendes vereer.

My ma se eerbetoon was om elke jaar die heerlikste groenvyekonfyt te kook, heel vytjies wat in dik stroop dryf, en ná Ma se dood het Pa die tradisie voortgesit. Hy het geleer om sy eie groenvyekonfyt te kook, met behulp van Ma se resep, en binne 'n jaar of twee het hy gespog dat sy weergawe beslis Ma s'n oortref. Nou is Pa ook dood, en ek het lankal aanvaar dat ek nie groenvyekonfyt kan kook nie. Dalk is die vye anders in Frankryk, dalk is dit bloot my gebrek aan geduld wat my konfyt laat flop. Of dalk is dit omdat ek altyd eerder 'n vy reguit van die tak af sal eet.

The proper way to eat a fig, in society, het D.H. Lawrence beweer, *is to split it in four, holding it by the stump, and open it, so that it is a glittering, rosy, moist, honied, heavy-petalled four-petalled flower*. En as dit nie jou lus laat uithang vir 'n vy nie, dan vat Lawrence die sensuele beloftes van die vrug nog 'n bietjie verder: *But the vulgar way is just to put your mouth to the crack, and take out the flesh in one bite*.

'n Paar van ons boom se vye het gelukkig betyds ryp geword sodat ek hulle nog op die sogenaamde vulgêre manier kon eet. En net voordat ons vir die laaste keer van ons leë huis wegry, spring ek uit die oorlaaide Kangoo om drie sagte donkerpers vye te gaan pluk. Padkos vir die lang reis wat voorlê, sielskos om my geheue te voed.

Wat ek nie kan raai terwyl ek in die kantspieëltjie kyk hoe die vyeboom al hoe kleiner agter ons raak nie, is dat vye my op allerlei verrassende maniere sou troos gedurende die eerste dae en weke van ons swerfjaar. Soms sou dit amper voel asof ons 'n roete van vyeboom na vyeboom volg.

Ons eerste nag weg van ons huis tussen die wingerde van Rochegude (of van alles wat ons nou moet ontleer om "huis" te noem) slaap ons net 'n paar kilometer verder, op die dorpie Saint-Roman-de-Malegarde, waar my en my Fransman se storie 'n kwarteeu gelede begin het. Presies die regte plek om hierdie nuwe hoofstuk aan te durf, besluit ons saam. Ons slaap in die kliphuis van ons eertydse Amerikaanse buurvrou, Edith, en ons eet aandete by die Italiaanse Armando en sy Japannees-Franse vrou, Odile. Hierdie impromptu multikulturele byeenkoms word die ideale inleiding vir 'n swerfjaar waartydens ons baie grense sal moet oorsteek, landsgrense, streeksgrense, ook grense wat slegs in ons verbeelding bestaan.

Een van die gaste bring 'n paar ryp vye van die mark af saam, en die volgende oggend eet ons die oorblywende vye saam met Armando se tuisgebakte brood op Edith se balkon.

"Ons eerste ontbyt as huislose swerwers." My stem klink dun, sukkel om verby die knop in my keel te skuur, want nou is daar nie meer omdraaikans nie.

"Ek sal eerder huisloos as ontbytloos wees," sê Alain om my te troos. "Niks wat 'n goeie ontbyt nie beter kan maak nie."

"Ek sal dit onthou as ek weer angstig raak. Liewer huisloos as ontbytloos."

Indien hy 'n klankie sarkasme in my stem hoor, steur hy hom nie daaraan nie.

Van Saint-Roman-de-Malegarde af kry ons koers na Lourmarin, waar André en Louisa, ou vriende van Suid-Afrika, deesdae met olywe boer. In die kombuis is ons gasvrou besig om 'n oondbak met vyeblare uit te voer vir 'n ontbeende lamsboud wat vinnig oor 'n oop vuur gebraai word voordat dit in vyeblare toegedraai word om langsaam in die oond te bak. Toe ons vir middagete buite om 'n lang tafel aansit, word die vleis soos 'n Kersgeskenk uit die vyeblare gelig, brosbruin buite en sappig rosig van binne.

Ons het geen benul waar ons Kersfees gaan wees nie – nie in watter land of selfs op watter vasteland nie – en juis daarom proe hierdie vroegtydige present so kosbaar soos die Drie Wyse Manne se goud, wierook en mirre kleintyd vir my geklink het.

Lourmarin is ook waar die Nobelpryswenner Albert Camus begrawe is, in een van die eenvoudigste grafte in die dorp se begraafplaas, bloot 'n klip waarop uitgekerf is: *Albert Camus 1913 - 1960*. 'n Dekade of wat gelede wou president Sarkozy die filosoof se oorskot laat herbegrawe in die Pantheon in Parys, die laaste rusplek van sy beroemdste landgenote soos Voltaire, Zola en Victor Hugo, maar Camus se familie het verkies dat hy net hier bly rus, in pretensielose vrede, op die dorpie waar hy vir hom 'n huis gekoop het met sy Nobelprysgeld.

Ek was al voorheen by Camus se graf, maar op die vooraand van 'n jaar van algehele onsekerheid wil ek weer 'n rukkie daar gaan stilstaan. Dalk 'n sekulêre vorm van bid, om sy woorde te bepeins en te wonder watter raad ek daaruit kan put vir die pad wat voorlê. Ek onthou daardie ou gunsteling oor die somer wat jy altyd saam met jou kan dra. *In die middel van die winter het ek gevind daar was, diep in my, 'n onoorwinlike somer. En dit het my gelukkig gemaak.*

"Miskien behoort dít ons motto vir die jaar te wees," mymer ek, "elke keer as die onsekerheid ons wil onderkry?"

"In die middel van die somer het ek 'n winter in myself gevind," herinner my man my. "Maar dit was nie 'n onoorwinlike winter nie. Die somer is besig om terug te keer."

En dis eintlik klaar genoeg om my gelukkig te maak.

Op pad terug van die begraafplaas stap ons verby vyebome met vrugte wat soos pers lanterns aan die takke hang, gloeiend tussen die groot blare. En net toe ek dog nou is ek vir eers klaar met vye, ontdek ons die grootste vyeboord in Frankryk in 'n volgende dorp. Heeltemal toevallig, soos die meeste van ons ontdekkings blykbaar van nou af gaan wees.

Ons vertrek vroegoggend van Lourmarin en kies aspris al die agterpaadjies om rustig noordwaarts te kruie na ons volgende rusplek in Boussac, waar ek veronderstel is om 'n boekpraatjie te lewer vir 'n groep Suid-Afrikaanse gaste by Louis en Hardy se luuksueuse château-gastehuis. Ons het 'n termosfles met koffie in die kar en beplan om iewers langs die pad vars croissants vir ontbyt te koop.

Makliker gesê as gedaan op die Franse platteland, veral op 'n Maandagoggend wanneer byna al die bakkerye gesluit is. Ná ons deur die een verlate dorpie na die ander gery het (dis nie net bakkerye wat Maandae toe is nie, dis omtrent al wat winkel is) raak ons so honger dat ons besluit nou vergeet ons maar van die croissants. Ons swaai selfs verder weg van die roete wat ons min of meer beplan het sodat ons by die naaste dorp ons koffie kan drink saam met wat daar ook al in die koelsak oorbly om te eet.

Wat oor is in die koelsak, sien ons toe ons in die Middeleeuse dorp Vézénobres stilhou, is 'n paar madeleine-koekies in 'n pakkie. Nie Proust se befaamde tuisgebakte madeleines nie, helaas, sommer net sulke massa-vervaardigde koekies wat jy in enige supermark kan koop.

Maar wat ons in Vézénobres vind, pleks van croissants of Proust se madeleines, is 'n beroemde boord met 'n duisend vyebome van sowat honderd verskillende variëteite wat enige vy-eter se asem sal wegslaan. Dié bome kom almal van die nasionale botaniese kweekhuis op die eiland

Porquerolles en is 'n dekade of twee gelede hier geplant omdat Vézénobres al eeue lank bekend is vir besonder sappige vars vye en onweerstaanbare droëvye. Deesdae het Vézénobres selfs 'n Huis van Vye om die blye boodskap van vye verder te versprei.

Ongelukkig is die vyemuseum óók vroegerig op 'n Maandagoggend toe. Ons ry dus maar gedwee verder, ná ons die madeleine-koekies in ons koffie gedompel het sonder om enige Proustiaanse nostalgie te ervaar.

Toe ons 'n paar dae later op die dorpsplein van Boussac ons steeds oorlaaide Kangoo regpak, rol die laaste pers vy van my vyeboom in Provence tussen die bagasie uit. Die ander twee het lankal padkos geword, maar hierdie een het onverklaarbaar verdwyn. Of dalk aspris verdwyn, sodat ek op hierdie oomblik, honderde kilometer van my huis wat nie meer my huis is nie, meegevoer kan word deur Proust se soort verruklike nostalgie terwyl ek die soetste, sappigste vy van my lewe verslind. Op D.H. Lawrence se "vulgêre manier", hoe dan nou anders.

Wat ek nog nie weet nie, is dat Camus se graf in Lourmarin, nes Proust se madeleine in die vorm van 'n vy, die toon aangee vir die komende jaar. Oral waar ons reis, word ek ontroer deur die woorde en die werk van skrywers en kunstenaars wat ek bewonder. En hoe verder ons wegdwaal van wat voorheen ons huis was, hoe meer rig ek my innerlike kompas op sulke voorlopers se ervarings. Mettertyd hang die skrywer André Gide se woorde soos 'n helder ster bokant die verste bult: *Jy kan nie nuwe lande ontdek sonder om eers in te stem om die kus vir 'n baie lang tyd uit die oog te verloor nie.*

3. ASPRIS OP AGTERPAAIE EN ONBEKENDE ROETES

Ons enigste vaste reël vir ons senior swerfjaar is om so min as moontlik reëls te hê.

Die pandemie het reeds so 'n doolhof van regulasies en beperkings geword – die maskers en buisies ontsmettingsmiddel wat altyd byderhand moet wees, die magdom vorms wat ingevul moet word elke keer as ons 'n landsgrens oorsteek, die dokumente wat dikwels vereis word bloot om 'n museum te besoek of in 'n restaurant te eet – dat ons nie ons reis nog ingewikkelder wil maak met allerhande selfopgelegde wette nie.

Ons het eintlik net een Goue Reël, en dis om snelweë en tolpaaie te vermy. Ons kies aspris die stadiger, langer, onbekender paaie na watter bestemming ook al. Jy kan maar sê Robert Frost se gedig oor die keuse tussen twee paaie bepaal ons roete: *Two roads diverged in a wood, and I – I took the one less traveled by, And that has made all the difference.*

Dis boonop 'n ongelooflike bevryding vir 'n ouerpaar wat 'n kwarteeu lank met 'n klomp kinders in die kar altyd noodgedwonge die vinnigste moontlike roete tussen die beginpunt en die bestemming moes kies. Anders, soos elke ouer weet, word jy weldra tot waansin gedryf deur die koor van "Wanneer is ons daar?" "Hoe lank nog?" "Ek is honger," "Ek wil piepie," "Ek is naar," "Ek wil opgooi," "Maaaa, hy't bo-oor my opgegooi!" Noudat ons oplaas sonder die klaende, bakleiende, verveelde bende op die agtersitplek kan reis, rek ons die rit na hartelus uit.

Ons hou stil vir foto's in lieflike landskappe, eerder as by lelike petrolstasies langs die snelweg omdat een van die kinders dringend die toilet moet besoek. (Gewoonlik skaars tien minute nadat hy by 'n vorige petrolstasie geweier het om toilet toe te gaan omdat hy verdiep was in 'n videospeletjie.) Ons vat afdraaipaadjies na onbekende dorpies wat aanloklik teen heuwels wink, na interessante kerktorings in die middel van nêrens of 'n onbekende kasteel wat iewers aan 'n krans vasklou. Ons swaai weg van die hoofpad omdat ons 'n rivier of 'n meer in die verte sien glinster en graag ons padkos langs die water wil geniet.

'n Franse vriendin het die woord "swerfjaar" raakgelees in iets wat ek geskryf het en my voorspoed toegewens, in Engels, vir my *swerving year*. Ditsem, het ek gedink. Dis mos nou 'n voorbeeld van 'n verkeerde vertaling wat presies reg klink. Dis nie net 'n swerfjaar nie, dis ook 'n swenkjaar. Ons gaan regs en links swenk net waar ons kan om soveel as moontlik van die gemaklike breë weg af te dwaal.

En as ons 'n halfuur moet soek voordat ons daardie glinsterende water vir 'n padkos-piekniek vind, is dit ook oukei. Ons het die luukse van tyd terwyl ons reis, vir die eerste keer in ons lewe.

My Fransman noem so 'n etery langs die pad 'n *piquenique*, 'n woord wat heeltemal 'n ander beeld oproep as die padkos van my kinderdae. Destyds het padkos dikwels bestaan uit gekookte eiers met so 'n vaalblou skynsel soos 'n lewende wese wat stadig versmoor is, of sulke slap en pap tamatie-en-kaas-toebroodjies, of koue boerewors opgekrul in 'n jassie van klewerige wit vet, wat ons by 'n betontafeltjie onder 'n bloekomboom geeet het, vlak langs 'n teerpad waarop reusagtige vragmotors aanhoudend verbydreun.

En tog onthou ek die padkos van my jeugjare in 'n liefdevolle waas, nie oor wat dit was of waar dit geëet is nie, maar oor wat dit verteenwoordig het. Padkos het reise beteken, beweging, vryheid, nuwe bestemmings, vakansietye, wegkomkanse uit ons alledaagse roetine, alles waarna my jeugdige gemoed gesmag het.

Piquenique, daarteenoor, het van taamlik jongs af prentjies van beroemde skilderye opgetower. Selfs voordat ek die titels van die skilderye geken het, het daardie piekieks my bekoor. Matisse se *Luxe, Calme et Volupté*, Bellini se Fees van die Gode en, bowenal, Manet se *Déjeuner sur l'herbe* met die kaal vrou en die mans, ten volle geklee, wat so rondom die piekniekkos ontspan. Die idee van 'n piekniek waar net een geslag hulle klere uittrek, het my begin pla lank voor ek van *the male gaze* gehoor het, maar die hedonistiese atmosfeer van hierdie skildery was absoluut onweerstaanbaar.

Die lowergroen landskap, die vrugte wat so ryp en verleidelik uit die mandjie tuimel, die begeerlike brood op die blou komberse, die silwer skynsel van die skottel waarin 'n smaaklike happie weggesteek word. Of is dit 'n glashouer vir romerige botter wat op daardie brood gesmeer kan word? Manet het die houer doelbewus nie in detail geverf nie, en tot vandag toe raai ons oor die inhoud.

Die prentjie in my kop van die perfekte piekniek sal my lewe lank beïnvloed wees deur klassieke Europese skilderye. Voeg hierby die beskrywings van luuksueuse piekniks in romans van lank gelede, en my knieë knak sonder verdere weerstand.

Die beste verjaardagpresent wat Alain ooit vir my gegee het, was 'n outydse piekniekmandjie, van binne uitgevoer met liggroen katoen, waarin vier borde en vier koppies van wit porselein, vier stelle eetgerei van vlekvrye staal, en vier wynglase alles mooi veilig vasgebind is met leerbandjies en gespes. Noudat ons aan die swerf en aan die swenk is, moet ek leer om sonder baie van my besittings klaar te kom, maar hierdie lieflike piekniekmandjie is bo-op al die bagasie in die Kangoo gepak, binne maklike bereik vir piekniks langs die pad.

Ek moes ook leer om my idee van piekniekkos te vereenvoudig, want hoewel ek aanmekaar my Fransman herinner dat die reis meer saak maak as die bestemming, probeer ons nogtans elke dag voor donker by 'n bepaalde bestemming uitkom. Ons kan nie ure lank deur kosmarkte dwaal terwyl ons die perfekte piekniek beplan nie. Die ideale swerwerspiekniek is 'n eenvoudige ete: 'n stuk brood, 'n homp kaas, 'n paar snye ham of die Franse gedroogde wors wat *saucisson* genoem word, 'n happie slaai of vrugte. Solank die brood vars gebak is, die kaas of ham verkieslik van die streek waar ons piekniek hou, die vrugte of groente in seisoen.

Gedurende ons eerste week of drie op die langpad het ons reeds 'n paar gedenkwaardige piekniks met hierdie basiese bestanddele gehou. In 'n groen park langs 'n kasteel in die Creuse-streek, met 'n baguette en 'n plaaslike ongepasteuriseerde kaas wat die mooi naam Caillou Creusois of Klippie van die Creuse dra. Agter ons Afrikaans-Franse vriendin Lynn Boerin se huis in die Auvergne, met 'n ronde Saint-Nectaire-kaas so groot soos 'n verjaardagkoek en glansrooi tamaties uit haar buurman se tuin. Met nog 'n baguette en nog 'n onbekende kaas langs 'n naamlose meer waarop ons toevallig iewers in die boonste helfte van Frankryk afgekom het. Die Écume de Wimereux of Skuim van Wimereux, soos dié kaas genoem word, was vir my net so 'n opwindende ontdekking soos die misterieuse meer.

Dit bly vir my ongelooflik dat ek ná vyf-en-twintig jaar in Frankryk steeds nuwe kaassmake kan ontdek. Ek vermoed hierdie swerftog kruis en dwars deur die land gaan my repertoire aansienlik uitbrei, maar ek weet ook, dank die hemel, daar sal altyd kase oorbly wat ek nog nie geproe het nie.

Die heel belangrikste vereiste vir 'n genotvolle piekniek is egter nie die kos nie, maar die plek. *Location, location, location,* soos eiendomsagente graag sê. Selfs die lekkerste eetgoed in die mooiste mandjie kan nie 'n piekniek op 'n lelike plek red nie. Dink aan al daardie beroemde skilderye, vermaan ek myself wanneer ek te lui of te honger is om nog 'n entjie verder te ry om 'n ompad weg van 'n besige teerpad te kies, om 'n rukkie verder te soek na 'n aanloklike plek vir 'n reisigerspiekniek.

'n Piekniekplek behoort altyd so ver as moontlik van padverkeer af te wees. As jy noodgedwonge naby 'n pad moet eet, hou Robert Frost se *road less traveled* in gedagte. Soms is daar natuurlik 'n goeie rede waarom daardie pad minder benut word, soos die komediant Jerry Seinfeld gespot het. Soms lei so 'n pad jou na 'n vullishoop of 'n buitelugtoilet. Maar nege uit tien keer lei dit jou na iets beters as die parkeerterrein van 'n petrolstasie langs 'n snelweg, wat die moderne Franse weergawe is van daardie betontafeltjies onder bloekombome waar ek as kind my blougekookte eier en my slap toebroodjie moes eet.

En miskien, wie weet, sal sommige van die Franse kinders wat deesdae hulle gekoopte toebroodjies en pakkies aartappelskyfies op raserige, oorvol parkeerterreine moet eet, ook eendag deur die rooskleurige bril van nostalgie terugkyk na hulle onromantiese *piqueniques* langs 'n snelweg. Nes ek wanneer ek die padkos van my kinderdae onthou.

Ons ganse roete word darem nie net deur geskikte piekniekplekke bepaal nie. Ons werk elke oggend so min of meer 'n roete uit, want ons weet so min of meer waar ons die nag wil oorslaap. Ons hoop dit sal nie nodig wees om in die kar te slaap nie – maar ons hét 'n opblaasmatras en slaapsakke en 'n gasstofie ingepak vir 'n moontlike noodgeval. Ons piekel selfs 'n tweeman-tentjie saam, een van daardie "maklikes" wat jy net so gooi dan is dit woerts-warts opgeslaan, maar die volgende oggend sukkel jy ure lank om jou ronde oornagskuiling weer platgeslaan te kry, soos vorige reise ons geleer het. Daarom is ons nie juis gretig om in ons tentjie te slaap nie.

(Hier moet ek soos die alwetende verteller in 'n outydse roman 'n toekomsblik inlas. Teen die einde van ons swerftog is ons oplaas gedwing om twee nagte in ons tentjie te slaap – en eers twee maande later, met behulp van 'n video op YouTube, kon ons die kontrepsie weer klein genoeg opgevou kry om in die ronde drasakkie te pas. Indien ons die tent sou nodig kry terwyl die kar nog tot teen die dak vol bagasie gepak was, sou ons dit die volgende oggend moes weggooi, want daar was eenvoudig nie plek vir 'n tent wat soos 'n Jack in the Box uit die sak bly spring nie.)

Die breë trekke van ons roete word bepaal deur ons behoefte om ons volwasse kinders, familie en vriende te sien ná die lang skeiding van die pandemie, maar ons uiteindelike mikpunt is die eiland Lesbos, in die Egeïese See aan die Turkse kant van Griekeland. Lesbos lê na aan Troje, waar Odusseus se uitgerekte swerftog terug huis toe begin het, maar ek probeer die versoeking weerstaan om my eie swerwery op soek na 'n nuwe tuiste aan Homerus se epiese gedig te koppel. Die rede waarom ons dié eiland kies, is veel meer prosaïes. Ons was voorheen daar, ons het vriende daar, en dis een van die min plekke in Europa waar ons vir 'n hele maand 'n huisie kan huur teen 'n prys wat ons kan bekostig.

Intussen is daar ook verpligtinge langs die pad, soos 'n boekebeurs in Parys waaraan ek veronderstel is om deel te neem, en 'n aanlyn skryfkursus wat ek oor 'n tydperk van drie maande vir PEN Afrikaans moet aanbied. Minstens drie Saterdae in ons eerste drie maande moet ek dus in 'n gebou met betroubare internetverbinding wees, verkieslik in 'n stil vertrek met 'n deur wat ek agter my kan toemaak eerder as in 'n raserige kafee of in die kar.

Daarom mik ons om teen die eerste van die drie Saterdae by Daniel in Switserland te wees, in 'n woonstel met uitstekende wifi in die middel van die stad Lausanne, en van daar af suidwaarts deur Switserland en Italië tot in Griekeland te toer. Tussen Italië en Griekeland sal ons die Kangoo op 'n ferrie moet laai, en dan weer 'n keer 'n ferrie aandurf om van die Griekse vasteland tot op die eiland te vaar. Teen die tweede sessie van my aanlyn skryfkursus behoort ons in die huurhuisie op Lesbos te wees, ná ek vooraf seker gemaak het dat daar voldoende wifi is, en teen die laaste aanlyn sessie in November, wel, dis eers oor drie maande. En drie maande voel vrééslik ver as jy van dag tot dag lewe, hoofsaaklik in 'n motor, en nie seker is waar jy oor 'n week gaan wees nie.

Ons sal maar moet sien waar ek die derde sessie van PEN Afrikaans se skryfkursus aanbied, waarsku ek die twintigtal deelnemers op die skerm van my skootrekenaar. Hulle is self ook wyd en syd oor die aardbol versprei en het hopelik begrip vir my jeukende voete. Buitendien, hulle wil almal beter leer skryf, en om beter te skryf, het ek nog altyd beweer, moet jy uit jou gemaksone beweeg.

Ek is voorwaar verder uit my gemaksone, fisiek en geestelik, as wat ek nog ooit in my lewe was. Hopelik sal dit mý ook help om beter te skryf.

Intussen bestudeer ek Google Maps en apps soos Waze op my selfoon om te kyk watter alternatiewe paaie ons verby watter dorpies sal lei, oor watter bergpasse, deur watter woude, en hoe lank elke alternatiewe roete sal vat. Ons kies altyd die stadigste, mooiste pad, en as die app ons inlig dat dit ses uur sal duur om ons bestemming te bereik – pleks van twee en 'n half uur op 'n snelweg – las ons nog 'n bykomende drie of vier uur by om seker te maak ons het genoeg tyd om stil te hou en af te draai en weg te dwaal.

Of om sommer net te verdwaal, want soms vergaap ons ons so aan die omgewing dat ons per ongeluk links draai pleks van regs – en dan beland ons dikwels op die nouste, steilste, angswekkendste paadjies om weer by die "regte" pad uit te kom. Op hierdie dwaalpaadjies word ek 'n prewelende, swetsende senuweewrak op die passasiersitplek terwyl Alain met 'n maniese adrenalien-gedrewe grynslag bestuur.

Hierdie Fransman stel glad nie belang in sport nie, en hy haat motorwedrenne, maar hy is gek oor bestuur. Go figure, soos ons kinders sê. Trouens, hy is so in sy element agter die stuur dat ek binne die eerste drie weke van ons reis nie eens meer aanbied om hom af te los nie. Dis geen opoffering nie, want ek hou nie van bestuur nie. Ek bestudeer eerder die landskap om my, altyd bang om iets mis te kyk. Gelukkig hou ek van navigeer en organiseer, anders as die Fransman, wat nie eens sy klerekas kan organiseer nie, en gelukkig gee hy nie om as ek sy klerekas regpak of ons roete uitwerk nie.

Ons is nie een van daardie *anything you can do I can do better*-paartjies nie. Ons ken mekaar se swaktes en sterktes. Waarskynlik net nog 'n rede waarom ons al hoe meer besef dat ons uitstekende reismaats is.

"Moenie te gou praat nie," waarsku die bestuurder. "Daar lê nog 'n lang reis voor."

"Ek weet," sê die navigator. "Dis heeltemal moontlik dat ons mekaar iewers langs die pad gaan verskree of vermoor."

Veral as hy gaan aanhou om soos Jack Nicholson in *The Shining* te grinnik elke keer as ons op 'n paadjie beland wat my soos die figuur in Munch se *The Scream* laat lyk. Ek sou nie goed gevaar het in die Parys-Dakar-tydren nie. Ek hou van *off the beaten track*, maar daar moet darem 'n vae vermoede van 'n *track* wees.

En tog, sodra ons weer op die "regte" pad beland, lag ons so uitgelate soos twee stout skoolkinders wat oornag uit 'n koshuis gesluip het en kort voor dagbreek weer veilig terug in die bed kan klim. Ons is nie betrap nie en ons het nóg 'n lekker storie om te vertel. Tot ons volgende senutergende avontuur op 'n agterpad ons weer laat wonder of dit nie wyser sou wees, op ons gevorderde ouderdom, om maar liewer by die bekende paaie te hou nie.

4. STEEDS GEK NÁ AL DIE JARE

As jy so ewig reisend lewe, begin datums en bestemmings weldra soos 'n wasige waterverfskildery ineenvloei. En tog is sekere dae so vol onverwagse ontdekkings dat hulle soos spatsels dik olieverf uitstaan. Ons kan hulle vóél as ons terugkyk.

Een so 'n dag is toe ons 'n langsame slingerroute van Vichy in die Franse Bourbonnais-streek tot Lausanne op die oewer van die Switserse Léman-meer gevolg het. Ek onthou die datum, Donderdag 9 September, bloot omdat dit ons huweliksherdenking was – 'n toevalligheid wat ons eers die middag bygeval het.

Ek en my Fransman het al meermale vergeet om ons troudag te vier, maar dié keer het ons ten minste 'n aanvaarbare verskoning. Wat maak 'n huweliksherdenking nou saak as elke dag gedenkwaardig geword het?

Op dié Donderdag vertrek ons vroegoggend van Escurolles, 'n dorpie naby Vichy, waar ons drie nagte by ons Afrikaans-Franse vriendin Lynn Boerin oorgeslaap het, in 'n voormalige stal wat sy in 'n stylvolle selfsorgkothuis omskep het. Ons mik vir Lausanne want ek moet oor twee dae die eerste sessie van daardie dreigende aanlyn skryfkursus aanbied, en ek wil dit asseblieftog in 'n groot stad met goeie wifi doen eerder as in ons kar iewers in die grammadoelas.

Ons beplan om teen seweuur die aand by Daniel se woonstel te wees; niks vroeër nie, want terwyl die winkels en sakeondernemings nog oop is, kan ons maar vergeet van parkeerplek in daardie besige straat in die hart van Lausanne. Met 'n vorige kuier moes ons die motor so ver van die woonstel parkeer dat dit gevoel het of ons al die pad van Frankryk gestap het. Dié keer het ons boonop die enorme kameelperd wat ons vir Daniel moes saambring in die kar – ja, ons toer nou al byna twee weke lank met 'n kameelperd wat oor die bestuurder se skouer loer – en ek sien nie kans om hierdie Trojaanse (kameel)perd deur die strate van Lausanne te dra nie.

Omdat ons eers die aand daar moet wees, kan ons selfs rustiger as gewoonlik ry. Met die snelweg sou dit skaars vier uur vat om van Vichy tot

Lausanne te ry, maar ons vermy weer eens die vinniger, makliker pad en kies 'n kronkelende roete van sowat ses uur, met nog 'n paar uur bygelas vir allerlei afleidings. Ons weet nie wát die afleidings gaan wees nie, maar afleidings sal daar wees.

Die eerste een kom binne die eerste uur, ná ons die Allier-rivier oorsteek en verby verskeie dorpies met koppelteken-name kruie: Saint-Rémy-en-Rollat, Saint-Germain-des-Fossés, Creuzier-le-Neuf. (Hoe kleiner die dorpie, hoe langer die naam, bespiegel ons dikwels op die Franse platteland.) Sommige name laat ons grinnik en grappies maak. Binne enkele kilometer ry ons ook verby La Crotte (wat seker maar met "drol" vertaal kan word), La Goutte ("druppel"), Versaille (niks te doen met die Sonkoning se spoggerige paleis buite Parys nie) en Magnet (wat geen magnetiese aantrekkingskrag het nie en uitgespreek word as "Manjê"). Maar die naam wat ons summier van die pad laat afswaai om die dorp te voet te verken, is Lapalisse.

"Dis waar die Franse woord *lapalissade* vandaan kom," merk Alain so terloops agter die stuur op, en sy woordmal reismaat roep dadelik halt.

Lapalissade is 'n taalkundige term vir 'n soort toutologie wat 'n onbedoelde komiese effek veroorsaak. Die adellike Jacques de la Palice (later ook gespel as La Palisse) is in 1470 hier gebore en sy massiewe kasteel troon steeds uit bo al die ander geboue in die dorp wat vandag sy naam dra. Ná hy in 1525 op die slagveld gesterf het, het sy grafskrif gelui: "Hier lê die Heerser van La Palice: As hy nie dood was nie, sou ons hom steeds beny het." As gevolg van 'n verwarring tussen die outydse letter s en die f, is die woord *ferait* dikwels as *serait* gelees en het dit dus gelyk soos: "As hy nie dood was nie, sou hy steeds gelewe het."

Voilà, die eerste voorbeeld van wat die Franse vandag nog 'n *lapalissade* noem.

Reeds in die vroeë sewentienhonderds is sowat vyftig humoristiese "La Palice-kwatryne" gepubliseer as die burleske *Lied van La Palice*, en deesdae pleeg Franse politici en ander bekendes steeds gereeld sulke onsinnige *lapalissades* wat die volk vermaak. Soos die woorde van die sanger Johnny Hallyday wat (anders as ek) wel daarvan gehou het om aan die Parys-Dakar-tydren deel te neem. "As ons nie 'n uur en 'n kwart verloor het nie," het Johnny by die wenstreep gesê, "sou ons 'n uur en 'n kwart gelede reeds gearriveer het."

Dink net, as Alain nie sy mond oopgemaak het om iets oor *lapallisades* te sê net toe ons die dorp binnery nie, sou sy mond toegebly het (nog 'n *lapalissade*) en ek sou ewe niksvermoedend dwarsdeur die dorp gery het. Maar hierdie krummel onweerstaanbare inligting het my na my selfoon laat gryp om La Palice se lewensverhaal op Google te soek. Ons het sy kasteel van nader gaan bekyk en deur die dorp gestap en vir ons piekniekkos aangeskaf by 'n winkel wat plaaslike produkte verkoop.

Dit was nog te vroeg om piekniek te hou; ons moes wag tot by Charolles, wat ons teen 'n meer geskikte tyd vir middagete bereik het. In dié hoofstadjie van die streek wat die lieflike wit Charolais-beeste hulle naam gegee het, eet ons in 'n park agter die Sacré Coeur-kerk. Ons kan nie 'n stuk van die gesogte rou beesvleis vir middagete koop nie, want ons wil piekniek hou, nie braai nie. En dis miskien ook maar goed so, want ná ek ure lank die beeste se gespierde bleek lywe en groot dromerige oë langs die pad bewonder het, sou ek swaar gesluk het as ek nou een van hulle moes eet.

Ná 'n beskeie maal van brood en kaas en patee op 'n parkbankie loer ons in by die kerkgebou van gloeiende goue stene omdat die Blumenroeder-orrel glo iets is om te aanskou – en daar is 'n orrelis sowaar aan die oefen vir die gereelde konserte wat in die kerk gehou word. Die orrel is manjifiek om na te kyk, maar om dit te hóór is selfs meer manjifiek. En omdat ons nie haastig is om weer in die kar te spring en verder te jaag nie, kan ons op 'n kerkbank inskuif om deur die musiek meegevoer te word.

En terwyl ons daar in die kerk sit, tref dit my dat dit ons troudag is.

Terug in die kar stel ek voor ons neem 'n foto van onsself iewers teen 'n skilderagtige agtergrond om darem die dag op 'n manier te gedenk. Ons is weliswaar nie voorbeeldige vierders van huweliksherdenkings nie, maar ná alles wat ons verhouding die afgelope twee jaar oorleef het (soms netnet), alles wat aanleiding gegee het tot hierdie waagmoedige reis, voel ek die dag verdien 'n foto. 'n Prentjie wat wys: Hier is ons steeds, ná meer as twee dekades saam, geknak maar nog nie gebreek nie.

"Shaken, not stirred," sê Alain met sy een wenkbrou gelig soos Sean Connery se James Bond dit altyd gedoen het.

"Very much shaken," sê ek. "But still standing."

"Still crazy after all these years?"

Die titel van Paul Simon se liedjie voel skielik so gepas vir hierdie senior swerfjaar dat ek sommer verder aanhaal uit die liriek: "Longing my life away . . ."

"Wel, dís darem nie meer waar nie," sê hy.

Dit laat my glimlag. Ons weet nie wat verder op hierdie reis, of in ons huwelik, gaan gebeur nie, maar ons sit ten minste nie meer op een plek en verlang na 'n ander plek of 'n ander lewe nie.

Daarom soek ons nou 'n geskikte agtergrond vir 'n gedenkwaardige selfie. Eintlik sou 'n suksesvolle selfie teen énige agtergrond reeds 'n gedenkwaardige prestasie gewees het. Ons sou weldra aanvaar dat hierdie swerfjaar nie veel selfies gaan oplewer nie. Ons arms is te kort, ons neuse lyk grotesk van te naby, ons voel te simpel terwyl ons probeer poseer, ons is waarskynlik net te oud en selfbewus vir so 'n openbare vernedering.

Maar dié dag het ons nog nie dié les geleer nie.

Die hele pad is skilderagtig, maar die Fransman wil aanmekaar net nog 'n entjie verder ry om 'n meer asemrowende agtergrond te vind. Dit herinner my aan kleintyd op die langpad toe my pa dieselfde uitsteltegniek gebruik het elke keer as een van die kinders op die agtersitplek 'n stilhouplek gesoek het om te piepie. Uiteindelik begin ek diklip trek omdat my man steeds weier om stil te hou.

"Kom ons vergeet van die blerrie selfie!" roep ek uit. "As dit 'n piepieplek was wat ons gesoek het, het ek lankal my broek natgemaak."

Hy ken die storie van my pa wat nooit betyds wou stilhou nie en swaai summier van die pad af, kort voor Beaurepaire-en-Bresse (nog 'n hoogdrawende naam vir 'n plekkie met 'n bevolking van 'n paar honderd siele), en volg 'n kronkelpaadjie tot waar dit 'n ent verder langs 'n verlate huis doodloop.

Ek kan nie glo wat ek sien nie.

Beaurepaire-en-Bresse is seker nie minder aansienlik as enige ander dorpie waardeur ons dié dag gery het nie, maar hierdie uithoek is waaragtig die lelikste plek waar ons nog stilgehou het sedert ons begin reis het. Die werf is 'n rommelhoop en die huis se ruite is gebreek, dalk om toegang te kry, dalk net weens vandalisme. Die stoep is besaai met leë bierblikke en sigaretstompies, vermoedelik verveelde plattelandse tieners se uithangplek, en langs die huis is 'n berg plastiekkanne met 'n chemiese landbouproduk wat deesdae oral in die Europese Unie verbied word.

"Dis 'n dump! Letterlik en figuurlik. Hoe de hel kan ons hiér 'n foto neem om ons troudag te gedenk?"

"Miskien kan ons die huis as 'n metafoor vir ons huwelik sien," terg my man terwyl hy nader stap om deur die vensters binnetoe te loer. "Ons is ook oud en vervalle . . ."

"En ons lywe is 'n stoorplek vir verbode chemiese produkte?"

Hy ignoreer my sarkasme, wink my opgewonde nader. "Maar daar's nog lewe in ons, nes in hierdie huis. Kyk!"

En sowaar, deur die gebreekte ruit sien ek 'n bord op die kombuistafel, 'n flessie speserye in 'n kombuiskas met 'n oop deur, 'n onopgemaakte bed in 'n slaapkamer, 'n stapel bont dekens en 'n teddiebeer en speelgoed in 'n hoek van 'n ander vertrek.

"Hier moes iets gebeur het wat die inwoners baie vinnig laat padgee het." Dit herinner my aan video's van leë huise by Chernobyl of Fukushima, plekke waar mense holderstebolder van 'n kernkragramp moes vlug.

"Daar was nie só 'n ramp in dié streek nie," sê my Fransman met sy neus plat teen 'n gekraakte ruit gedruk. "Wat van wegraping? *Invasion of the body snatchers*?"

Ek wil nie saam met hom glimlag nie. Die hele prentjie is vir my net te treurig.

"So kom ons neem die selfie," stel hy voor.

"Hier voor 'n spookhuis? Om ons troudag te vier?"

"Dis nie die asemrowende agtergrond wat ons gesoek het nie," erken hy. "Maar dit slaan tog op 'n manier die asem weg. As jy dink aan wat alles hier kon gebeur het."

"Nog 'n metafoor vir ons huwelik? As jy dink aan alles wat kon gebeur het."

"Maar dit hét nie."

"Nog nie." Ek weier om getroos te word terwyl ek na die patetiese teddiebeer in die vuil huis staar. "Dalk is dit die toneel van 'n gesinsmoord? Iets wat so erg was dat niemand ooit weer hier wou woon nie."

Ons lees waarskynlik te veel speurverhale, of ons kyk te veel rillerflieks, want toe ons wegry, soek ek vergeefs op Google na wat ook al in dié huis kon gebeur het. Ons sal seker nooit weet waarom die inwoners op 'n dag net padgegee het sonder om die beddegoed af te trek of die kind se teddiebeer saam te vat nie. Maar dis die begin van 'n storie wat ons kan opmaak terwyl ons verder reis.

"Aliens," hou Alain vol.

"Of zombies," stel ek voor, teen dié tyd ook meegevoer deur die moontlikhede.

Eintlik voel elke dag van hierdie swerftog soos die begin van 'n storie. Een van daardie boeke wat jy so geniet dat jy onwillekeurig al hoe stadiger lees hoe nader jy aan die einde kom. Ons ry amper vanself stadiger as ons nader aan ons daaglikse bestemming kom, want terwyl ons nog nie die einde van ons storie ken nie, is enigiets mos moontlik.

Ons het toe nooit die selfie geneem om ons troudag te gedenk nie. Jy het nie altyd foto's nodig om 'n dag te onthou nie.

5. DIE BREË WEG EN DIE SMAL WEG

Lausanne, wie sou dit nou kon raai, word toe een van die vele verrassings wat ons onderweg ontdek.

Ter verduideliking: Ek het 'n vreemde verhouding met Switserland, soos die meeste Europeërs seker, want hoewel die beeldskone bergryke land in die hart van Europa lê, is Switserland nie deel van die Europese Unie nie. In die Tweede Wêreldoorlog het dit ook neutraal gebly en is dit nie soos die res van Europa verwoes nie.

Dis ook waarom ek byna 'n jaar lank nooit my seun kon sien nie. Daniel het gedurende die Covid-19-pandemie by 'n argitekfirma in Lausanne begin werk, skaars vier uur se ry van ons gewese huis in Provence, maar dit kon netsowel in Amerika of Afrika gewees het. Switserland se grense is gesluit en dit het bitter moeilik geword om daar in te kom of uit te gaan, al was jy ook 'n verlangende ma wat gebrand het om in haar kar te spring en gou vir haar kind te gaan kuier.

Maar lank voor die Europese Unie bestaan het, tydens my eerste brugjaar in my prille jeug, was Switserland reeds vir my 'n vreemde plek. So mooi soos 'n prentjie op 'n tjoklitboks, het ek in een van my briewe huis toe geskryf, maar nie 'n land waar ek wil woon nie. Dalk sou ek anders gevoel het as ek nie deur Griekeland en Italië gereis het vóór ek Switserland verken het nie.

In dié twee sonnige Mediterreense lande het ek gewoond geraak aan *the kindness of strangers*, daardie geliefde frase van Blanche DuBois in *A Streetcar Named Desire*.

In Griekeland sou tannies my nader wink wanneer ek met my swaar rugsak verby hulle huise strompel en vir my 'n stuk koek in die hand druk, bloot omdat dit een van hulle se naamdag is, of omdat dit Paastyd is, of sommer net omdat hulle mededeelsaam is. Hier het ek geleer dat jou naamdag belangriker as jou toevallige geboortedatum is, want dis die dag op die Katolieke kalender wanneer die heilige wie se naam jy dra, gehuldig word.

In Italië sou kafee-eienaars of kelners met my begin "gesels," meestal met handgebare omdat hulle Engels so swak soos my Italiaans was, maar die gebrek aan 'n gemeenskaplike taal het nooit die vreugde van kommunikasie gekeer nie.

In albei lande het ek skokkende armoede gesien, en vullishope en karwrakke wat lieflike landskappe lelik maak, en die treine en busse was dikwels oorvol of laat, die openbare toilette vuil, die stasies met rommel besaai. Nogtans het die warmte van die mense, die tekens van antieke kultuur orals, die beeldhoukuns op straat, die museums, die musiek, die sonskyn en die see en die smulleker, bekostigbare kos my oorrompel.

En toe beland ek in Switserland, waar die Protestantse geloof eeue gelede vlam gevat het en waar ek gedog het ek sou tuis voel omdat ek ook in Calvinistiese soberheid grootgemaak is. Ek was van kleins af bewus van *De brede en de smalle weg*, die geraamde prent wat in soveel huise gehang het, om ons te vermaan om die lekker breë pad van dans en drink en kaartspel te vermy, om eerder op die steil, smal, eensame paadjie te bly wat ons na die hemelpoorte sou lei. Toe ek in Frankryk kom woon, het ek 'n afdruk van die prent saamgebring, nes ek 'n CD van Die Briels saamgepiekel het, meer selfspottend as nostalgies, om my aan my komvandaan te herinner.

Maar Switserland was 'n vervreemdende ervaring ná Griekeland en Italië. Alles net té netjies, te klinies skoon, die treine so stiptelik dat jy jou horlosie volgens hulle aankomstye kon stel, die mense nooit onbeskof nie maar ook nooit juis joviaal nie, altyd so 'n bietjie formeel en afstandelik. Kortom, te anders as die twee Rooms-Katolieke lande wat my voete onder my uitgeslaan het.

Dis min of meer hoe ek steeds oor Switserland voel. Dis 'n pragtige plek, maar dis nou eenmaal nie mý soort plek nie. Iets in my binneste, miskien net my Afrika-herkoms, smag na 'n bietjie meer warmte en wanorde. Ná daardie eerste brugjaar vier dekades gelede het ek nog nooit 'n behoefte gehad om Switserland beter te leer ken nie. Ek was 'n paar keer hier bloot omdat ek elders heen op pad was, meestal op die lughawe van Zurich vir verbindingsvlugte na ander bestemmings. Die enigste rede waarom ek dié keer langer wou bly, was omdat ek by my kind wou kuier.

Maar toe besef ek net weer dat 'n verblyf in enige stad of streek altyd aangenamer is as jy iemand ken wat daar woon. Iemand wat die plek van binne ken, wat jou kan begelei en help om tipiese toeriste-slaggate te vermy, wat jou 'n intieme, persoonlike blik op die plek kan bied.

Dis presies wat in Lausanne gebeur.

Ons drentel dae lank saam met Daniel en sy lewensmaat, Marie, deur die strate; kuier in hulle gunsteling-koffiewinkels, koop op die buitelug-mark kaas en groente by smouse wat hulle ken, benut die indrukwekkende openbare vervoerstelsel van treine en busse wat die land deurkruis, hou piekniek in die mooiste parke en leer waar om die beste tuisgemaakte roomys in die stad te vind. En ons bring luilekker ure deur langs Lac Léman, die massiewe meer wat van Lausanne tot Genève strek.

Dit help natuurlik dat die herfsdae sonnig en soel is, 'n ware Indian Summer, en dat die water in die meer tot my verbystering steeds warm genoeg is om in te swem. Ek sou nooit kon raai dis moontlik om in die Switserse herfs in die buitelug te swem nie – in 'n land waar die hoogste pieke van die Alpe dwarsdeur die jaar met sneeu bedek bly – maar juis omdat ek dit nie verwag het nie, word die swem in Lac Léman een van die onvergeetlikste ervarings van ons reis.

Ek bêre hierdie swemsessie in 'n spesiale hoek van my herinneringe, soos kole vir 'n vuur wat my hopelik vir die res van my lewe kan warm hou, vir daardie kilte wat onvermydelik saam met die afdraand van die dag kom. Ek volg Joan Didion se raad en skryf dit neer, pen dit vas in woorde wat my eendag gaan terugbring hierheen. Na hierdie diep vreugde in 'n meer tussen berge met sneeupieke.

My Fransman, wat kleintyd net verhitte binnenshuise swembaddens geken het en steeds warm water bo enige ander soort water verkies, weier om saam met my in die meer te swem.

"Jy's die een wat bang is dat ons mekaar gaan irriteer op hierdie reis," skerm hy toe ek hom smeek om net tot by sy knieë in die water te stap. "Jy sê ons kan nie elke uur van elke dag saam deurbring sonder om die verhouding te knou nie."

"So jy weier om die koue water saam met my aan te durf omdat jy ons verhouding wil red."

"*On fait ce qu'on peut*," sê hy. Mens doen wat jy kan, nè.

Maar ons doen darem die meeste ander dinge saam. Die volgende oggend spring ons in die hart van Lausanne op 'n trein en skaars 'n kwartier later klim ons af in 'n landelike omgewing, groen wingerde uitgestrek teen heuwels so ver soos die oog kan sien. Daniel en Marie begelei ons op 'n staproete deur die wingerde en verby fraai dorpies wat lyk asof hulle diep in die platteland wegkruip, al is ons skaars 'n klipgooi van 'n groot stad.

Dan sien ek iets wat my tot stilstand skok. Langs ons wingerdpaadjie staan 'n wynvat met 'n kraantjie – en 'n kennisgewing wat stappers nooi om 'n beker wyn te skink en die betaling in 'n spaarbussie langs die wynvat te los.

"In die land waar ek grootgeword het, sou die wynvat én die spaarbussie mos binne 'n dag gesteel word!"

My seun bars uit van die lag en verduidelik dat hierdie soort stelsel gegrond op eerlikheid uitstekend werk in Switserland. "Stiptelikheid, Soberheid en Eerlikheid, dis die nie-amptelike Switserse leuse. Soos Vryheid, Gelykheid en Broederskap daar oorkant die meer."

Net 'n entjie verder langs dieselfde lieflike meer lê Genève, waar Johannes Calvyn in die sestiende eeu sy stryd teen die Rooms-Katolieke Kerk se korrupsie en pronklus verder gevoer het nadat hy uit Frankryk verdryf is. Hier het hy die fondament gelê van Protestantse kerke wêreldwyd, ook van die Nederduitse Gereformeerde Kerk waarin ek gedoop en aangeneem is en mettertyd al hoe meer ontuis gevoel het.

En net daar langs die verleidelike wynvat wat vir my soos 'n lakmoestoets vir eerlikheid voel, besluit ek om sommer ook 'n dag of twee in Genève deur te bring, om 'n bietjie meer oor Calvyn te wete te kom, om Switserland beter te verstaan.

Of dalk wil ek net myself bietjie beter leer verstaan.

"Dis tog een van die dinge wat ons soek op so 'n swerftog," mymer ek terwyl ons na Genève ry. "Selfbegrip?"

Die Fransman skud sy kop. Hy glo nie ek kan enigiets by so 'n ou suurpruim soos Calvyn leer nie, maar hy gun my my illusies. "Solank jy nie probeer om my tot die Calvinisme te bekeer nie, sal ek enigiets saam met jou doen."

"Behalwe om in koue water te swem?"

Maar eers is daar 'n ander dorpie langs die meer, tussen Lausanne en Genève, waar ek wil stilhou vir 'n persoonlike huldeblyk aan 'n vrou wat my meer as Calvyn besiel. Ek het 'n paar jaar gelede reeds 'n pelgrimstog na die dorpie Coppet onderneem – moontlik die enigste keer dat ek in Switserland was omdat ek dáár wou wees, nie omdat ek op pad was na 'n ander bestemming nie – want dis in die kasteel van Coppet waar die formidabele Madame de Staël dekades lank in ballingskap gelewe het.

Hierdie skrywer, politieke opstoker en invloedryke intellektueel was 'n vry vrou wat haar nie gesteur het aan wat die samelewing destyds van vroue verwag het nie. Sy het verskeie minnaars gehad, vyf kinders by vier mans, binne en buite die eg, en haar waarskuwings teen Napoleon se magsug en ondemokratiese neigings het hom so bedreig laat voel dat hy haar verbied het om nader as 200 kilometer van Parys te kom. Sy is wyd beskou as een van die "drie groot magte" wat Napoleon se ambisie kon kortwiek: Engeland, Rusland en Madame de Staël.

Met my vorige besoek aan Coppet het ek Madame de Staël se kasteel van binne besigtig. Nog iets wat my Fransman gedwee saam met my ge-doen het, al hou hy nie juis van kastele en die adellike prag en praal wat steeds in die meeste kastele bewonder kan word nie. Ná ons mure vol foto's van adellikes van die vroeë twintigste eeu in Coppet se kasteel bekyk het, was sy enigste kommentaar dat daar nie genoeg koppe gewaai het in die Franse Rewolusie nie.

Nee, hy is nie bloedlustig nie, hy is een van die vreedsaamste mans wat ek nog ooit geken het, gekant teen oorlog en die doodstraf. Maar sy voorgeslagte was werkers en boere, die klas wat in opstand gekom het teen die koning, en die aristokrasie bly nou eenmaal sy blind spot, iets wat hom trigger, hoewel hy gewoonlik darem sy verontwaardiging met humor versag. Seker maar soos Calvinisme vir my.

"Ek wil nie weer die kasteel besoek nie," verseker ek hom vinnig. "Ek wil net piekniek hou in die park oorkant die kasteel waar Madame de Staël begrawe is."

Die pad van Lausanne na Genève loop in elk geval deur Coppet. Hoe kan ek nou nie by haar laaste rusplek stilhou om self ook 'n bietjie te rus nie?

En terwyl ons daar naby haar graf piekniek hou, wonder ek wat ek nou eintlik by Calvyn se graf in Genève wil gaan soek. Veral aangesien niemand weet presies wáár in die Cimetière des Rois die kerkhervormer oorspronklik begrawe is nie. Die grafsteen is lank ná sy dood bloot op 'n toevallige plek in die begraafplaas opgerig. Dalk is dit omdat De Staël en Calvyn soos twee uiteenlopende bestemmings op my lewenspad voel. Nes De Staël is Calvyn ook in Frankryk gebore (as Jehan Cauvin) en nes sy moes hy ook 'n banneling in Switserland word – maar dis waar die ooreenkomste ophou.

Anne-Louise Germaine de Staël simboliseer vir my die breë weg van vrye keuses, van die strewe na persoonlike en politieke gelykheid, van 'n oop gemoed en 'n rasionele denkwyse. Jehan Cauvin, daarenteen, wou al-mal om hom bekeer om die smal paadjie van aardse ontbering en hemelse beloning te volg. Ek verstaan sy opstand teen die skynheiligheid van die Rooms-Katolieke Kerk, maar die nuwe godsdiens wat hy bepleit het, was streng en eng en erg neerdrukkend. G'n danse of konserte is in Genève toegelaat terwyl hy die septer oor die Kerk en die stad geswaai het nie, geen sekulêre musiek nie, nie eens enige musiekinstrumente buite die kerk nie. Soos Voltaire oor Calvyn, Luther en hulle puriteinse volgelinge geskryf het: *As hulle die hekke van die kloosters oopgemaak het, was dit net om die hele samelewing in 'n klooster te verander.*

Deesdae voel Genève lankal nie meer soos 'n klooster nie, maar die blote gedagte dat inwoners omtrent twee eeue lank nie hulle eie musiek-instrumente kon besit nie, maak my triestig. Die oudste stede in Europa bestaan immers nie net uit beroemde strate en historiese geboue nie. Elke stad het 'n eie atmosfeer, 'n hartklop, 'n siel, wat jy dit ook al wil noem. En Genève se siel, so voel dit vir my, moes sekerlik skade gely het terwyl die stad so lank sonder sekulêre musiek moes lewe.

Maar toe ons deur die keisteenstrate van die oudste deel van die stad stap, sien ons plotseling Calvyn se prentjie – die onmiskenbare profiel met die lang neus en lang baard en vreemde kappie op die kop – waar ons dit die minste verwag. Op die etiket van 'n bierbottel, op 'n tafel van 'n sypaadjiekafee – tussen 'n klomp ander bierbottels met dieselfde prentjie in ander kleure – waar 'n groep jongmense gesellig sit en kuier. Dit lyk so aanloklik dat ons by die enigste oop tafel gaan sit, teen 'n muur met 'n plakkaat waarop 'n bier met die naam Calvinus geadverteer word.

Ek is nie 'n bierdrinker nie, ek sal altyd eerder wyn vra, maar hierdie Calvinistiese bier moes ek eenvoudig proe. My Fransman het vroeër nogal van bier gehou, maar nou drink hy net die nie-alkoholiese variant, en op die bierkaart sien ons 'n wit Calvinus, 'n blonde Calvinus, 'n rooi Calvinus, 'n amber en 'n swart Calvinus, almal in bottels, asook 'n Calvinus l'Austère of "streng Calvinus" in 'n blikkie. Maar helaas nie 'n Calvinus sonder alkohol nie.

Die Fransman kies dus 'n ander bier terwyl ek 'n blonde Calvinus drink, net om my nuuskierigheid te bevredig. En hier leer ons dat Calvyn teen die einde van sy lewe in sy huis in Rue des Chanoines, naby waar ons nou sit, met die hulp van 'n gewese Trappistemonnik geleer het om bier te brou. Dit was nadat sy dokters hom oortuig het dat nagmaalwyn sleg is vir sy gesondheid. Hy is weliswaar dood voordat hy die kuns van bierbrou-ery onder die knie kon kry, maar die afgelope twee dekades verkoop die Papinot-broers van Genève 'n hele verskeidenheid handgemaakte biere ter ere van Calvyn.

My blonde Calvinus het vir my maar soos enige ander bier gesmaak (ek sê mos ek is nie 'n bierdrinker nie) maar dit het my tog, vir die eerste keer, 'n vae verbintenis met Calvyn laat voel, hier in die stad waar hy gelewe en gesterwe het. Meteens was hy nie net 'n ou suurpruim-kerkhervormer wat mense brandstapel toe kon stuur omdat hy hulle as ketters beskou het nie. Hy was ook 'n kranklike oom wat bier wou drink omdat hy verbied is om wyn te drink, en selfs die strengste Calvinis kon homself darem 'n klein bietjie aardse genot gun.

Dalk het die bier my ook gehelp om Switserland 'n klein bietjie beter te verstaan. Ek het na Calvyn se streng profiel op die bottel gekyk, en na die laggende, drinkende, geselsende mense rondom ons geluister, en begin vermoed dat die hart van die land iewers tussen Madame de Staël se breë weg en Calvyn se smal weg klop.

6. OORLOG EN VREDE IN FRANKRYK

Hoe leër ons kar word, hoe ligter voel my hart. Oor 'n paar weke sal die Kangoo hopelik leeg genoeg wees dat ons dit kan verkwansel en met net een kleretas elk na Amerika kan vlieg. Intussen moet ons weer noord-waarts reis, van Switserland af terug deur Frankryk waar 'n paar verpligtinge wag – maar dis bowenal die kans om van oortollige bagasie ontslae te raak wat my lok.

Ek is genooi om deel te neem aan die Salon du Livre Africain de Paris, 'n jaarlikse boekebeurs vir skrywers van Afrika, waar ek hopelik 'n klompie van die boeke in die Kangoo kan smous. En terwyl ons in Parys is, kan ons uiteindelik die skaatsplank en die opgerolde tapyt en die gebreide lappieskombers en ander ongewenste bagasie by ons dogter se woonstel aflaai. Die enorme kameelperd is reeds by haar broer in Lausanne gelos, wat ons amper so verlig laat voel het soos die ou matroos in Coleridge se gedig toe hy van die vervloekte albatros ontslae geraak het.

Op pad na Parys ry ons met 'n wye draai na Lille, waar ons 'n ekstra tas en die tentjie en basiese kampeertoerusting by Alain se sus kan stoor, want die herfslug begin byt en dit word te koud vir kampeer en ons soek in elk geval 'n verskoning, enige verskoning, om nie daardie verdomde tent op te slaan nie. Want ons weet steeds nie hoe om dit weer af te slaan nie. Maar terwyl ons na Lille ry, tref dit my weer dat daar 'n groot verskil is tussen ons doelbewuste besluit om van besittings ontslae te raak en die trauma wat jou tref wanneer jy oornag al jou besittings verloor.

Oral in Frankryk word 'n reisiger gekonfronteer met die geskiedenis van oorlog, eeue van oorloë en rewolusies waarin miljoene slagoffers se huise, dorpe en stede verwoes is. In die noorde van die land is dit veral die twee bloedige wêreldoorloë van die afgelope eeu waarvan jy eenvoudig nie kan wegkom nie. In die vallei rondom die Sommerivier ry ons verby die oorlogbegraafplaas van Delville, eens bekend as die Delville-bos, maar in 1916 is die Eerste Infanteriebrigade van Suid-Afrika byna uitgewis in 'n veldslag wat so gewelddadig was dat daar niks van die eertydse bos oorgebly het nie. 'n Eeu later het die bome weer gegroei, en die Suid-Afrikaanse vlag wapper steeds hier, op 'n stukkie Franse grond wat die lewe van sowat vyfduisend Suid-Afrikaners geëis het.

Hulle was soldate, en om op 'n slagveld te sterf is deel van wat dit beteken om 'n soldaat te wees. En hulle familie doer ver in Suid-Afrika was veilig. Die soldate wat oorleef het, kon terugkeer na huise en dorpe wat die oorlog vrygespring het. In die dorp Péronne, op die oewer van die Somme naby Delville, was die inwoners nie so gelukkig nie.

Ons weet niks van Péronne se gewelddadige geskiedenis nie. Ons hou op die dorpsplein stil bloot omdat ons Italiaanse buurman en vriend in Provence se van amper dieselfde klink – dis nou die gasvrye Armando Perrone wat ons die eerste aand van ons swerfjaar genooi het vir daardie ete met vars vye van die mark – en ons weet hy sal dit waardeer as ons vir hom 'n poskaart van die Franse Péronne stuur. Toeval, weer eens, wat ons na nog 'n ontdekking langs die pad lei. Want terwyl ons by 'n buitelug- kafee op die plein koffie drink, lees ons 'n bietjie oor die verlede van die dorp, en wat ons agterkom, laat ons verstom om ons rondkyk.

Selfs my Fransman, wat miljoene van sy landgenote in die vorige eeu se oorloë verloor het, wat as't ware tussen oorlogsbegraafplase en die oor- blyfsels van slagvelde grootgeword het, skud sy kop in ongeloof.

Dis erg genoeg vir enige dorp om in 'n oorlog verwoes te word, maar Péronne is keer op keer verwoes en herbou, sedert die Vikings dit in die Middeleeue aan die brand gesteek en geplunder het. Dis ernstig beskadig met die Spaanse besetting in die Dertigjarige Oorlog van die sewentiende eeu, en toe drie keer agtereenvolgens deur die Duitsers verwoes: in 1870, in 1917 tydens die Eerste Wêreldoorlog, en in 1940 deur die Nazi's se lugmag.

Dis veral die laaste drie oorloë binne sewentig jaar wat my verbeelding op loop jaag.

"Stel jou voor jy was 'n kind wat gelukkig genoeg was om die aanval in 1870 te oorleef," bespiegel ek oor my koffie. "Al het jy waarskynlik jou huis en heelwat van jou familie verloor. Dan was jy 'n middeljarige in die Eerste Wêreldoorlog wat wéér alles verloor het."

My Fransman sê niks, staar net na die Katolieke kerk oorkant ons, 'n Gotiese gebou wat ondanks vyf eeue van verwoesting en restourasie steeds staan.

"En sê nou jy't ondanks alles hier bly woon," borduur ek voort, "dan het jy as bejaarde in die Tweede Wêreldoorlog moontlik wéér jou aardse besittings verloor. En jou oorblywende familie."

Ons trap versigtig toe ons ná ons koffie deur die dorp dwaal, want dit voel asof ons oor grafte loop.

In Péronne ruk toeval se rol in ons lewens my amper van my voete af. Plotseling voel álles toevallig, nie net ons onbeplande besoek aan die dorp nie, maar ook waar en wanneer ons gebore is. Toeval bepaal of ons al ons besittings in 'n oorlog of 'n natuurramp kan verloor – of die luukse kan hê om self te besluit wat ons wil prysgee en waaraan ons tog nog wil vasklou.

Hierdie swerftog, ontdekkingstog, soektog, wat jy dit ook al wil noem, word al hoe meer ook 'n reis na aanvaarding van alles wat ek nie kan beheer nie. Ek wil nie langer wroeg oor wat ek verloor het nie, ek wil eerder waardeer wat ek nog het. Ek wil my laat meesleur deur toeval, soos deur 'n seestroom wanneer jy bang is jy gaan verdrink. Ek wil ophou spartel en vertrou dat die stroom my die een of ander tyd weer op 'n veilige strand gaan uitspoel.

Ons volgende bestemming is Wicres, 'n dorpie aan die soom van Lille, waar my skoonsus Edith die skoolhoof is en in 'n huis op die skoolgrond woon. Aangesien die Franse owerheid vereis dat ons 'n vaste adres moet hê, al het ons nie meer 'n vaste woonplek nie, sal Edith se skoolhuis ons administratiewe adres vir hierdie swerfjaar wees. Wicres is dwarsdeur die Eerste Wêreldoorlog deur die Duitsers beset, en soos altyd wanneer ons hier kuier, stap ek soggens verby die Duitse oorlogsbegraafplaas langs 'n baksteenkerkie wat ook ernstig beskadig is in die oorlog en daarna deeglik gerestoureer is.

Die begraafplaas is 'n rustige ruimte, groen gras en groot koeltebome en byna drieduisend wit grafstene in die vorm van klipkruise wat met Duitse presisie in netjiese rye geplant is. Op die meeste kruise is slegs die naam van die gevalle soldaat gekerf, soms saam met 'n rang of 'n sterfdatum. In sommige grafte is twee of meer onbekende soldate saam begrawe. Ek weet nie waarom hierdie grafte my altyd meer ontroer as dié met name op nie. Dalk net die gedagte daaraan dat geen geliefde ooit sou weet wat van hulle oorskot geword het nie.

Maar dis die Joodse grafte wat my heeltemal ontstig elke keer as ek in Wicres wandel. Hier en daar tussen die duisende klipkruise sien jy 'n grafsteen wat anders lyk, 'n tablet eerder as 'n kruis, met die Ster van Dawid daarop gekerf. Hierdie soldate het gesterf vir 'n vaderland wat slegs twee dekades later sou begin om hulle familie in 'n volksmoord uit te wis. Elke Joodse soldaat se graf staan hier as 'n skreiende aanklag teen die futiliteit van oorlog.

Op die hoek van Edith se straat is 'n klein altaar wat ek nog nooit voorheen opgemerk het nie omdat dit nog altyd gesluit was, maar toe ek en Alain die volgende oggend daar verbystap, staan die traliedeur oop en ek herken dadelik die beeld van Saint Roch. Ek het 'n ding oor Sint Rochus, soos enigeen wat my roman *Die blou van onthou* gelees het, moontlik sal raai. Die twee minnaars in die roman ontmoet mekaar vir die eerste keer voor 'n skildery van Sao Roque, soos hy in Portugees genoem word, in die kerk van Sao Roque in Lissabon.

Sint Rochus word altyd uitgebeeld met 'n oop seer op sy bobeen, veroorsaak deur die Plaag in die veertiende eeu, saam met die getroue hondjie wat hom sou help om weer gesond te word deur vir hom brood te bring en sy seerplek te lek. Weens hierdie wonderbaarlike herstel word hy vandag nog as die beskermheilige van plae en aansteeklike siektes en pasiënte gehuldig. Dís waarom die deur vanoggend oop is, waarom daar brandende kerse en briefies langs die beeld gelos is.

Die ergste storm van die Covid-19-plaag het oorgewaai, maar die vrees en onsekerheid hang steeds soos 'n onweerswolk oor die mensdom. En as ons bang genoeg word, soek ons steeds troos in kerse en briefies en beskermheiliges. Dis 'n irrasionele behoefte wat ek instinktief verstaan, al glo ek nie dat gebede en heiliges my teen 'n plaag gaan beskerm nie.

Ek en my reisgenoot plaas eerder ons vertroue in die wetenskap. Ons laat ons inent en ons dra ons maskers en ons ontsmet ons hande obsessief. Ons verpes die inentings, soos die meeste mense seker, en veral die toetsstokkies wat soms so diep in ons neusgate opgedruk word dat dit voel asof ons harsings uitgehark word. Ons haat die maskers wat ons brille en sonbrille laat toewasem elke keer as ons 'n openbare gebou betree, soos die meeste mense, maar omdat ons doodbang is dat ons die virus verder sal versprei terwyl ons reis, volg ons die reëls selfs meer pligsgetrou as die meeste mense.

Dis die prys wat ons moet betaal vir hierdie reis, saam met die verlies aan 'n huis en 'n vaste adres, soos ons mekaar gereeld herinner.

Maar as Sint Rochus my kan help om minder bevrees te voel, besin ek terwyl ek die heilige se besonder welgevormde bobeen bewonder, sou ek ook nogal graag in hom wou glo.

"Hy't nog altyd vir my bietjie camp gelyk," mymer ek nou. "Die manier waarop hy daai gespierde dy ontbloot. Soos 'n deelnemer aan 'n queer skoonheidskompetisie."

"Is dít waarom jy so aangetrokke is tot hom?" wil Alain weet, sigbaar geamuseerd.

"Ag, ek weet nie, miskien is dit net die hondjie. Wie kan nou 'n mooi man met 'n hond weerstaan?"

Die Fransman lyk skepties. Ondanks sy Katolieke vormingsjare was hy nog nooit aangetrokke tot enige heilige, met óf sonder hond nie.

"Hy's ook die beskermheilige van oujongkêrels," vertel ek my man, wat klaarblyklik minder as ek van Sint Rochus weet.

"Is daar nog iets soos 'n oujongkêrel?"

"Ek vermoed dis wat gay mans genoem is in die dae voordat hulle as gay kon identifiseer. Wat my net nog meer oor Sint Rochus laat wonder."

Maar die wandelstok in sy ander hand, die hand wat nie besig is om sy kleed boontoe te trek sodat ons sy been kan bewonder nie, wys dat hy ook die beskermheilige van pelgrims is. En aangesien ons swerfjaar seker ook 'n soort pelgrimstog is, al is die bestemming nog onbekend, sou ek graag hierdie aantreklike swerwer met die hond as my persoonlike be-skermheilige wou beskou.

"Dis op sulke oomblikke dat ek amper wens ek was Katoliek," bieg ek.

"Toemaar, jy mis niks," verseker my verloopte Katolieke Fransman my.

Dis net soveel aanlokliker om in beskermheiliges eerder as in blote toeval te glo. Dis die gevolgtrekking waartoe ek kom nadat ek die res van die dag bly wonder waarom ek Sint Rochus dié oggend vir die eerste keer raakgesien het, nadat ek al wie weet hoeveel keer die afgelope twintig jaar by die altaar verby gestap het.

Of miskien is dit net nog 'n voorbeeld van die ontvanklikheid, die oop gemoed, die anders kyk, die "nuwe oë" wat 'n lang reis meebring.

7. OM MET ANDER OË NA PARYS TE KYK

Ek is nie versot op Parys nie. Ek swymel nie wanneer ek 'n Instagram-prentjie van 'n fotogeniese croissant met die Eiffel-toring op die agtergrond sien nie. Ek volg nie TV-reekse soos *Emily in Paris* nie, want dit verander die stad in stroopsoet spookasem. Ek hou van flieks soos *Amélie* en *Ratatouille* – jy moet darem rêrig sinies wees om nie voor soveel sjarme te swig nie – maar ek weet dis 'n gestileerde kamma-weergawe van Parys.

Nee wat, ek is nie mal oor die Parys wat op sosiale media, in soetsappige liefdesverhale en romantiese rolprente vertoon word nie. Maar ek is lié́f vir Parys. Soos jy lief is vir 'n ou vriendin wat jy lank genoeg ken om haar al haar sondes te vergewe, haar pretensie en haar hoogmoed, haar valse fasade en haar skaamtelose flirtasie met elke Amerikaanse toeris.

Ek ken hierdie vriendin al meer as veertig jaar. Ek het nog nooit in die hart van Parys gewoon nie, so jy kan seker sê ek en my vriendin was nog nooit huismaats nie, maar ek het al lank genoeg na aan haar gelewe om te weet dat haar asem dikwels stink. Dis nie 'n liefde vol knetterende vuurwerk soos wat 'n groupie vir 'n rock ster koester nie, dis meer soos kole wat aanhou gloei, onblusbaar.

My Fransman is meer skepties oor Parys – soos die meeste Franse wat nie in die hoofstad woon nie. Dis onmoontlik om elegant te wees, het die skrywer Balzac beweer, as jy nie gereeld in Parys kom nie. Presies die soort stelling wat 'n vermetele Parysenaar sal maak, volgens Franse in die res van die land.

"Elegansie is in elk geval oorskat," brom Alain terwyl ons deur die Marais-buurt drentel en ek my aan die elegansie van die boetiekvensters vergaap.

Ons is hier omdat ek aan daardie boekebeurs vir Afrika-skrywers deelneem, in die luuksueuse *Mairie* of stadsaal van die sesde *arrondissement*. "Piss elegant address," moet die Fransman toegee. Ook omdat ons 'n gratis nag in 'n hotelletjie in 'n minder elegante buurt kan deurbring. Altans, nie werklik gratis nie, maar dit voel gratis omdat ons twee jaar gelede reeds daarvoor betaal het, saam met die kaartjies vir 'n konsert wat Nick Cave in Parys sou hou.

Toe kom die pandemie, en die konsert word uitgestel, en weer uitgestel, en uiteindelik afgestel. Van al die bitter pille wat Covid ons laat sluk het, proe hierdie gemiste kans om 'n geliefde musikant se optrede by te woon steeds die bitterste. Ons het die kaartjies se geld teruggekry, maar die hotel het geweier, net laat weet ons kan "gratis" daar kom bly as ons weer in Parys kom.

En hier is ons nou om ons pond vleis op te eis.

Ook om ons dogter te sien, hoewel sy in Parys woon bloot omdat sy by INA (die nasionale oudiovisuele argief) werk en studeer. Mia sou veel eerder in Londen of Lille of selfs Kaapstad wou woon, en begryp ook nie eintlik my aangetrokkenheid tot dié stad nie.

"Toe ek die eerste keer hier gekom het," probeer ek verduidelik terwyl sy saam met ons langs die Seine stap, "het ek gedog dit word die Stad van Lig genoem oor die derduisende ligte in strate en op brûe wat saans in die rivier weerkaats. Dit het vir my soos 'n sprokie gelyk. Eers later het ek agtergekom dis oor die Age of Enlightenment in die sewentiende eeu hier begin het. Jy weet, al die idees van verligting wat tot demokrasie en vryheid gelei het?"

"Hmmm," sê Mia asof ek besig is om 'n preek af te steek.

"Dit word ook die Stad van Liefde genoem," herinner ek haar toe ons verby 'n spul slotte stap wat aan 'n heining hang. "Dis hoe die Love Lock-tradisie ontstaan het. Om 'n slot met 'n verliefde paartjie se name aan die Pont des Arts vas te maak en die sleutel in die rivier te gooi."

"En 'n selfie op sosiale media te pos," spot haar pa. " 'n Stokou sosiale media-tradisie."

Binne enkele jare het die gewig van derduisende slotte 'n stuk van die historiese brug laat ineenstort, en deesdae is dit onwettig om 'n slot aan 'n brug te laat hang. Maar die liefde laat jou nou eenmaal dom dinge doen, en oral in die stad sien ons steeds slotte wat heinings en tralies skeeftrek.

"Wat ek steeds nie verstaan nie is waarom enigiemand so 'n lelike bewys van liefde op so 'n lieflike plek wil los. Waarom nie net jou geliefde soen en die soen onthou nie? Want 'n soen in Parys voel anders as 'n soen op enige ander plek."

Mia sukkel om nie haar oë te rol nie. Sy woon saam met haar kêrel in Parys en word gereeld hier gesoen.

Toegegee, 'n soen in Pofadder voel seker ook anders as 'n soen in Praag. Maar Parys het die vermoë om 'n toevallige romantiese oomblik in 'n lewenslange herinnering te verander. *We'll always have Paris*, soos Bogart en Bergman in *Casablanca* kon getuig. Ek het die onvergeetlikste soen van my lewe op die dak van die afdelingswinkel Galeries Lafayette ervaar. Ek was al in my veertigs, lankal nie meer maagdelik en onervare nie, en terwyl ek saam met my Fransman daar op die dak staan om die stad te bewonder, begin dit sag sneeu en alles om ons word wasig en wit en onskuldig. *Then he kissed me*, soos in die liedjie. 'n Soen soos geen soen vóór of daarná nie.

"Jy moet verstaan, Mia," probeer ek weer. "Op skool en universiteit was ek versot op Parys. Of op die idee van Parys wat ek in boeke en films gekry het lank voor ek self hier uitgekom het."

Thomas Jefferson het reeds in die agttiende eeu verklaar: *A walk about Paris will provide lessons in history, beauty, and in the point of life.* En Victor Hugo het in die negentiende eeu sy lesers aangeraai om Parys in te asem, want dit voed die siel. 'n Eeu later het Ernest Hemingway die stad as *a moveable feast* beskryf, want as jy gelukkig genoeg is om as jong mens hier te woon, dra jy dit die res van jou lewe saam met jou.

"Besef jy hoe gelukkig jy is om jonk te wees en in Parys te woon?" wil ek weet.

"Hemingway was 'n Amerikaner, Ma." Dis haar enigste antwoord.

Toe ek jonk was, wou ek Parys gaan inasem, ek wou die sin van die lewe daar vind, ek wou die fees geniet en dit tot my oudag saam met my dra. Die lewe het ander planne met my gehad. Ek het in Parys gaan kuier, oor en oor, soms weke lank, maar uiteindelik saam met my Fransman op 'n plattelandse dorpie beland. Na genoeg aan Parys om die kulturele vrugte van die stad te pluk, om internasionale kunsuitstallings en gesogte musiekkonserte by te woon, maar nogtans ver genoeg om nie heeltemal verblind te word deur die Stad van Lig nie.

En nou sit ek met 'n Frans-Afrikaanse dogter wat glad nie voor Parys se sjarme wil swig nie.

"Hemingway was ook 'n Parysenaar," stry ek voort. "Sacha Guitry het gesê 'n Parysenaar is nie iemand wat in Parys gebore is nie, dis iemand wat hier hergebore word."

"Wie was Sacha Guitry?" vra Mia.

"'n Franse akteur," antwoord haar pa. "Wat in Rusland gebore is."

"Wel, André P. Brink, wat op Vrede in die Vrystaat gebore is, het altyd beweer hy's op die ouderdom van 23 hier op 'n bank in die Luxembourg-tuin gebore."

"Wie was André P. Brink?" vra Mia.

Dié keer rol ék my oë.

Want dis Afrikaanse skrywers soos Brink en Breyten Breytenbach se Paryse verbintenis wat my in my jeugjare laat glo het dat jy nie Amerikaans hoef te wees, soos Hemingway en sy makkers, om jou skeppende siel in dié stad te gaan voed nie. Ek was 21 toe ek blindelings en brandarm my eerste brugjaar aangedurf het, en toe ek eindelik in Die Stad van Lig en Liefde aankom, het my nuwe vriendin haar arms vir my oopgegooi en my beskerm. Selfs die bedgoggas wat my reismaat in 'n goedkoop hotel in die Quartier Latin, die Paryse studentebuurt, aangeval het, het my in vrede gelos.

Maar Parys is soos die Franse taal. Elke keer nes jy dink nóú ken jy oplaas die reëls, kom jy te staan voor 'n uitsondering. Elke keer as ek by hierdie vriendin kuier, wys sy my 'n kant van haar wat ek nog nie gesien het nie. Parys weet die geheim van enige langdurige verhouding is dat jy nooit té voorspelbaar moet word nie.

Met hierdie swerfjaar-besoek voel Parys vir my meer melancholies as ooit voorheen. Dalk het dit iets te doen met die seisoen, die dae wat korter raak en die herfsblare wat begin val, al skyn die son steeds. Dalk is dit die nadraai van die pandemie wat ek oral bespeur. Die skares Amerikaanse toeriste het verdwyn. Ek het nooit gedog ek sou Amerikaanse toeriste in Parys mis nie, maar nou kry ek Parys amper jammer. As 'n flerrie niemand het om mee te flankeer nie, moet sy haar noodgedwonge meer besadig gedra.

Of miskien is dit omdat die reis op pad hierheen my so oorbewus gemaak het van oorlog en bloedvergieting. Meteens sien ek tekens van Parys se stormagtige verlede raak op plekke waar ek dit nooit voorheen opgemerk het nie. Asof ek 'n onverwagse glimp van my beeldskone vriendin gekry het voordat haar gesig gegrimeer of haar hare gestileer is, wat my laat besef hoeveel sy nog altyd vir my weggesteek het.

Places remember events, het James Joyce glo geskryf terwyl hy aan *Ulysses* gewerk het. Parys was die teater van soveel tragedies, van oorloë en rewolusies en sosiale omwentelinge, dat sy onvermydelik sigbare en onsigbare letsels van hierdie gebeure moet hê. Voorheen was ek inderdaad bewus van die sigbare tekens, die oorlogsmonumente en die inskripsies op historiese geboue, maar dié keer is ek ook op die uitkyk vir al die verskuilde wonde. Soos koeëlgate in mure waar lede van die Weerstandbeweging in die oorlogsjare deur die Nazi's tereggestel is. Ek kan nie meer die gate sien nie, die mure is lankal toegepleister en oorgeverf, maar ek weet dis steeds dáár.

Lauren Elkin, een van my gunsteling-skrywers oor Parys, praat van Parysenaars se *taste for tumult*. In die boek *Flâneuse – Women Walk the City* skryf sy: *Between 1789 and 1871 these people saw a bloody uprising every twenty years or so*. Dwarsdeur die negentiende eeu was Parysenaars, volgens Elkin, *forever healing from one bloodshed only to inflict another, in the hope it would truly, this time, birth a more just world.*

It never arrived, voeg sy by, *though France is not done waiting for it.*

Die twintigste eeu was ook nie juis vreedsaam in Parys nie. Twee wêreldoorloë in skaars twintig jaar – en minder as twintig jaar later stort die oorlog in Algerië oor die rand van Afrika tot in die Franse hoofstad, waar 'n vreedsame betoging deur derduisende Algeriërs ten gunste van onafhanklikheid gewelddadig onderdruk word. In die herfs van 1961 skiet die polisie honderde van die betogers en gooi 'n klomp lyke van die Pont Saint-Michel af in die Seine. Sommige van die betogers was nog lewend toe hulle in die water gegooi is en het verdrink, ander spring self in die water om van die koeëls weg te kom en verdrink ook.

Vir die eerste keer sien ek die beskeie gedenkteken vir die slagoffers op die brug oorkant die Notre-Dame-katedraal raak. Miskien het ek dit voorheen misgekyk omdat my aandag toegespits was op die manjifieke buitelyne van die katedraal. Dié keer kyk ek om my rond omdat die Notre-Dame steeds gerestoureer word ná 'n verwoestende brand twee jaar gelede.

Of miskien is dit net my man en my dogter se minder romantiese siening wat my met nuwe oë na die stad laat kyk.

Dit lyk ook nie asof die 21ste eeu vrede in Parys gaan bring nie. Die Islamitiese terreuraanvalle van die afgelope dekade het nuwe letsels veroorsaak. Toe ons later die dag verby die Bataclan in Boulevard Voltaire stap, word ek op 'n ander manier ontroer as wanneer ek verby 'n muur stap waar vryheidsvegters in die Tweede Wêreldoorlog afgemaai is. Die aanval op die Bataclan-musieksaal en verskeie ander teikens in die tiende en elfde *arrondissements* het in my eie leeftyd gebeur. Sommer net nou die dag, so voel dit skielik weer.

Ek onthou presies waar ek was toe Mia my daardie Vrydag die 13de in 2015 met die ontstellende nuus bel. Ver van Parys, in 'n motor in die suide van Frankryk, op pad huis toe ná 'n ete by vriende. Maar daardie nag – en baie dae daarna – het ek soos 'n Parysenaar gevoel. Miljoene mense wêreldwyd wat nog nooit naby Parys was nie, het soos Parysenaars gevoel.

Nes ons 'n paar maande vroeër in dieselfde bloedige jaar van 2015, ná die aanval op die redaksie van *Charlie Hebdo*, oral op aarde verklaar het dat ons Charlie is. Die kantoor van die satiriese tydskrif was ook in die elfde *arrondissement*, nie ver van Boulevard Voltaire nie, en soms wonder ek of ek ooit weer deur hierdie deel van Parys sal kan stap sonder om aan die skokkende gebeure herinner te word.

En juis daarom stap ek dié keer weer in Boulevard Voltaire.

François-Marie Arouet, alias Voltaire, die skrywer en filosoof na wie die straat genoem is, het gesê waarheen sy reise hom ook al lei, die paradys is waar hy is. Hierdie reis het my teruggelei na Parys, en ek wil graag soos Voltaire glo dat dit steeds 'n paradys kan wees. Nie net omdat dit Parys is nie, maar ook omdat dit is waar ek nou is, waar ek 'n hele dag lank 'n *flâneuse* in die geselskap van my man en my dogter kan wees.

My geliefde vriendin is so sjarmant en elegant en vermaaklik soos altyd, maar dis asof sy my vir die eerste keer toelaat om die weerloosheid agter haar onweerstaanbare voorkoms te sien. Dalk is dit omdat ek ook ouer word (en dit nie naastenby so goed soos sy kan wegsteek nie) of dalk net omdat hierdie swerfjaar wat ek op 'n gevorderde ouderdom aangepak het, my meer bewus as ooit voorheen van my eie weerloosheid maak.

My eerste brugjaar het ek roekeloos aangepak, sonder mediese versekering of brille of pille, sonder die vrees dat een van my geliefdes iets kan oorkom terwyl ek ver weg is, sonder enige angs dat ek self iets kan oorkom so ver van die huis. Veertig jaar later piekel ek my vrese en sorge saam, my mediese versekering en my man se depressiepille en die noodnommers van dokters en psigiaters. Ek voel so weerloos soos 'n slak sonder dop. Ek verwag dat ek enige oomblik platgetrap kan word. En tog begin ek wonder of hierdie toenemende bewustheid van weerloosheid nie dalk een van die grootste geskenke van so 'n senior swerfjaar kan wees nie.

Want elke dag wat ons ongedeerd oorleef, word 'n dag om te vier. Geluk voel lankal nie meer vanselfsprekend nie, dis net nog iets waaraan ek my voortdurend verwonder.

8. AS DIE STEWEL JOU PAS

Ons het hierdie mal perd opgesaal. Ons het op aftree-ouderdom ons huis en besittings verkoop, roetine en veiligheid en voorspelbaarheid prysgegee, en nou moet ons die perd ry om te sien waarheen hy ons neem. Soms kry ons dit reg om die perd te lei tot by die water wat óns wil drink, maar meestal kan ons net vasklou en hoop ons val nie af nie.

Ons gee steeds voorkeur aan Robert Frost se *road less traveled* wanneer ons tussen twee paaie moet kies, maar wanneer albei ewe aanloklik lyk, vat ons een, na willekeur, en troos ons met die bofbalspeler Yogi Berra se luisterryke woorde: *When you come to a fork in the road, take it.*

André P. Brink het hierdie amusante aanhaling gekies as motto vir sy memoires, *'n Vurk in die pad*, vertel ek my Fransman. Ek dink ook dikwels tydens ons swerftog aan Brink se klassieke vertaling van een van my lewenslange gunstelingboeke. Wanneer Lewis Carroll se Alice voor 'n vurk in die pad te staan kom en vir die selfvoldane Cheshire Cat vra watter roete sy moet kies, wil hy weet wat haar bestemming is. Wanneer Alice antwoord dat sy nie juis omgee nie, sê die Kat dan maak dit ook nie juis saak watter roete sy kies nie.

". . . *solank as wat ek net êrens uitkom,*" *verduidelik Alice.*

"*O, dit sal beslis gebeur,*" *sê die Kat,* "*as jy net lank genoeg aanhou loop.*"

Solank ons net aanhou reis, weet ons teen dié tyd, maak nóg die roete nóg die bestemming werklik saak. Dis hoe ons ons weg deur Italië en Griekeland vind. Anders as Alice het ons darem 'n bestemming – die eiland Lesbos, aan die Turkse kant van Griekeland – maar omdat ons nie haastig is om daar uit te kom nie, kan ons eintlik enige pad vat. En omdat ons weer deur Italië en Griekeland terug na Frankryk moet reis, kan ons altyd met die terugkoms 'n ander pad kies.

Ons gryp die Cheshire Cat se raad aan, en ons glo hom wanneer hy waarsku dat ons waarskynlik mal mense gaan raakloop op hierdie reis.

"*Ons is almal mal hierlangs. Ek is mal. Jy is mal.*"

"*Hoe weet jy ek is mal?*" *vra Alice.*

"Jy moet wees," sê die Kat, "anders sou jy nie hiernatoe gekom het nie."

Ons knik vir mekaar en ry ons perd verder deur Italië, daardie elegante hoëhakstewel op die wêreldkaart wat so vol verrassings geprop is soos 'n bedorwe kind se Krismiskous. Ons wil deur Toskane en Rome reis, dan langs die Adriatiese kus aan die agterkant van die stewel suidwaarts na Bari, waar ons 'n veerboot na Griekeland kan haal. Maar om by die poskaartprentjie van Toskane uit te kom, moet ons eers deur die industriële noordelike streek rondom Milaan ry, waar daar beswaarlik iets soos 'n *road less traveled* oor is.

Dis hier waar ons weer 'n slag onthou dat selfs die aanloklikste Krismiskous ook ongewenste presente kan bevat.

Toe ek met daardie eerste brugjaar in 1980 deur Italië gereis het, was dit onmoontlik om die kontras tussen die arm suide en die welgestelde noorde mis te kyk. Milaan en omstreke was die setel van die meganiese bedryf, van fabrieke wat motors en tikmasjiene en ander verbruikersgoedere vervaardig, maar iewers in die laat twintigste eeu het die fabrieke begin toemaak. Milaan is steeds die rykste stad in die land, 'n internasionale hoofstad van mode en ontwerp, maar die nywerheidsgebied rondom die stad herinner my aan T.S. Eliot se *The Waste Land*. Die een verlate en vervalle fabriek na die ander, mure toegesmeer met graffiti en slagspreuke vir verregse politieke partye, onkruid wat teeroppervlakke laat oopbreek, rommel en plastieksakke en glasskerwe.

Ons staar stip voor ons uit en soek naarstiglik na 'n plaaslike radiostasie om ons aandag af te lei van die triestige toneel weerskante van die pad. Al wat ons kry, is banale Eurovision-popmusiek of die Vatikaan se prekerige programme. Uiteindelik kies ons stilte.

Dis ook hier waar ons 'n ander neerdrukkende verskynsel die eerste keer opmerk. Later sou ons besef dat sekswerkers oral in Italië langs nasionale paaie uithang, maar nou wonder ons nog of al die prostitute iets te doen het met die post-industriële landskap. As jy 'n wêreldwyse reisiger is, raak jy gewoond aan sekswerkers in groot stede, veral saans, veral in sekere berugte buurte, maar in geen ander land het ek hulle nog in sulke groot getalle buite die stede gesien nie. Letterlik langs die pad, waar hulle lywe gesmous word soos oorryp vrugte waaraan enige motoris kan kom proe. Soms is daar 'n motortjie agter hulle geparkeer, waarin die transaksie vermoedelik uitgevoer kan word indien die kliënt dit nie in sy eie motor wil doen nie. Soms sit hulle met oopgespreide bene in verflenterde gemakstoele, altyd met so min as moontlik klere sodat die potensiële kliënt dadelik kan sien waarvoor hy gaan betaal, ondanks die herfsweer wat al hoe killer word.

Met ons retoerrit laat in die herfs ry ons verby twee bloedjong meisies wat 'n vuurtjie aan die gang probeer kry – deur 'n ou meubelstuk aan die brand te steek – om hulle byna kaal lywe te verwarm. Ek dog ek is teen dié tyd al bestand teen die skok, maar die kinderlike lywe in hoëhakskoe-ne, die oordadige grimering op kindergesigte, laat my heeltemal onthuts na die motorradio gryp om weer eens afleiding te soek. En weer eens vind ek net die Vatikaan se uitsendings, skynbaar alomteenwoordig in hierdie land vol skreiende teenstellings.

Gelukkig laat ons gou die grys nywerheidsgebied agter ons en kies koers suidwaarts, na die sonniger streek Toskane, op 'n roete wat ons rasend honger maak omdat soveel van die plekname ons aan kos herin-ner. Ek tik met my vinger op die name, op die kaart wat ek op my knieë oopgevou het. Want hoewel ons GPS nodig het om ons teen ons betreu-renswaardige rigtingloosheid te beskerm, kan ek steeds nie sonder outyd-se papierkaarte klaarkom nie. Seker maar soos ek noodgedwonge soms boeke op 'n skerm lees, maar altyd smag na outydse papierboeke. Daar is net iets onvervangbaars aan 'n papierkaart, om die hele roete te sien, nie net 'n minuskule stukkie op 'n elektroniese skerm nie.

"Parma," prewel ek.

"Parma-ham," sê Alain en lek sy lippe.

"Modena," sê ek en volg die roete met my vinger 'n entjie verder op die kaart.

"Waar die beste balsemasyn vandaan kom," herinner Alain my.

"Bologna . . ." Nog 'n entjie verder.

"Hmm, 'n lekker bolognese-sous vir 'n bord pasta . . ."

Jare gelede het ek my voorgeneem om eendag 'n kulinêre droomreis deur Frankryk aan te durf, om elke dorp, stad of streek wat sy naam aan 'n beroemde kosproduk of resep gegee het te besoek, en natuurlik om elke kossoort op sy komvandaanplek te proe. Intussen het ek besef dat so 'n reis 'n leeftyd sou duur, want daar is net té veel sulke plekke in Frankryk. Daarom doen ek dit maar bietjie vir bietjie, een kosplek op 'n slag, wanneer ek ook al die kans kry.

Maar nou is ons in 'n buurland, wat ons glad nie so goed soos Frankryk ken nie, en wie weet wanneer ons weer by hierdie plekke gaan uitkom. Ons het darem 'n retoerrit oor sowat 'n maand, maar dan wil ons 'n ander roete kies, wat beteken ons moet nóú proe wat ons kan proe.

"Carpe diem!" roep Alain uit toe ons aan die buitewyke van Milaan die naambordjie vir die dorpie Gorgonzola sien. Ons hou in die hoofstraat stil en stap deur die dorp op soek na 'n winkel waar ons die eponieme ryk en romerige kaas met die blou aartjies kan koop.

Groot is ons teleurstelling toe ons by 'n boetiek vol plaaslike kosprodukte geen gorgonzola sien nie. En ontnugter, stel jou voor, toe die vriendelike eienaar ons meedeel dat die kaas moontlik nie sy oorsprong in dié dorp het nie, maar in een van die omliggende dorpies. Of dalk selfs verder suidoos in die Lecce-provinsie, waar daar grotte is waarin die kaas teen die ideale koel temperatuur gebêre kon word.

Maar as ons nie gorgonzola in Gorgonzola kan koop nie, weeklaag ons, wáár kan ons dit koop?

Ons kan dit in die supermark in Gorgonzola koop, troos die eienaar, solank ons net onthou dis dieselfde massavervaardigde produk wat ons in enige ander supermark in Europa sal kry. Indien ons egter die beste handgemaakte kaas soek, kan hy vir ons 'n homp *mozzarella di bufala* aanbeveel wat 'n boer vanoggend gebring het en wat verkieslik vandag nog geëet moet word. Die befaamde buffelmelkkaas van Italië het niks te doen met die taai mozzarella wat wêreldwyd in supermarkte aangetref word nie, dit weet ons darem, en hoewel die mozzarella in hierdie boetiek nie soos die mees gesogte mozzarella uit die provinsie Campania kom nie, verseker die eienaar ons dat dit nogtans iets besonders is. Proe, dring hy aan, proe 'n stukkie!

Inderdaad. Ons verlaat Gorgonzola sonder enige gorgonzola, maar met die varsste, romerigste, onweerstaanbaarste mozzarella wat ons nog ooit geproe het, en nou is ons so ongeduldig om die res van die kaas te verorber dat ons dadelik van die grootpad af swenk om 'n piekniekplek naby 'n stiller dorpie te soek. 'n Dorpie met 'n winkel waar ons vars brood en hopelik ook 'n stukkie Parma-ham kan aanskaf, of eintlik enige soort ham, want ná ons nie gorgonzola in Gorgonzola kon vind nie, is ons benoud dat ons ook nie Parma-ham in Parma sal kry nie.

Iewers tussen Gorgonzola en Parma draai ons af op 'n kronkelpaadjie tussen groen bosse wat doodloop voor 'n verlate villa wat eens op 'n tyd 'n spoghuis moet gewees het. Die hortjies is toe, die tuin agter 'n indrukwekkende traliehek heeltemal oorgroei, g'n teken van inwoners nie, net 'n groot swart hond wat uit die niet verskyn en vriendelik aan ons hande lek. Ons is so dankbaar dat hy ons nie blaffend verdryf nie dat ons ons piekniekkos met hom deel.

Hy hou van die ham, maar hy hou selfs meer van die mozzarella. Dalk net nog 'n bewys dat hierdie mozzarella waarlik onweerstaanbaar is.

Ons eet ons ham en kaas terwyl ons die verwaarloosde tuin agter die traliehek bewonder. Nie heeltemal op die skaal van die Finzi-Contini's se tuin in De Sica se rolprent nie, maar nogtans 'n treurige prentjie van vergange glorie. Die honger hond eet saam en herinner ons weer aan die teenstrydighede in hierdie land. Die alomteenwoordigheid van die Vatikaan én van sekswerkers langs nasionale paaie. Die stylvolle buitekant van 'n hoëhakstewel én die benoude, stinkende binnekant.

Dis wat gebeur as jy tydsaam reis, afdraaipaadjies kies, wegdwaal van die prentjies op Instagram om jou eie prentjies te onthou. Jy ontdek 'n geheime tuin en 'n hond wat van mozzarella hou. Dís wat jy eendag gaan onthou.

9. EN DIE SPOKE SWERF SAAM

Om alleen te reis het baie voordele, maar jy dra altyd 'n homp eensaamheid saam in jou bagasie. Wanneer ek aan my eerste brugjaar dink, voel ek steeds die vrag van daardie verskriklike alleenheid.

Deesdae kan alleenreisigers elke betekenisvolle oomblik via sosiale media met die ganse mensdom deel, maar in die vorige eeu (hoe vreemd klink dit nie, *die vorige eeu!*) was jy aangewese op briewe en poskaarte aan 'n klein groepie naastes. En daardie naastes het soms ontsettend ver gevoel. In 1980 kon my familie en vriende vir my briewe stuur na ambassades in die Europese hoofstede op my roete, waar ek dit kon gaan haal wanneer ek deur daardie stad reis. Soms het die dun blou lugposkoeverte met die bekende seëls en die geliefde handskrifte weke lank daar lê en wag voordat ek die briewe met bewerige vingers kon oopvou. Ek het die nuus van die huis af verorber soos 'n honger kind 'n bord kos sou opslurp. Ek was dikwels letterlik honger omdat my geld so min was, maar die emosionele honger was veel erger.

Noudat ek saam met my lewensmaat reis, en danksy die internet voortdurend in kontak kan bly met ons kinders en familie en vriende, ervaar ek nooit daardie soort hongerte nie. Ek kan die belangrikste oomblikke met iemand deel. Ek kan sê: "Kyk net daar!" "Hoor jy dit?" "Proe bietjie hier!" Ek kan selfs sekere oomblikke van lank gelede herleef, verbeel ek my, dié keer sáám met iemand.

Dis wat ek in Florence wil doen, hierdie fabelagtige stad wat ek veertig jaar gelede op my eie verken het. Ons kan nie bekostig om in die middestad te bly nie, maar ons kry plek vir 'n paar nagte in 'n kampeerterrein vir onwillige kampeerders. Ons hoef nie self 'n tent op te slaan nie, halleluja, ons slaap in een van die huistente wat permanent hier staan, met 'n oulike houtstoepie waarop ons sundowners kan drink, 'n gemaklike dubbelbed met regte beddegoed en – die detail wat my hart verower – elektriese leeslampies langs die bed. Die beste van alles is dat ons nie die gemeenskaplike ablusieblokke, daardie gruwel van kampeerterreine uit my kinderdae, hoef te gebruik nie. Ons huistent is toegerus met 'n private stort, wasbak en toilet.

Dit voel meer soos *glamping* as soos *camping*, maar dis goedkoper as enige ander min of meer ordentlike blyplek. En ons hoef nie te sukkel om parkeerplek in die stad te vind nie, want ons kan die motor bedags hier los en die kampeerterrein se bussie tot in die hart van Florence haal. Dis die eerste keer dat ons dié soort verblyf beproef, en ons is so in ons noppies dat ons besluit om vorentoe vir soortgelyke plekke te soek. In die hoogsomer sal sulke kampeerterreine vermoedelik 'n nagmerrie wees vir reisigers soos ons wat nie van rumoerige skares hou nie, maar in die milde herfs van suidelike Europa voel dit soos 'n broodjie wat aan albei kante gebotter is. Gemaksug teen 'n bekostigbare prys.

Dis dalk tyd om iets te sê oor ons begroting. Mense wat nie die back story van hierdie reis ken nie, vertel ons aanmekaar hoe gelukkig ons is om so lank te swerf. Ons voel inderdaad gelukkig, moenie my verkeerd verstaan nie, maar ons moet ons rieme fyn sny en ons sente mooi omdraai. Ons wil nie die wins uit die verkoop van ons huis blaas op 'n droomreis wat ons vir die res van ons lewe finansieel gaan laat sukkel nie, ons moet daardie geld spaar vir die dag wanneer ons ophou reis. Hopelik sal ons dit kan gebruik om 'n kleiner huisie te koop – iewers op 'n goedkoper plek waarheen hierdie reis ons gaan lei – sonder om geld by 'n bank te leen. Ek het nie 'n pensioen of 'n aftreeplan nie, maar as ek 'n dak oor my kop het wat klaar betaal is, hoef ek nie so hard te werk om elke maand 'n banklening te bekostig nie.

Intussen gee ons huislose bestaan ons die grasie om 'n ruk lank te reis. Ons het 'n paar duisend euro van ons huisgeld opsy gesit om vir die grootste uitgawes van ons swerfjaar te betaal (vlugte, motors wat gehuur moet word, verblyf vir 'n paar weke op 'n slag) maar al die alledaagse kostes soos etes en inkopies, vermaak en vervoer en verblyf vir 'n nag of twee op dieselfde plek, dek ons uit ons gewone maandelikse inkomste. Alain se pensioen en wat ek ook al as skrywer kan verdien terwyl ons reis.

Elke keer as ek wil-wil spyt raak dat ons nie onsself met beter blyplekke kan bederf of meer gereeld in restaurante kan rondhang nie, of 'n beroemde monument net van buite kan bekyk omdat die toegangskaartjies te duur is, onthou ek hoeveel armer ek gedurende my eerste brugjaar was. En tog het daardie jaar met so min geld en soveel eensaamheid vir my 'n soort rykdom gegee wat tot vandag toe rente oplewer.

Op ons eerste oggend in Florence laai die kampeerplek se bussie ons op die linkeroewer van die Arno af, naby die Piazzale Michelangelo, die ideale plek om 'n besoek te begin omdat dit jou 'n uitsig op die hele stad bied en terselfdertyd ook 'n nabyblik van die reusagtige bronsreplika van Michelangelo se *Dawid*. My Fransman was nog nooit voorheen hier nie en ek wil hê die stad moet hom oorrompel, na sy asem laat snak, soos dit met my gemaak het toe ek die eerste keer hier was. Dis so lank gelede dat ek bitter min daarvan onthou – behalwe hierdie uitsig aan die voete van Michelangelo se beroemdste beeld.

Die afgelope twee dekades het ons verskeie dele van Italië saam verken – die kuslyn en die bergdorpies rondom Sanremo naby die Franse Riviera, die hawestad Genova terwyl ons 'n week lank op 'n skip in die Mediterreense See gevaar het, 'n naweek in Venesië vir 'n vriendin se sestigste verjaardagviering, die baai van Napels vir een van my eie verjaardae – maar ek het nooit teruggekeer na Toskane nie. Waarom nie? wonder ek nou, waar ons aan *Dawid* se voete staan en na die onmiskenbare rooi koepel van die Duomo oorkant die rivier staar.

Moontlik het die florerende toerismebedryf my afgeskrik, al die boeke en flieks waarin Toskane opgehemel word, en die gevolglike gruwel van nagemaakte Toskaanse villas in my geboorteland. Maar dieselfde beswaar kan teen Provence gemaak word, die boeke, die flieks, die Provensaalse bousels in Suid-Afrika en elders, en desondanks het ek 'n kwarteeu in Provence gewoon nadat ek toevallig daar beland het. Sê nou net die toeval het my na Toskane gelei, sou ek my hier gevestig het? 'n Italiaanse man getrou het en Italiaanse kinders grootgemaak het?

Dis voorwaar 'n vreemde gedagte – en tog niks meer onwaarskynlik as wat dit destyds was dat ek 'n Franse man sou trou en Franse kinders in Provence sou grootmaak nie.

Terwyl ons die volgende dae deur Florence dwaal, ons vergaap aan die marmerbeelde en pragtige geboue op elke piazza, by straatkafees sit en Spritz drink en aan enorme groen olywe suig, en 'n speurtog aanpak om die plek met die beste tuisgemaakte roomys te vind, tref dit my telkens hoe alles in die stad verander het sedert my besoek veertig jaar gelede. En tog ook dieselfde gebly het. Destyds was daar nie selfone nie, niemand het selfies geneem of met selfie-stokke die uitsig op kunswerke versper nie, die toeriste het anders gelyk en anders opgetree. Maar wat is veertig jaar nou in 'n stad so oud soos Firenze?

Die massiewe marmerbeeld van *Dawid* staan al sedert die vroeë vyftien-honderds in die hart van die stad, die bronsreplika op Piazzale Michel-angelo al meer as 'n eeu. In die winkeltjies op die klipbrug Ponte Vecchio word daar al sedert die Middeleeue handel gedryf, en hoewel dit deesdae meestal toeristiese kaggelkakkies is wat verkoop word, het die stokou draad van die brug se geskiedenis nog nie uitgerafel nie. Dit bly die stad waar Dante Alighieri in die dertiende eeu gebore is en as jong seun sy beminde Beatrice vir die eerste keer gesien het.

E poi vidi venir da lungi Amore/ Allegro sì, skryf hy in die gedig "La Vita Nuova": *En toe sien ek Liefde van ver af kom, so verheug.*

Hierdie woorde het ná meer as sewehonderd jaar steeds nie hulle be-koring verloor nie. Oor nog veertig jaar sal die selfone en die selfie-stokke op die piazzas seker vervang wees deur tegnologiese verskynsels wat ek my nie eens kan verbeel nie. Maar jy sal steeds tuisgemaakte roomys in verleidelike geure kan eet, dáárvan is ek oortuig. Dante se geboortestad sal aanhou om besoekers te bekoor.

En noudat die vae herinneringe van my eerste Toskaanse reis opge-wek is, swerf die spoke van lank gelede saam met my verder. Dit word 'n *remembrance of things past*, soos in Shakespeare se dertigste sonnet, 'n melancholiese terugkyk en 'n versugting oor *many a vanish'd sight*.

Destyds het ek byvoorbeeld 'n dag in Perugia deurgebring, maar soos met Florence onthou ek byna niks behalwe die eerste asembenemende sig van die stad nie. In die verte, hoog teen 'n heuwel, agter 'n Middeleeuse muur, 'n poskaartprentjie van klip en kleiteëldakke in skakerings van oranje. En 'n plein waar ek een skemeraand sit en kyk het hoe laggende jong meisies en jong mans vol bravade in groepe paradeer om mekaar te imponeer. Hierdie ritueel wat die Italianers *passeggiata* noem, 'n rustige vroegaand-wandeling om te sien en gesien te word, het vir my soos 'n ballet gelyk, 'n vertoning op 'n verhoog, 'n eeue oue dans teen 'n eeue oue dekor. Dit het my uitgesluit en eensaam laat voel.

Ek soek vergeefs na daardie magiese plein in Perugia. Alles lyk vaagweg bekend, maar niks lyk bekend genoeg nie.

Dieselfde lot tref my in Assisi. Al wat ek helder onthou, is dat dit begin sneeu het terwyl ek van die Basilika van Sint Fransiskus afgekyk het na die vallei ver onder my. In daardie dae was ek so ongewoond aan sneeu dat elke vlokkie my betower het.

Ek was nie alleen in Assisi nie. Ek was saam met drie Suid-Afrikaanse vriende in 'n stokou kombi op pad na Rome, van waar ek my terugreis huis toe moes begin. Ek was te platsak om langer in Europa te bly, so arm dat ek die geld vir die eerste been van my retoervlug by my reisgenote moes leen, maar ek was nog nie gereed om huis toe te gaan nie. Ek het die rit na Rome op allerhande maniere probeer uitrek.

Sint Fransiskus was een van die enigste Rooms-Katolieke heiliges wie se lewensverhaal ek in breë trekke geken het, danksy Zeffirelli se rolprent *Brother Sun, Sister Moon* wat 'n diep indruk op my dromerige tienergemoed gemaak het, en ek het geweet dat die heilige in hierdie kerk begrawe is. Ek was ook bewus van Giotto se besondere muurskilderye wat hier besigtig kon word. Maar vir my was die stilhou hoog op die heuwel van Assisi bowenal nog 'n uitsteltaktiek om nie nou al huis toe te gaan nie.

En toe kom die sagte sneeu en vee die landskap onder ons skoon en skitterwit, amper soos 'n teken dat dit tyd was om daardie brugjaar uit te vee, en ek troos myself dat ek eendag sal terugkom. Ek belowe myself dat ek sal terugkeer, na hierdie vasteland, hierdie land, hierdie stad.

Ek het nie geweet dat dit veertig jaar sou vat voor ek my belofte kon nakom nie. Maar hier staan ek nou saam met my lewensmaat voor dieselfde basilika en kyk uit oor dieselfde landskap, wat dié keer in geelbruin herfskleure getooi is, g'n sprake van sneeu in die helderblou lug nie. Nog 'n kringvlug wat voltooi is.

Ondanks al die draaie wat ek destyds saam met Wilma en Brahm en Johann in daardie kombi gery het, het ons oplaas tog in Rome opgedaag, op 8 Desember 1980. Ons het gewonder waarom die Beatles se musiek aanmekaar oor die radio speel, maar ons het nie gekla nie, want enigiets was beter as om aanmekaar na die Vatikaan se programme te luister. Ons het die kombi op 'n plein parkeer om nog 'n ongemaklike nag daarin deur te bring, vier mense wat lepellê om warm te bly in 'n ruimte wat vir twee bedoel is, en vroeg die volgende oggend by 'n straatkafee gaan koffie soek. Dis eers toe ons die koerantopskrifte in vet swart letters sien – *Lennon morto* – dat ons besef het John Lennon is die vorige aand in New York doodgeskiet.

Dit het onvermydelik een van daardie waar-was-jy-oomblikke in my lewe geword. Waar was jy toe Elvis in Augustus 1977 dood is? In die koshuis Minerva op Stellenbosch, in my pajamas op pad na die badkamer, toe ek die nuus oor die radio hoor. Waar was jy toe prinses Diana in Augustus 1997 dood is? In 'n boekwinkel in Chicago, toe ek die eerste klein beriggie sien wat kort voor saktyd op die voorblad van 'n koerant ingedruk is. Waar was jy toe die vliegtuie in September 2001 in die Twin Towers vasgevlieg het? By die huis op 'n dorpie in Provence, toe my man van die werk af bel en sê ek moet die TV aanskakel, net betyds om te sien hoe die tweede vliegtuig die tweede toring tref.

Tot vandag toe is Rome in my gedagtes verbind met Lennon se *Imagine*, wat in die volgende dae aanhoudend oor radio's wêreldwyd gespeel is.

En nou is ek vir die eerste keer in veertig jaar weer in Rome. Hulle sê alle paaie lei na Rome, maar soms moet jy onvoorstelbare ompaaie vat om weer daar uit te kom.

"Hulle sê ook 'sien Rome en sterf'," prewel Alain terwyl hy die Kangoo deur die stad se senutergende verkeer bestuur. "Vir die eerste keer verstaan ek waarom."

Dit voel inderdaad asof ons enige oomblik in 'n motorongeluk gaan omkom.

Dis nie dat die Romeine swak bestuurders is nie. Inteendeel, hulle bestuur waarskynlik beter as in baie ander dele van Europa, maar hulle bestuur met 'n adrenalien-belaaide soort selfvertroue, g'n bedagsame gewag vir aankomende motors by toegeetekens of verkeersirkels nie, dis elkeen vir homself en na die duiwel met die res. Soos ons gou leer. My liewe geduldige Fransman wat dink dis slegte maniere om op die toeter te blaas en altyd ietwat teleurgesteld na my kyk wanneer ek ander bestuurders begin uitskel, besef binne 'n uur dat hy meer ongeduldig sal moet word. Anders gaan ons niks van Rome sien nie omdat ons heeldag, met groot bedagsaamheid, in die verkeer gaan vassit.

Met my eerste brugjaar het ek my 22ste verjaardag langs die Trevi-fontein gevier, saam met drie vreemdelinge wat ek die vorige dag op die stasie ontmoet het. Ons het saam verblyf in 'n goedkoop *pensione* gevind en hulle het daarop aangedring dat my verjaardag so ver van die huis op die een of ander manier gedenk moet word. Nie een van ons kon 'n restaurant-ete bekostig nie, maar ons het 'n bottel wyn gekoop en dit laat die aand langs die fontein gaan drink. Dit het een van die onvergeetlikste verjaardae van my lewe geword, saam met drie mense wat ek nooit weer sou sien nie. 'n Aantreklike jong Israeli, 'n joviale jong Amerikaner en 'n middeljarige vrou van Australië.

Hierdie avontuurlustige ma van volwasse kinders, 'n tannie wat ek nie sou waag om tannie te noem nie, het my laat besef dat "oumense" ook met rugsakke kan reis en in jeugherberge kan slaap en goedkoop wyn langs die Trevi-fontein kan drink. Ek het lankal haar naam vergeet, maar ek vermoed dis sy wat daar in Rome die heel eerste saadjie van hierdie senior swerfjaar geplant het.

Ek wens ek kon vir haar dankie sê.

Ek sal 'n muntstuk in die water gooi en aan haar dink, neem ek my voor. Maar toe ons by die Trevi-fontein kom, is daar so 'n ondeurdringbare skare saamgedrom, almal ewe gretig om 'n selfie so na as moontlik aan die water te neem, dat ek binne enkele minute my man se hand gryp en vlug. Sonder om 'n muntstuk in die water te gooi of selfs net 'n foto te neem.

"Ag wat," troos Alain, "ons kan altyd weer *La Dolce Vita* kyk."

Ons dink aan die toweragtige toneel waar Anita Ekberg soos 'n standbeeld in die fonteinwater staan (nie 'n enkele toeris in sig nie) en na Marcello Mastroianni roep: *"Marcello! Come here!"*

En hy gehoorsaam, soos in 'n droom, en klim met sy aandpak en al in die water.

"As Anita my geroep het," bieg Alain, "sou ek seker ook in die water geklim het."

"Maar as jou vrou jou roep, weier jy om in enige water te klim?"

Rolprente kan inderdaad 'n troos wees wanneer die werklikheid ons teleurstel. Die stories wat in rolprente en boeke, skilderye en musiek vertel word, bly altyd dieselfde. Ons ervaar dit dalk die tweede of derde keer anders omdat óns verander het, maar dis steeds dieselfde storie, dieselfde prentjie, dieselfde deuntjie. Dis soveel meer betroubaar as om in die regte lewe terug te reis na die verlede.

10. OOR ODUSSEUS EN DIE KUNS VAN VERDWAAL

Dis onmoontlik om op die see tussen Italië en Griekeland te vaar sonder om aan Homerus se Odusseus te dink.

Of nee, wag, dis nie waar nie.

Terwyl ek op die dek van ons veerboot staan en kyk hoe die ligte van Bari en die oostelike Italiaanse kus geleidelik wegsmelt in die groot donkerte van 'n nag op die Adriatiese See, waai grepe van honderde mede-passasiers se gesprekke teen my vas. Hulle praat in vele tale, waarvan ek slegs enkeles verstaan, maar dit klink nie asof enigeen van hulle oor Odusseus se epiese swerftog tob nie. Die meeste speel met slimfone, drink drankies in die sitkamer, staan tou om kos te koop by 'n kroegtoonbank, of soek reeds 'n slaapholte vir die nag iewers op 'n oop rusbank. Die meer welgestelde reisigers begin verkas na hulle kajuite in die ingewande van die boot, waar hulle rustig op 'n bed kan slaap en 'n warm stort kan geniet voordat ons vroeg môreoggend in Igoumenitsa aankom.

Dis moontlik net ek, met my vreemde versotheid op woorde en stokou stories, wat hier op die gitswart see aan Odusseus staan en dink. Noudat ek mooi kyk, is die see ook nie so danig swart nie. Die laaste gloed van die son wat in die weste weggesink het, dalk ook 'n dreigende storm uit daardie rigting, laat die water meer persrooi as swart lyk. Homerus se "wyndonker see" is 'n beskrywing wat ek nog altyd as taamlik verregaande digterlike vryheid beskou het, want waar het jy al ooit só 'n kleur see gesien?

En hier lê die wyndonker water nou voor my.

Miskien smokkel Homerus met my sintuie. Ek kyk om my rond om te sien of ander passasiers hulle ook aan die rare kleur van die see verwonder. Die vragmotorbestuurders, wat hulle eie vrolike groep op een van die dekke vorm, lyk min gepla met die see se kleur. Baie van hulle ken mekaar omdat hulle reusagtige vragmotors gereeld in veerbote gelaai word om verbruikersgoedere tussen lande en eilande te vervoer. Dis hulle werk, hulle alledaagse lewe, g'n niks Homeries of romanties aan hulle reise op lang paaie en oor die water nie. Die enorme lorries is diep in die buik van die boot geparkeer, log van lyf soos olifante wat die res van die passasiers se motors soos muise laat lyk, en die bestuurders kan 'n nag lank ontspan.

Ons eie Kangoo staan ook daar in die onderste deel van die boot, styf ingeryg tussen al die ander muismotors. Dis nie my eerste nag op 'n boot in Mediterreense waters nie, maar dis die eerste keer dat my motor ook op die boot is; nog 'n nuwe ervaring wat my nerwe dun strek. Die parkering van passasiers se motors word soos 'n militêre maneuver uitgevoer, kompleet met bevelvoerders wat van die kant af op jou skree, soms in 'n taal wat jy nie verstaan nie, om te verseker dat soveel moontlik voertuie so vinnig moontlik in die kleinste moontlike spasie ingeprop word.

Ek reageer nie goed wanneer gesagsfigure op my skree nie, vermoedelik 'n sielkundige oorblyfsel van twaalf jaar in Afrikaanse Christelik-Nasionale skole. Boonop het ek nog nooit uitgeblink as dit by parkeer kom nie. Ek is maar net te dankbaar dat my Fransman agter die stuur sit. Die bulderende boelie-gedrag van die ouens wat die parkeerdery organiseer, kan hom nie trigger nie. Hy was nie in streng Calvinistiese skole nie. Hy was nooit in die weermag nie. Selfs sy pa het nooit op hom geskree nie.

Maar toe die kar eers geparkeer is, begin dit soos 'n avontuur voel. Ons het nie 'n kajuit bespreek nie, hoofsaaklik omdat ons elke sent moet tel, maar ook omdat ek steeds nostalgiese herinneringe koester van die eerste nag wat ek op 'n skeepsdek onder 'n Mediterreense sterrehemel deurgebring het. Dekades gelede, toe ek in die teenoorgestelde rigting gevaar het, op 'n vragskip van Israel na Griekeland, het ek my eerste glimp van Europa vroeg een oggend van die see af gesien.

Dit was die eiland Rhodos, so 'n onweerstaanbare gesig dat ek onmiddellik van die skip afgeklim het en eers 'n week later verder gevaar het om die res van die vasteland te gaan verken.

Maar nou is ek veertig jaar ouer, en my man sukkel met sy rug, en hoe verder ons van die land af vaar, hoe kouer word dit. 'n Uur of twee later sit ons kiertsregop met ons slaapsakke styf om ons bibberende lywe gevou, vang mekaar se oog en stem saam, sonder om 'n woord te sê, dat dit 'n simpel idee was om op die dek te wil slaap. En ons gaan slaap op 'n rusbank. Ons los die avontuur eerder vir die jonger passasiers wat dapper genoeg is om die snerpende herfslug op die oop see aan te durf.

(Vir ons terugvaart 'n maand later sou ons heeltemal oorboord gaan – net figuurlik, natuurlik – en 'n kajuit bespreek. Teen dié tyd was dit darem amper winter, maar as jy eers die luukse van 'n eie kajuit en 'n lekker warm stort in jou eie klein badkamertjie geniet het, kan selfs die skouspelagtigste sterrehemel jou nie sommer weer lus maak om op 'n dek te lê en vries nie.)

Vroegoggend is ons terug op die dek om te kyk hoe die son van Igoumenitsa se kant af oor die Ioniese See opkom. 'n Ruk gelede het ons boot verby die eiland Corfu geskuur. Dit was nog te donker om enigiets te sien, maar dit het my weer aan Odusseus herinner. Corfu is glo waar die mitiese Scheria was, die laaste halte op Odusseus se uitgerekte swerftog, waar prinses Nousikaä vir hom raad gee voordat haar mense hom terugneem na sy tuiste op die eiland van Itaka. Waar niemand hom herken nie, siestog, nie eens sy getroue Penelope wat bitter lank vir hom gewag het nie. Net sy hond Argos herken hom en slaan morsdood neer, van skok of vreugde of dalk net van ouderdom. Odusseus was immers twintig jaar weg van die huis af. Argos moes inderdaad op sy laaste pote gewees het.

Toe ek die eerste keer van Odusseus gehoor het, het ek eenvoudig aanvaar dat die plekke waar hy gedurende sy swerftog terug huis toe beland, nie werklik bestaan nie, want die wonderbaarlike wesens wat hy daar teëkom, kon tog nie bestaan nie. Eenoog-reuse en hekse wat mans in varke verander en verleidelike vroulike gedaantes wat mans met hulle sangstemme na hulle ondergang lok, om maar net enkele van die bekendstes te noem. Meer as tweeduisend jaar gelede het Eratosthenes reeds spottend verklaar dat ons die toneel van Odusseus se swerwery sal vind wanneer ons die skoenmaker vind wat die sak vol winde met naald en garing toegewerk het.

En tog word die mitologiese pleknaam wat Homerus vir sy reisverhaal uitgedink het, al eeue lank deur geleerdes en kenners bestudeer om hulle aan bestaande plekke op 'n kaart van die Mediterreense streek te verbind. Natuurlik stry geleerdes ook al eeue lank oor elke moontlikheid, soos net geleerdes kan stry oor obskure dinge wat die res van die mensdom nie 'n bloue duit skeel nie, maar deesdae kan jy Odusseus se reis op 'n regte kaart volg.

Dis presies wat ek gedoen het toe ek Homerus onlangs herlees het.

En nou sukkel ek nog meer om te verstaan hoe Odusseus só verskriklik kon verdwaal dat hy ná die dekade-lange Trojaanse Oorlog nóg 'n hele dekade nodig gehad het om by die huis te kom. Selfs al het die heks-godin Kirke hom 'n jaar lank op haar eiland gevange gehou (blykbaar die eiland van Paxos suid van Corfu), selfs al het die nimf Kalipso hom sewe jaar lank op háár eiland betower (glo iewers op die eiland Malta), dan het hy steeds twee jaar lank net, wel, verdwáál. Die reis van Troje aan die westelike kus van Turkye na Itaka aan die westelike kus van Griekeland kan deesdae in skaars twee nagte op 'n skip afgelê word.

Dit maak Odusseus moontlik die grootste verdwaler ooit, die ideale rolmodel vir rigtinglose reisigers, die beskermheilige van swerwers wat aanmekaar die pad byster raak. Dink net, as hy GPS gehad het, sou ons nooit Homerus se manjifieke verhaal kon lees nie.

Hierdie ongelooflike verdwalery is dalk ook die grootste rede waarom ek so sterk aanklank vind by Homerus se held. Sonder die genade van GPS en internet sou ek en my rigtingbedonnerde reismaat moontlik ook weke lank gesukkel het om by Lesbos uit te kom.

Intussen ry ons in ons kar van die boot af, opgewonde oor ons volgende dwaalroete al langs die weskus van Griekeland tot in Athene. Selfs die skreeuende bevele van die werkers wat al die voertuie so gou moontlik uit die boot moet kry, ontsenu my nie meer soos die vorige aand nie.

"Ons is in die hande van Italianers en Grieke," praat ek myself moed in. "Mediterreense mense wat veronderstel is om makliker emosie te wys as die noordelike nasies. Miskien skreeu hulle ook maar net makliker?"

My Fransman lig net sy James Bond-wenkbrou. Hy is in die noordelikste streek van 'n Mediterreense land gebore. Dalk verklaar dit waarom ek hom nog nooit op enigiemand hoor skreeu het nie.

"Weet jy, liefie," sê ek terwyl ons langs die Ioniese See suidwaarts ry, "ek het nog nooit my voete in dié see gesit nie. Ek was die helfte van die nag óp die Ioniese See, maar ek was nog nooit ín die Ioniese See nie."

Die Fransman ry sommer vinniger van skrik. Hy is nie vanoggend lus om sy voete (of enige ander deel van sy lyf) in die see te sit nie. Toegegee, dis laat in die jaar en die weer is koel en die strande is verlate, niks wat my lus maak om te swém nie, maar hoe verder ons ry, hoe dringender word my behoefte om ten minste my tone in die see te steek. Ons roete swaai binnekort binneland toe, weg van Odusseus se Itaka en die Ioniese Eilande af, en wie weet wanneer ek weer so 'n kans gaan kry?

"Ons kan nie nou stilhou ter wille van jou tone nie," brom die bestuurder. "Ons moet eerder 'n eetplek soek."

"Nou hoekom eet ons nie lekker vars seekos by een van hierdie restaurante vlak langs die see nie? Kyk, die tafels staan omtrent binne-in die water!"

My liewe man, wat altyd eerder sal eet as om omtrent enigiets anders te doen, stry nie verder nie. Ons klim uit by 'n restaurant langs 'n klipperige strandjie. Ek hoef net 'n paar treë te gee, ná ek my skoene uitgetrek en my langbroek opgerol het, om die seewater om my enkels te voel klots. En die Fransman smul aan die *chtapodi sti schara* (gebraaide seekat) op sy bord.

"Dis seker wat hulle 'n wen-wen-situasie noem," sê hy met lippe wat blink van olyfolie.

Ek wil graag 'n dag of twee in Athene verdwaal voor ons volgende vaart na Lesbos in die Egeïese See. Hulle sê mos jy ken nie werklik 'n stad voordat jy genoeg tyd daar deurgebring het om te verdwaal nie. Ek was al voorheen in Athene, ek het reeds die vernaamste toeriste-lokvalle besoek, nou klink verdwaal vir my soos 'n goeie plan.

"Ons hoef nie te beplán om te verdwaal nie," meen my reisgenoot. "Dit sal 'n wonderwerk wees as ons nié verdwaal nie."

Maar Athene is die ideale stad vir rigtinglose reisigers wat wil verdwaal sonder om heeltemal die kluts kwyt te raak, verseker ek hom. Die Akropolis-heuwel is jou baken. Solank jy die antieke Parthenon-tempel soos 'n wit troukoek op 'n hoë stellasie sien pryk, kan jy min of meer uitwerk in watter rigting jy moet stap.

Die ander rede waarom jy gerus maar in Athene kan verdwaal, is bloot omdat die stad meer as drieduisend jaar oud is, met ruïnes van die antieke Griekse en Romeinse beskawings oral op straat. Dis nie eens nodig om by 'n museum in te stap nie, die ganse stad is een groot opelug-museum. Dis die wieg van die Westerse beskawing, dis waar Plato en Aristoteles gelewe het, dis waar die idee van demokrasie ontstaan het.

"Ek wil my gemoed oopstel om verras te word," verklaar ek. "Ek wil *die deur ooplos vir die onbekende*."

Hierdie frase het ek by die slim Rebecca Solnit geleen. In *A Field Guide to Getting Lost* betoog Solnit dat skrywers, skilders, eintlik enige soort kunstenaar, voortdurend die onbekende moet innooi. *The idea or the form or the tale that has not yet arrived, is what must be found.* Jy moet bereid wees om verlore te raak, om te verdwaal, en jy moet onthou dat die woord *lost* twee uiteenlopende betekenisse het.

"*Losing things is about the familiar falling away, getting lost is about the unfamiliar appearing.*"

Alain kyk verras na my. "Daar som jy nou hierdie hele reis in een sin op."

"Dis nie ek nie," moet ek hom ongelukkig meedeel. "Dis Rebecca Solnit."

"Nou maar kom ons volg haar raad en skop die deur verder oop."

Dis toevallig Sondag en ons beland toevallig kort voor elfuur op die Syntagma-plein, waar 'n bedrywige vlooimark elke Sondag gehou word, met musikante en straatkunstenaars wat die skare vermaak. Oorkant die straat is die skare selfs groter, en ons stap nuuskierig nader aan die Monument van die Onbekende Soldaat, wat deur die president se wagte in hulle wit rompies en snaakse tosselskoene bewaak word. En net daar begin die weeklikse Groot Omruil van die president se wagte, presies om elfuur elke Sondag, 'n gratis skouspel van hoogskop-passies met stywe bene en strak gesigte, wat ons toe heeltemal onbeplan geniet.

"Dink jy dis wat Solnit bedoel het?" vra Alain geamuseerd.

Terwyl ons deur die buurt Monastiraki aan die voet van die Akropolis dwaal en ons vergaap aan stukke van Griekse pilare en oorblyfsels van Romeinse tempels, besin ek steeds oor die soort onvoorsienigheid wat blykbaar net moontlik is as jy bereid is om beheer te verloor. Jy moet leer om besittings prys te gee, om mense en dinge te verloor, soos in Elizabeth Bishop se geliefde gedig: *The art of losing isn't hard to master; / so many things seem filled with the intent / to be lost that their loss is no disaster.* Maar jy moet bowenal ook leer om jouself te verloor.

En wat is verdwaal anders as om jouself op 'n geografiese plek te verloor?

'n Uur later eet ons moussaka by 'n buitelugtafel van 'n restaurant langs die Romeinse Agora, met 'n fotogeniese uitsig op die Akropolis, en ek lig my wynglas om 'n heildronk op ons aangename verdwalery in Athene te drink. En net daar tref die grootste ramp van ons swerftog my. (Tot dusver, moet ek dadelik byvoeg.) Meteens word alles wasig voor my een oog: die wynglas in my hand, die moussaka op my bord, my man se gesig oorkant die tafel.

Ter verduideliking: My regteroog het jare gelede 'n katarak ontwikkel en 'n kunsmatige lens gekry, wat my help om ver te sien, maar taamlik nutteloos is vir enigiets naby my. Daarvoor het ek my "normale" linkeroog nodig – en nou is dit asof 'n sluier voor dié oog laat sak is.

Dalk is die retina besig om los te skeur, of dis die begin van 'n beroerte, of dis 'n gewas wat op die oogbal druk. Soos altyd wanneer ek voor 'n mediese probleem te staan kom, dink ek aan die ergste moontlike scenario's. Kanker en blindheid en 'n pynlike dood, noem maar op, ek dink daaraan. Terwyl ek in koue sweet uitslaan en sukkel om asem te haal. Dalk het ek die noodlot getart deur te veel oor verlies te tob. Want die hemel hoor my, om my sig te verloor sou *the art of losing* na 'n vlak vat waarvoor ek nog nie gereed is nie.

Dan tref die paniek van praktiese probleme my en sny my laaste bietjie asem af.

"Waar gaan ons op 'n Sondag in Athene 'n oogdokter opspoor? Of eintlik enige dokter wat Engels kan praat! En sê nou ek moet hospitaal toe gaan? Wat van die huisie wat ons op Lesbos bespreek het? Hoe de fok gaan ek die res van ons swerfjaar halfblind aanpak!"

"Ons hoef nie dadelik na 'n hospitaal te jaag nie," paai Alain. "Kom ons eet eers ons moussaka klaar en kyk wat gebeur."

Ek wil my vervies omdat my gesondheid belangriker behoort te wees as sy moussaka, maar ek hou my in. Toegegee, ek toon geen tekens van 'n beroerte of enigiets ernstiger nie, ek kan duidelik praat en alles verstaan en geen deel van my lyf voel lam nie, behalwe my borskas wat my keer om behoorlik asem te haal. Maar dis immers 'n klassieke simptoom van 'n angsaanval.

Iets soortgelyks het op 'n keer met hom gebeur, vertel Alain terwyl hy rustig verder eet. Hy het gedog hy word blind in een oog, maar ná 'n uur of drie het die wasigheid verdwyn. Later het 'n dokter gesê dit was waarskynlik te wyte aan ontwatering of stres of albei faktore saam.

"Drink water," beveel hy en skink 'n groot glas uit die bottel op die tafel. "Die oomblik as die wasigheid erger word of as enige verdere onverklaarbare simptome opduik, gaan soek ons 'n hospitaal, belowe."

Gewoonlik gryp ek na my selfoon en raadpleeg dokter Google wanneer enige onverwagse kwaal my tref, maar nou is my foonskerm so wasig soos alles om my. Ek moet dus maar my man se oordeel vertrou. Ontwatering ís 'n moontlikheid, want Athene is die warmste stad in Europa, selfs in die herfs, en ons het baie kilometers gestap in ons poging om doelbewus te verdwaal. Maar stres?

"Hoe kan ek gestres wees as ek op pad is na 'n Griekse eiland waar ek 'n maand lank niks gaan doen nie!"

"En waarheen gaan ons ná hierdie maand op 'n eiland?" Hy weet ek weet nie.

En ek durf nie eens raai waar ons hierdie tyd volgende jaar gaan wees nie. Of ons al 'n huis sou gevind het. Waar op aarde hierdie huis sou wees.

"Jy's 'n self-erkende control freak wat baie hard probeer om beheer te verloor." Dis my man se diagnose. "Natuurlik gaan al hierdie onsekerheid jou die een of ander tyd uitfreak." En hy skink vir my nog 'n glas water teen moontlike ontwatering.

Ek probeer verder eet, al proe die moussaka soos klam karton, en drink aanmekaar water.

"Dis dalk die laaste moussaka wat jy gaan sien," waarsku my man toe ek die halfvol bord wegstoot.

Ek wil my weer vererg oor hy met my angs durf spot, maar toe hy my bord met waarderende steungeluide leeg eet, begin ek lag. Dit begin tog lyk asof die sluier voor my oog lig. Teen die tyd dat ons opstaan om verder deur die stad te dwaal, kan ek saam met hom spot oor die blinde wat die kreupele lei. Want selfs halfblind is ek steeds 'n bietjie minder rigtingloos as my geliefde, wat my blindelings moet volg.

'n Uur of twee later, iewers tussen die buurte Monastiraki en Plaka, besef ek dat die wasigheid byna heeltemal verdwyn het.

Ek sal seker nooit weet presies wat die oorsaak van my aanval van amperse blindheid in Athene was nie. Ek probeer daaraan dink as 'n waarskuwing, soos in die Portugese Nobelpryswenner José Saramago se roman *Blindness*, waar 'n epidemie blindheid die inwoners van 'n ongenoemde stad tref. Sonder enige rede, met grootskaalse chaos tot gevolg, tot almal op 'n dag skielik weer kan sien. So onverklaarbaar soos toe hulle blind geraak het.

Net nog 'n les in die kuns van verlies wat ek steeds, ondanks al my grootpratery, sukkel om baas te raak.

Al wat ek weet, is dat ek die volgende aand op die veerboot na Lesbos weer op die dek staan om te kyk hoe die stadsligte wegraak terwyl ons die see invaar, en dat die ligte my dié keer selfs meer betower as toe ons van Bari af vertrek het. Bloot omdat ek dit behoorlik kan sién.

11. PASELLAS LANGS DIE PAD

Dit het alles met 'n appel begin, soos soveel stories, sprokies, mites en legendes deur die eeue. Daar is geleerdes wat beweer die Bybelse vrug in die Tuin van Eden was eintlik 'n kweper, omdat kwepers glo nog ouer as appels en pere is, en dalk is Adam en Eva se moeilikheid inderdaad deur 'n kweper eerder as 'n appel veroorsaak.

Daarom waarsku ek sommer vroegtydig dat hierdie aflewering van ons swerfstorie ook oor kwepers gaan. Maar dit begin met 'n appel.

Of eintlik 'n menigte appels in 'n groot ou boom in my Franse skoonma se tuin. Vroeg in ons swerftog gaan groet ons vir *maman* Francine op 'n dorpie naby Lille, en aangesien dit herfs is en die ryp appels so swaar aan die takke hang dat baie van hulle op die grond rondom die boom beland, nooi sy ons om 'n sak appels te pluk om as padkos saam te piekel. Anders as Eva in die Bybel of Sneeuwitjie in die sprokie, het ek 'n appel nog nooit onweerstaanbaar gevind nie. Dalk moes ek kleintyd aan te veel melerige appels kou, maar 'n rou appel so op sy eie doen dit net nie vir my nie.

Appels in terte en slaaie, saam met blare en neute en kase, dis 'n ander saak. Ek gebruik graag appels in die kombuis, maar ek het nie meer 'n kombuis nie, so wat moet ek nou met 'n sak appels maak? Tog weet ek mens trek nie jou neus op vir geskenke nie, veral nie geskenke van jou skoonma nie, en dalk is die appels aan die hoogste takke net die verskoning wat ek nodig het om vir die eerste keer in dekades weer 'n slag boom te klim.

En terwyl ek daar hoog in die takke van 'n Franse appelboom sit en afkyk na my skoonma se dak, wonder ek waarom die meeste van ons ophou boomklim as ons "groot" word. Ek het weliswaar nooit in my volwasse lewe 'n tuin met 'n klimbare boom gehad nie, maar ek kon tog saam met my kinders in vriende of familie se bome geklim het? Nie om vrugte te pluk nie, net vir die vreugde en die vryheid wat jy diep in jou lyf voel as jy jou ledemate en jou spiere gebruik om hoog bo jou alledaagse omgewing uit te styg.

Ek vermoed ek het bang geword vir boomklim, soos vir soveel ander dinge, namate ek ouer geword het. Maar hierdie is veronderstel om my jaar van gedwonge dapperheid te wees, van ja sê vir dinge wat my maag hol laat voel, juis om van daardie hol kolle ontslae te raak. Miskien is hierdie boomklimmery net nog 'n metafoor vir alles wat ek vanjaar sal moet aandurf. As vryheid beteken dat jy niks meer oor het om te verloor nie, moet jy tog seker ook jou vrese begin verloor?

So filosofeer ek daar bo in die boom, tot my man besorg na my roep en ek die appels vir hom begin afgooi grond toe.

Ons is daar weg met 'n groot sak appels, en dieselfde aand nog bak ek in my skoonsus Edith se huis 'n souttert met appels en spek, want wie weet wanneer ek weer 'n oond gaan hê waarin ek enigiets kan bak. En hoe graag ek ook al vryer wil wees, is ek helaas nog nie vry van verlange na my groot kombuis met die blou mure in my groot ou huis in Provence nie.

Gewese huis, herinner ek myself. Gewese blou kombuis.

Terwyl ons in die daaropvolgende weke deur Frankryk, Switserland, Italië en Griekeland toer, bekoor die bome vol herfsvrugte my oral langs die pad. Vye en appels en pere, asook al hoe meer kwepers en granate soos ons suidwaarts na die Mediterreense streke ry. Baie van die vrugtebome groei wild, en as ek nog my geliefde blou kombuis gehad het, sou ek beslis van die vrugte gepluk het om mee te bak en te kook.

Maar as ek nog daardie kombuis gehad het, sou ons nie hierdie nomadiese avontuur kon aanpak nie.

Ná duisende kilometer in die Kangoo en twee ferrievaarte daag ons op in Molyvos, ook bekend as Mithymna, op die eiland Lesbos, waar ons vir 'n maand lank 'n klein huisie met blou luike teen 'n bekostigbare prys kan huur. Ons moet die sleutels van die Blou Huis, soos almal dit noem, by Elizabeth gaan haal – 'n Suid-Afrikaner wat met 'n Fransman getrou het en al jare lank op hierdie Griekse eiland woon – maar die paadjie deur haar welige tuin tot by haar voordeur is versper deur 'n granaatboom se swaar takke. Ons moet buig, soos voor 'n koninklike, om onder die majestueuse boom se takke deur te beweeg. En dit voel soos 'n gepaste eerbetoon, want in die donkergroen skaduwee van die tuin glinster die rooi granate soos edelstene in 'n kroon.

Elizabeth praat Afrikaans, Engels, Frans en Grieks, en spring tussen die vier tale rond met die uitbundigheid van 'n kind wat hopscotch speel. Verwelkom ons in Frans, gooi gou 'n paar sinne Afrikaans in vir my, slaan oor na Engels wanneer 'n Britse vriendin kom inloer, hop terug na Afrikaans en Frans wanneer die vriendin waai, en trek lustig los in Grieks toe 'n buurman bel. En voordat ons vertrek, skenk sy vir ons drie enorme granate uit haar boom, rooier as rooi en tot barstens toe ryp.

Ons dra die geskenke na die Blou Huis, gooi die luike oop sodat die sonlig kan instroom, bewonder die uitsig op die Egeïese See deur die slaapkamervensters, en stal die granate uit in 'n erdebak op die vierkantige houttafeltjie wat vir die volgende maand ons eettafel gaan wees. So gloeiend in die oggendlig lyk die vrugte heeltemal te mooi om te eet, meer dekor as kos. Maar oor die volgende dae en weke kry ons soveel granate present, soms by mense wat ons van g'n kant af ken nie, dat ons daardie eerste drie sonder verdere gewetenswroeging verslind. Welgeluksalig in die wete dat daar nog baie is waar dié vandaan kom.

Ek het vergeet hóé vrygewig die Grieke kan wees.

Aangesien die meeste burgers van Lesbos nie welgesteld is nie, word hierdie vrygewigheid meestal openbaar in die vorm van eetbare geskenke. Vrugte en groente uit hulle boorde en tuine, kos uit hulle kombuise. Gedurende ons herfsverblyf het die somervrugte reeds saam met die somertoeriste verdwyn, maar die granate en kwepers wat nou ryp is, word rojaal met ons gedeel.

Een Sondagmiddag groet ons 'n bejaarde paartjie toe ons verby hulle eenvoudige vissershuis in 'n afgesonderde baai stap. In die toeristeseisoen word die huis blykbaar as taverne gebruik, maar nou is die strand verlate, geen ander mense in sig nie, net dosyne katte wat naby die vissersbote rondhang. Die oom het die onskuldige glimlag van 'n baie jong kind terwyl hy 'n bak granate se pitte met eindelose geduld verwyder, tjoepstil by 'n tafeltjie op die stoep. Die kromrug-tante is meer aktief, begin dadelik babbel en heen en weer skarrel toe sy ons sien. Ons Griekse woordeskat is tot omtrent tien woorde beperk, so dit duur 'n hele paar minute voordat ons agterkom sy probeer ons oorreed om by een van die leë tafels aan te sit vir ete.

Hoe meer ons kopskud en met oordrewe gebare oor ons mae vryf om te wys dat ons klaar middagete geëet het, hoe driftiger word haar uitnodiging.

"Miskien dink sy ons het maagpyn," bespiegel Alain toe sy ons aan die skouers beetkry en op twee stoele neerplak. "Dalk wil sy vir ons iets gee om die pyn te laat bedaar?"

Toe sy sien ons raak moeg gestry, pluk sy ons weer regop en lei ons triomfantelik aan die hand deur die donker huis na 'n klein kombuisie sodat ons kan sien wat op die stoof kook. Dit lyk soos 'n soort bredie en dit ruik verruklik, maar selfs my ewig honger reisgenoot sien nie kans om skaars 'n uur ná middagete wéér middagete te eet nie.

Oplaas onthou ek dat die Griekse woord vir "nee" amper soos "oukei" klink. Alain kyk verward na my toe ek begin "oukei-oukei" sê.

"So gaan ons die stryd gewonne gee en eet?"

"*Non*," sê ek vir hom in Frans. "*Oukei*," sê ek vir ons oorgretige gasvrou in wat ek hoop soos Grieks klink. Sy lyk so teleurgesteld dat ek besef ons sal iéts moet eet. Dalk 'n soetigheidjie saam met koffie? Ná ons hierdie versoek met nog 'n klomp belaglike gebare probeer vertaal, helder die tante se gesig op.

"*Né! Né!*" roep sy uit en lei ons terug na die stoep, waar sy vir ons twee koppietjies met sterk Griekse koffie aandra, saam met 'n onbekende lekkerny wat ons laaste bietjie weerstand laat smelt. 'n Glansende oranje sekelmaantjie in 'n taai stroop, gemaak van nog 'n woord wat ons nie ken nie, kolo-kolo, kietie-kietie, iets in dié lyn.

Later sou ons uitwerk die woord wat sy oor en oor herhaal het terwyl sy na die smulhappie wys, is *kolokýthi*, pampoen of murgpampoen. Hierdie eetgoed is miskien die Griekse weergawe van tradisionele Afrikaanse pampoenkoekies, maar heelwat kleiner, blinker, mooier, met 'n tekstuur wat my eerder aan my ma se makataankonfyt herinner. En omdat ons dit nêrens anders op die eiland of elders in Griekeland teëkom nie, kry die glinsterende oranje sekelmaantjies in 'n verlate taverne in 'n afgesonderde baai weldra 'n soort droomkwaliteit. Dit word iets wonderbaarliks wat jy vaagweg onthou terwyl jy wonder of dit werklik kon gebeur het.

Die bewys dat dit nie 'n droom was nie, is die twee reusagtige granate wat die vrou in my hande druk toe ons opstaan om vir die koffie en die soetgoed te betaal. Nog twee granate vir die stillewe op die houttafeltjie in die Blou Huis. Saam met die geurige geel kwepers wat ander eilandbewoners vir ons pasella gee, en natuurlik die geel suurlemoene waarsonder jy beswaarlik in Griekeland kan kook, lyk ons vrugtebak al hoe mooier.

En ons eet al hoe lekkerder, met al hoe meer vindingryke maniere om gratis granaatpitte en geskenkte kwepers in allerlei disse te gebruik. Hoewel ek steeds my blou kombuis en my groot oond mis, het ons hier in ons blou huisie op Lesbos darem 'n kookhoekie en 'n tweeplaat-gasstofie. G'n oond of mikrogolf of lugbraaier of elektroniese gadgets nie, net twee kastrolle en twee panne, maar ek staan elke dag verstom oor wat jy alles met 'n pot en 'n pan en 'n gasvlammetjie kan vermag.

Soms voel dit amper soos kampeer, veral as ons snags deur 'n venster klim om met 'n leer tot op die huis se dak te klouter en daar na die maanlig op die see onder ons sit en kyk. Soms sien ons 'n flikkerende liggie van 'n vissersboot in die verte, maar bo ons word die gitswart nag slegs deur sterre verlig. Sommige van dieselfde sterre waarna Homerus byna drieduisend jaar gelede sou kon kyk terwyl hy Odusseus se swerftog beskryf het.

Ek kan maar nie wegkom van Odusseus nie.

Daarna gaan klim ons in die hoogste dubbelbed waarin ek nog ooit geslaap het, met pote wat spesiaal verleng is sodat jy die see deur elke venster kan sien terwyl jy in die bed lê, en dan weet ek weer dis nie kampeer dié nie. Jy kan seker ook 'n tent só opslaan dat jy 'n onbelemmerde uitsig op die see het wanneer jy soggens wakker word, maar g'n kampeerbedjie kan so stewig en veilig soos hierdie hoë bed voel nie.

Ek swem omtrent elke dag in die see, meestal op een van Molyvos se strandjies, en so drywend op my rug onthou ek dat Isak Dinesen beweer het die kuur vir enigiets is soutwater – sweet, trane, of die see. Ek het al heelwat gesweet op hierdie reis, meestal van angs wanneer ons verdwaal en op onbegaanbare paaie beland, en ek het al vele trane gestort oor dinge wat verby is. Nou gee ek my oor aan die genesing van die see.

Soms ry ek saam met Elizabeth na Eftalou se strand aan die ander kant van die eiland, dan swém ons behoorlik, want Elizabeth is nie 'n lui drywer soos ek nie. Ander kere stap ek en Alain omtrent 'n uur lank om by een van die meer afgeleë strande uit te kom. Maar ek kan hom steeds nie ompraat om saam met my die soutwater aan te durf nie. Ek begin aanvaar dat my lewensmaat nou eenmaal nie 'n swemmer óf 'n drywer is as die temperatuur van die water laer as dié van 'n verwarmde swembad is nie.

En toe, op 'n dag, begin hy skielik swem.

Ná drie weke op die eiland, toe ons al amper weer ons tasse moet pak om verder te reis, stap my koulike geliefde onverwags die Egeïese See in. Eers net so tot by sy heupe, waar hy lank oor die branderlose water staan en tuur voordat hy oplaas induik om sy hele lyf nat te kry. En toe lê hy op sy rug en dryf – en dis vir hom so ongelóóflik lekker dat hy in ons laaste week op Lesbos elke dag die see saam met my aandurf. Net mooi toe die milde herfsweer begin draai en die donkerte al hoe vroeër kom en die water selfs vir my te koud begin raak.

"Hoekom het jy nie vir my gesê hoe fantasties dit is nie!" roep hy uit toe ek op ons laaste dag op die klipperige strand sit en wag dat hy eindelik uit die see kom.

Een van die vreugdes van reis is dat jou geliefde van die afgelope kwart-eeu jou steeds kan verras. Omdat julle buite julle gewone gemaksone beweeg, word julle noodgedwonge waagmoediger, meer gewillig om een-voudig en sintuiglik van oomblik tot oomblik te lewe. Die paar keer dat ek en my lewensmaat saam in die blou Egeïese See kon dryf, met die lug ewe blou bo ons uitgestrek en die gesuis van die soutwater in ons ore, tel onder die suiwerste sintuiglike ervarings wat ek ooit belewe het.

Dis een van die grootste geskenke wat ek in Griekeland gekry het.

Daar is ook 'n paar konserte waarin toeval, soos so dikwels, die hoofrol speel. Soos die keer toe ons 'n klooster hoog in die berge van Lesbos gaan besoek, 'n afgesonderde en serene spirituele plek – of dis wat ons verwag het. Wat ons daar aantref, is 'n luidrugtige karnaval-atmosfeer, 'n lang la-ning vol kraampies met blêrende musiek wat allesbehalwe kerklik klink en smouse wat enigiets van plastiekspeelgoed en lelike skoene tot sakke aartappels en tradisionele tuisgemaakte lekkers verkoop. Jillende kinders wat mekaar deur die kloostertuin jaag, ooms wat in kringe staan en rook, tieners wat by buitelugtafels koffie drink en flankeer.

En almal praat net Grieks. Nêrens 'n toeris in sig nie. Niemand vir wie ons kan vra of dit elke dag so jolig gaan by hierdie klooster wat al sedert die Bisantynse era bestaan nie. Iewers in die vyftiende eeu is die geboue glo deur die Turke vernietig en in die volgende eeu weer deur die heilige Ignatios Agallianos en sy volgelinge opgerig. Toe ons eindelik een van die flankerende tieners vind wat 'n paar woorde Engels verstaan, verduidelik hy vir ons met handgebare dat die geboortedag van Sint Ignatios vandag gevier word.

Ons het toevallig op die jaarlikse feesdag by die Limonas-klooster opgedaag. Gister was dit inderdaad stil en sedig hier, môre sal dit waarskynlik weer stil en sedig wees, maar vandag word daar fees gevier.

Toe geniet ons maar die vrolike verjaardagfees saam met die Grieke om ons.

Omdat dit oestyd is in die olyfboorde op die eiland, kry ons die kans om vir Elizabeth in haar boord langs die see by Eftalou te help om haar olywe te oes. Ons word beloon met 'n paar luilekker pieknieks tussen die olyfbome, en op ons voorlaaste dag op die eiland wag ons saam met Elizabeth en nog twee Afrikaanse eilandbewoners, Frederik en Douw, by die plaaslike koöperasie dat "ons" olywe in olie verander word.

Dit voel omtrent so wonderbaarlik soos die Bybelse water wat in wyn verander is.

Ons proe 'n paar druppels van die eerste dun stroompie liggroen olyfolie uit die parsmasjien, op 'n stewige sny van Frederik se tuisgebakte witbrood, en ek en die Fransman kyk verstom na mekaar. Ons het twintig jaar lank tussen Franse olyfboorde gewoon, en gereeld van die beste olyfolie in die wêreld geproe, maar nog nooit het dit só lekker gesmaak nie. Dalk is dit Dinesen se sweet, trane en die see wat die verskil maak.

Nie dat ons veel gesweet het terwyl ons die olywe help oes het nie, maar Elizabeth skenk nogtans vir ons 'n groot kan olyfolie, kamtig ons loon vir ons harde werk, om verder saam op ons reis te neem. Net nog 'n Griekse pasella wat ons nie werklik verdien het nie.

Uiteindelik neem ons afskeid van die eiland op 'n vreugdevolle aand wat die beste voorbeeld van die Griekse gees van vrygewigheid word. Soos baie van die toeriste-ondernemings, eetplekke en kuierplekke wat vir die wintermaande sluit, maak Taxia en Giannis se gewilde restaurant op 'n plein onder plataanbome ook laat in die herfs toe, om eers weer volgende jaar in die lente aan die gang te kom. Maar Taxia en Giannis het die jaarlikse sluiting van Tropicano-Platanos omskep in 'n gratis feesmaal vir die hele dorp. Hulle dek lang tafels onder die bome en nooi vriend en vreemdeling om te kom aansit en al die kos op te eet wat in die yskas en spens oorbly.

Aangesien die meeste toeriste teen einde Oktober verkas het, is hierdie Laaste Maal waarlik 'n Griekse gedoente waar Grieks gepraat word, Griekse kos geëet en Griekse drank gedrink word, en soms, jy weet nooit, selfs Griekse danse gedans word. Nie die soort voorspelbare danspassies wat in die somermaande soos konsertjies vir buitelanders aangebied word nie. Ons praat nou van die tradisionele Griekse danse wat altyd spontaan gebeur, as die gees jou vang, nie op aanvraag nie.

Dis hoe Taxia dit vir ons verduidelik het toe sy ons na die Laaste Maal nooi. Dalk word daar laatnag gedans, dalk nie. Ons hou natuurlik duim vas dat daar gedans sal word.

Daar is dié aand net vier buitelanders aan die lang tafels: ek en Alain en nog twee Suid-Afrikaners, S.P. en Marius, wat al dekades in Brittanje woon. Ons is die enigste gaste wat nie Grieks praat nie, maar ná 'n uur of wat kom ons uitstekend klaar met al ons tafelgenote. Wie het nou taal nodig as jy met handgebare en gesiguitdrukkings kan kommunikeer? Nog 'n uur later begin ek my verbeel ek verstáán Grieks.

"*Yamas!*" Ek lig my glas hoog. "As dit só aangaan, is ek teen die einde van die aand volledig Grieks."

Maar toe begin hulle dans.

Ek het al voorheen saam met Taxia en Giannis en 'n spul Suid-Afrikaanse toeriste 'n paar nagemaakte Griekse passies uitgehaal. Veral die *xasaposervikos* wat buitelanders sommer net "Zorba se dans" noem, maklik genoeg vir enige nie-Griek, arms om mekaar se skouers en bene wat opskop, gewoonlik op maat van die oorbekende musiek uit die fliek *Zorba the Greek*.

Dis nie hoe hulle dié aand dans nie.

Die mans is soos gewoonlik die voordansers, maar heelparty van die vroue dans saam, Taxia met haar gul lag heel voor. My voete jeuk om by hulle aan te sluit, maar ek weet ek sal 'n totale gat van myself maak as ek dit doen.

"Ek is nie Grieks nie," moet ek toegee. "Ek sal nooit Grieks wees nie."

Toe ons die volgende oggend vir Taxia gaan groet terwyl sy opruim en wegpak, wil sy weet waarom ons nie saamgedans het nie. Dis die lekkerste manier om afskeid te neem van die somer, sê sy. Of eintlik van enigiets.

"Dit was vir ons nog lekkerder om die dansers van die kant af te bewonder," sê ek toe maar.

En dis waar. Daardie spontane dansery van 'n klomp uitbundige Grieke onder die plataanbome was nog 'n pasella waarvoor ek altyd dankbaar sal bly.

12. AFSKEID EN VERTREK, WEER EENS

"*I have lost myself*," lees Alain hardop, een koue maanligaand in Italië. "*I am not here . . . I am some other where.*"

Dis Shakespeare se woorde wat op die muur van 'n huis in Verona pryk, glo die huis waar Romeo gewoon het. En al weet ons Romeo is 'n fiktiewe karakter, voel die aanhaling so presies gepas soos Shakespeare se wysheid dikwels vir my voel.

Ons het onsself iewers langs die pad verloor, op 'n positiewe manier, soos wanneer jy jouself in liefde verloor. Soos die bome wat oral op ons roete hulle herfsblare verloor om plek te maak vir die nuwe blare wat volgende jaar kom. Ons reis na *some other where*, waar ons hopelik 'n nuwe weergawe van onsself sal vind.

En ek raak nogal nuuskierig om hierdie nuwe weergawe te ontmoet.

Ja, ons is terug in Italië, oplaas weer op pad na Frankryk waar ons die Kangoo moet verkwansel voordat ons na die VSA vlieg. Vir ons retoerreis het ons die veerboot na Brindisi gekies, verder suid as Bari waar ons met die heenreis 'n boot gehaal het, want ons wou 'n stukkie van die Puglia-streek saam met vriende verken.

Die Lecce-provinsie is heel onder in die spykerhak van die Italiaanse stewel, dis hoe jy dit op enige kaart kan vind, en dis waar ons Frans-Italiaanse vriend Mario se *famiglia* al geslagte lank woon. Mario en sy vrou woon op die eiland Réunion, maar hulle bring elke jaar 'n paar somerweke in 'n vakansiehuis naby die uitgebreide familie deur. Omdat Mario pas afgetree het, soos Alain, kan hy en Yvette vanjaar vir die eerste keer tot laat in die herfs aanbly. En omdat ons al jare lank belowe ons gaan kom kuier, maar dit nog nooit in die somermaande reggekry het nie, is ons net so bly soos hulle om buite die bedrywige seisoentyd hier te wees.

Ons swerf al lank genoeg om te weet die beste gids wat jy op enige plek kan kry, is iemand wat die plek van kleintyd af ken. Mario neem sy rol as gids en begeleier baie ernstig op (sonder om ooit op te hou lag en spot) en ons ry kruis en dwars oor die hak van Italië, van die Adriatiese kus aan die buitekant tot die Golf van Taranto aan die binnekant. En ons mis glad nie die hitte en die skares en die gebrek aan parkeerplek van die somerseisoen nie.

Om kusdorpe soos Castro en Otranto op 'n ysige dag vroeg in November te besoek, met 'n stormsterkte wind wat van die see af waai, beteken jy kry die hele plek vir jouself. Keisteenstegies en piazzas met manjifieke standbeelde, indrukwekkende kerke en kastele, skilderagtige hawens met vissersbote, alles wat jy van suidelike Italië in die somer verwag, selfs tuisgemaakte roomys. Maar sonder die skares.

Ons was nogal benoud dat al die roomyswinkels so laat in die jaar toe sou wees. In my vorige lewe het ek net op die warmste somerdae werklik lus gekry vir roomys, maar in my nuwe reisende gedaante het ek versot geraak op outydse tuisgemaakte gelato, waar ook al, wanneer ook al. Om vroegaand in die koue donkerte (want die son sak reeds teen vyfuur smiddae) op 'n verlate plein in die Middeleeuse stad Otranto te sit en smul aan 'n romerige lekkerny wat jou met elke lek herinner waarom dit *room*-ys genoem word, kan jou vir die res van jou lewe anders na roomys laat kyk.

Ons stap by klein kerkies in om skilderye en beeldhouwerke te bewonder, in salige stilte, en die strate en pleine word een groot kunsmuseum. Die koue en die vroeë donkerte is 'n klein prys om te betaal vir die luukse om so 'n kunsmuseum sonder die gewone gedruis te besoek. Dis hoe dit na-ure in die Louvre of die Prado moet voel.

In die stad Lecce, 'n glinsterende melkwit pêrel in die halssnoer van die Lecce-provinsie, verander die atmosfeer van verlatenheid. Dit word nie verniet die Florence van die suide genoem nie. Die oordadige Barok-argitektuur, fasades wat soos verjaardagkoeke versier is, die antieke Romeinse ruïnes, die doolhof van keisteenstraatjies en die groot piazzas omsoom met gesellige kuierplekke, laat dit inderdaad soos 'n kleiner, minder toeristiese weergawe van Dante se Firenze voel. En omdat Lecce nie 'n vakansiebestemming aan die kus is nie, maar 'n universiteitstad in die "binneland" (wat in hierdie dun hak van Italië nooit té ver van die see af is nie), word dit nie 'n spookstad buite die somerseisoen nie. Inteendeel, in die herfs is die akademiese jaar in volle gang en die strate gons behoorlik, gevul met die jeugdige energie van universiteitstede oral op aarde.

Straatkunstenaars haal toertjies uit en straatmusikante verskaf gratis musiek, en toe ons weer sien, gryp Mario vir Yvette en begin in die middel van 'n voetgangerstraat dans, tot 'n kring toeskouers om hulle saamdrom en geesdriftig hande klap en geld in die musikant se hoed gooi.

"Hulle dink Mario en Yvette is deel van die vertoning." Alain staar oopmond na die dansende paartjie. Hy ken Mario al meer as 'n halwe eeu, maar hy het sy vriend nog nooit so 'n spontane danskonsert op straat sien hou nie.

"Maar jy het Mario nog nooit in Italië gesien nie, het jy?" Daar is 'n ou Duitse gesegde wat sê soveel tale soos jy kan praat, soveel keer is jy 'n mens. Ek het uit eie ondervinding geleer dat ek in Frans 'n ander mens is as in Afrikaans of Engels. Ek is sediger in Frans, ek maak nie so maklik grappies nie, waarskynlik omdat grappies nie werk as jy te veel oor moontlike taalfoute stres nie. In Engels is ek meer selfvoldaan, skrik nie sommer vir woordspelings of spot nie. Maar dis net in Afrikaans dat ek soms so op my stukke raak dat jy sou sweer ek is 'n algehele ekstrovert. "Miskien is hierdie dansende Mario sy Italiaanse weergawe. Hier waar hy heeldag Italiaans praat met sy familie?"

Alain skud sy kop. "En Yvette?"

"Italiaanse skoonfamilie? Aansteeklike uitbundigheid?"

Natuurlik ontmoet ons ook Mario se familie. Ons eet meer as een aand saam met verskillende takke van die familie aan lang tafels, die enigste twee stommerikke wat nie Italiaans praat nie, terwyl almal om ons luidrugtig lag en stry en skielik onthou dat ons nie die taal verstaan nie en gou 'n paar sinne met handgebare probeer verduidelik voordat hulle weer vergeet en verder gesels. Die etes is in elk geval so smaaklik, veral die vars vis en skulpkos hier vlak langs die see, en die disse volg so aanhoudend op mekaar – *antipasta, primo, secondo, dolce*, om nie te vergeet van die *contorni* of bykosse nie – dat ons sou gesukkel het om te gesels, selfs al kon ons vlot Italiaans praat, tussen al die etery deur.

Ek kom gewoonlik in Italië oor die weg met wat ek opera-Italiaans noem, frases soos Puccini se Mimi wat verklaar, *Lei m'intende? Mi chiamano Mimi* (Verstaan jy my? Hulle noem my Mimi), wat my darem in staat stel om te sê: *Mi chiamano Marita*. Maar by so 'n raserige familie-ete gaan ek nie ver kom met Mimi se woordeskat nie. *Non vado sempre a messa, ma prego assai il Signore* (Ek gaan nie kerk toe nie, maar ek bid baie) klink net nie reg vir die geleentheid nie.

Buitendien, ná ons feestelike Laaste Maal op die eiland Lesbos pla dit my nie meer om nie met my tafelgenote te kan praat nie. In Puglia verstaan ek ten minste hier en daar 'n paar woorde. Op Lesbos was alles Grieks, letterlik en figuurlik, wat my geleer het dat mens nie altyd *words, words, words* nodig het om mekaar te verstaan nie. In Puglia onthou ek ook dat *Parole, parole* die titel is van 'n Italiaanse trefferliedjie wat ons lank gelede reeds gewaarsku het dat woorde hol en betekenisloos kan wees.

Ondanks die gebrek aan 'n gemeenskaplike taal – of dalk juis danksy die gebrek – voel ons so tuis tussen die *famiglia* dat ons swaar afskeid neem. Maar ons moet verder reis, want ek wil nog in Verona uitkom. *Parting is such sweet sorrow.* Ja, dis Shakespeare, wie anders, wat my na Verona lok.

Romeo and Juliet is nie die enigste van William Shakespeare se beroemde toneelstukke wat aan 'n spesifieke Italiaanse stad gekoppel kan word nie. Dink maar aan *The Merchant of Venice*, en *Othello,* wat ook gedeeltelik in Venesië afspeel. Padua, wat tussen Romeo se Verona en Shylock se Venesië op die landkaart lê, is waar Petruchio sy Katherina "mak maak" in *The Taming of the Shrew.* Verskeie van die tragedies speel ten minste gedeeltelik in die antieke Rome af: *Julius Caesar, Antony and Cleopatra* en *Titus Andronicus,* om maar drie van die bekendstes te noem.

Meer as 'n derde van The Bard se bykans veertig toneelstukke het 'n Italiaanse agtergrond. Die dramaturg was klaarblyklik gefassineer deur Italië, hoewel daar geen bewys is dat hy ooit die land besoek het nie. Aan die ander kant weet ons steeds so min van Shakespeare se lewe dat daar ook geen bewys is dat hy nié in Italië was nie. Daar is byvoorbeeld 'n raaiselagtige tydperk van sewe jaar, tussen 1585 en 1592, toe die jong William skynbaar van die aardbol verdwyn het.

Francesco da Mosto, Venesiese argitek en aanbieder van die BBC-reeks *Shakespeare in Italy,* glo dat William in hierdie "vermiste" jare moontlik in Italië gereis het. Sommige van sy karakters en beskrywings dui op 'n intieme kennis van die land en die leefwyse – inligting wat 'n Engelsman in die sestiende eeu, lank voor Google en Wikipedia, moeilik sou kon bekom. Maar Shakespeare was nie sommer enige ou Engelsman nie. Dalk was sy verbeelding goed genoeg om Italië vir hom werklik te maak.

Ons weet ook nie waar Romeo en Juliet se storie vandaan kom nie. Dante verwys na twee families wat in 'n vete betrokke was, die Montecchis en die Cappellettis, wat moontlik die inspirasie vir die Montagues en die Capulets was. Shakespeare se werk is dikwels op bestaande stories gebaseer, soos 'n Italiaanse *novella* oor 'n geldskieter wat blykbaar tot *The Merchant of Venice* gelei het.

Al wat ons eintlik weet, is dat Verona in die 21ste eeu, meer as vier eeue ná *Romeo and Juliet* geskryf is, steeds 'n trekpleister vir verliefde paartjies van oral op aarde is. Die meeste van hulle het waarskynlik nog nooit *Romeo and Juliet* van voor tot agter gelees of selfs op die verhoog gesien nie, maar die twee name het sinoniem geword met hartstogtelike liefde. En Verona word met groot ywer bemark as 'n romantiese bestemming.

Jy kan "Juliet se huis" in Via Cappello besoek en "Juliet se graf" besigtig in die Franciskaanse klooster waar sy gesterf het. Al het sy nooit werklik gelewe nie. En die toeriste eet al die bemarkingsleuens soos soetkoek op. Kyk nou maar na my en my geliefde. Hier staan ons hand aan hand voor Juliet se befaamde balkon waar Romeo sy ewigdurende liefde aan haar verklaar het – al weet ek voor my siel die balkon is minder as honderd jaar gelede by 'n veel ouer gebou aangelas om goedgelowige toeriste te betower – want Verona skaaf saggies aan ons sinisme.

Uiteindelik wíl ons saam met almal om ons glo dat dit die Stad van Liefde is. Nie net weens Romeo en Juliet se fiktiewe verhouding nie; miskien selfs meer weens al die regte romanses wat deesdae hier afspeel. Die paartjies wat kom verloof raak of wittebrood hou of sommer net onder Juliet se balkon staan en prewel: *"O Romeo, Romeo, wherefore art thou Romeo?"* of *"O teach me how I should forget to think"* of enige van die ander aanhalings wat die mensdom al eeue lank aangryp.

Soms is woorde tog meer as *parole, parole.*

Van Verona af ry ons weer noordwes, al hoe dieper die Italiaanse najaar in, met vlekke oranje en rooi en geel teen die berghange, en misnewels wat alles geheimsinnig laat lyk, so anders as in die somer. Ek wens ek kon

Boerneef vir my Franse reismaat vertaal. *Slaan rem aan hou jul asem in en kyk en kyk / lank en eerbiedig soos 'n mens na so 'n herfs moet kyk.* Dis op sulke oomblikke dat ek bewus word van 'n holte wat nooit heeltemal gevul kan word wanneer jy saam met iemand lewe wat nie jou taal praat nie.

"*Laat dit inbrand in jou vir later tyd,*" fluister ek nogtans, "*die warm geel en rooi vir latenstyd.*"

En my Fransman knik. Al verstaan hy nie die woorde nie, verstaan hy die emosie agter die woorde.

Maar dan bring hy my weer terug na meer aardse dinge, want hy is honger en hy verklaar hy wil pizza eet voordat ons die land van pizza verlaat.

"Maar jy weet tog pizza kom van Napels en die suidelike streke," protesteer ek. "Ons is nou so ver noord ons is al amper in Switserland!"

Sy skielike lus vir pizza is egter groter as sy redelikheid. Ek verander van taktiek, troos hom dat ons ook in Switserland pizza kan eet. Jy kan deesdae oral op aarde pizza kry. Oral, blyk dit, buiten in hierdie noordelikste stukkie van Italië. Ons soek vergeefs na 'n pizzaplek, tot op die dorp Ornavasso, skaars 'n katspoeg van die grens af, waar ons honger die oorhand kry. Ons hou stil vir middagete, en omdat ons steeds nie die geringste teken of reuk van pizza vind nie, kies ons toe maar 'n restaurant wat in tradisionele vleisdisse spesialiseer.

Vir 'n kanniedood-karnivoor soos my Fransman is vleis altyd die beste troosprys as enigiets anders, van roomys tot pizza, onbeskikbaar is. Uiteindelik vergryp hy hom aan 'n bord pasta met geurige *ragu*-vleis wat hom laat sug van geluk. Maar ek kyk skaars na sy kos, want op my bord lê snytjies carpaccio-beesvleis onder 'n kombers van gorgonzola-sous, romerig en blouerig en reukerig. Presies waarna ek nou al weke lank smag, van ons op ons eerste dag in Italië op die dorp Gorgonzola vergeefs na die kaas gorgonzola gesoek het.

"Uitgestelde bevrediging is darem net 'n ander vlak van genot as instant gratification," mompel ek met my mond vol gorgonzola-sous.

Op ons laaste dag in Italië, kort voor ons volgende avontuur op 'n ander vasteland begin, dring dit tot my deur dat hierdie hele reis eintlik 'n vorm van uitgestelde bevrediging is. Omdat ons so lank daaroor gedroom het. Omdat ons so oud moes word voordat ons dit kon aanpak. En ek wens wéér ek kon Boerneef vir my Fransman vertaal. *Is dit die gawe van die ouderdom / om dieper in die kleuregloed te kyk?*

DEEL II

OP SOEK NA AMERIKA

13. OOR KARRE, KOS EN KEUSES

These are the days of miracle and wonder. Hierdie woorde van Paul Simon se *Graceland*-album uit die jare tagtig het die afgelope drie maande gereeld deur my kop gedraai. Jy moet waarskynlik in wonderwerke glo as jy so 'n onsekere reis na 'n nuwe hoofstuk aandurf. Maar die grootste wonderwerk, vir ons twee ongelowiges, is dat ons krokkerige ou Kangoo dit heelpad gemaak het.

Toe ons op 1 September vertrek, in 'n oorlaaide voertuig wat vóór ons swerftog reeds 250 000 km afgelê het, het ons ons daaraan getroos dat die motor ten minste goed verseker is. Indien dit iewers langs die pad die gees gee, sou die versekeraars vir ons 'n ander motor leen of 'n vlug terug huis toe verskaf.

Hoewel "huis toe" natuurlik ook 'n onseker begrip word wanneer jy sonder 'n vaste adres lewe.

Ná byna 9 000 km deur vier Europese lande, ná ons die Kangoo op vier veerbote gelaai het om heen en weer tussen Italië, Griekeland en die Griekse eilande te reis, tel ons vir die eerste keer teenspoed op. Skaars twee dae voordat ons die noordelike Franse stad Lille bereik, waar ons die kar moet verkwansel om die volgende been van ons swerftog op 'n ander kontinent aan te durf, vermorsel ons die regter-voorwiel se band. Op die simpelste moontlike manier.

In die straat reg voor Daniel se woonstel in Lausanne, Switserland, soek ons 'n halfuur lank met groeiende ongeduld na parkeerplek – en toe ons eindelik 'n gaatjie sien waar ons dalk kan inwikkel, raak Alain so opgewonde dat hy die sypaadjie te vinnig tref. Die randsteen is bedrieglik, veel hoër as wat dit lyk. Ons hoor hoe die band flenters gestamp word. Ons kyk verslae na mekaar terwyl ons voel hoe die hele kar aan die een kant laer sak.

En toe begin ons lag.

Want dis nie 'n katastrofe nie, ons het darem 'n spaarwiel om ons deur die laaste ongeveer 800 km tot in Lille te dra, maar dit voel so idioties soos om 'n marathon in 'n onfikse toestand aan te durf en teen alle verwagtinge in tog die pylvak te bereik – net om jou enkel te swik enkele oomblikke voor jy triomfantelik oor die wenstreep kan seil. Om verby die wenpaal te hinkepink, soos ons nou die laaste ent tot in Lille met ons spaarwiel moet maak, voel nie heeltemal so triomfantelik nie.

Maar in Lille high five ons mekaar nogtans, want ons én die Kangoo het die eerste been van ons swerftog voltooi. Miskien nie ongeskonde nie, maar ons is oud genoeg om nie meer in ongeskondenheid te glo nie. My man het al hoe minder depressiepille nodig, ons leer mekaar van nuuts af waardeer, ons verhouding voel sterker as voorheen. Dis genoeg, vir nou.

"So far, so good," sê Alain. "Is dit nie wat die vallende man gesê het terwyl hy van 'n hoë gebou afval nie?"

Ons moet die Kangoo blitsig verkoop, want binne enkele dae vlieg ons na die VSA waar ons 'n kampeerwa huur om deur die suide en weste van die land te toer. Ons het nie genoeg tyd om oor die prys te kibbel nie, ons ry eenvoudig na die tweedehandse-motorhandelaar naaste aan my skoonsus Edith se huis en vra hom wat hy ons vir die kar sal betaal. Maar second-hand car salesmen is nie verniet berug as dit by onderhandeling kom nie. Hierdie meneer vertel ons, met die bedroefde gesig van 'n begrafnisondernemer, dat ons tjor nou werklik gedaan is. As hy dit aanskaf, is dit eintlik maar net om die onderdele aan 'n skrootwerf te verkoop. Wat ons seker self sou kon doen as ons nie 'n vlug na New York moes haal nie.

Ons stry dus nie oor die belaglik lae prys wat hy ons aanbied nie. Ons vat die geld en maak dat ons wegkom.

'n Paar dae later sien Edith een van haar bure wat in "ons" motor rondry. Die motor is toe nie uitmekaar gehaal vir onderdele nie. Die nommerplaat is nie eens verander nie. Die ou Kangoo is bloot blink gevryf, wat hom soos 'n splinternuwe sikspens laat lyk, en word nou goedgunstiglik uitgeleen aan kliënte terwyl hulle eie motors in die werkwinkel herstel word.

Ons is reeds op pad na die lughawe toe Edith ons met hierdie brokkie nuus bel.

Ek kyk verleë na Alain. "Ons moes seker aangedring het op 'n beter prys, nè?"

Hy trek net sy skouers op. "Dis tog lekker om te hoor dat die ou Kangoo nie summier op 'n skrootwerf beland het nie?"

Ek weet wat hy bedoel. Ek sou graag wou glo dat iemand, iewers in die omgewing van Lille, dalk nog jare lank gaan rondry in 'n voertuig waaraan soveel gelukkige herinneringe van ons swerftog kleef dat jy dit sweerlik moet vóél sodra jy die enjin aanskakel.

Maar ons eintlike Nomadland-avontuur begin eers wanneer ons in Amerika aankom. Tot dusver het ons dit reggekry om nie 'n enkele nag in ons kar te slaap nie, hoofsaaklik weens die gasvryheid van vriende en familie wat hulle oor ons ontferm het. Soos 'n vriendin opmerk ná sy 'n foto gesien het van my in die enigste uitgaanrok wat ek ingepak het, besig om 'n boekpraatjie te lewer voor 'n groep elegante gaste by Louis en Hardy se Château de la Creuzette in Boussac: "Vir iemand wat in 'n kar woon, lyk jy darem deftig."

Dis een van daardie komplimente wat moontlik ook 'n belediging kan wees, soos "Vir 'n vet meisie sweet jy nogal min," maar ek beskou dit as 'n pluimpie. Al is dit dan net omdat ek die regte vriende op die regte plekke het, wat my gehelp het om nie régtig in 'n kar te woon nie.

In die dele van die VSA wat ons in die volgende weke wil verken, het ons heelwat minder vriende of familie. Daarom huur ons by voorbaat 'n gróót voertuig met sitplekke en 'n tafel wat in 'n bed kan verander, 'n yskas, stoof, wasbak en wie weet wat nog als. G'n verskonings meer nie, nou word ons karslapers. *Cometh the hour, cometh the car.*

Maar nie sommer so 'n kar nie.

As jy nou 'n karslaper móét word, reken ons, kan jou kar mos maar 'n statement maak. Ná ek weke lank op die internet gesoek het, spoor ek 'n maatskappy op wat handgeverfde kampeerwaens in verskillende groot Amerikaanse stede verhuur. Hierdie bont rygoed is elkeen uniek; die patrone en prente wat daarop geverf is, kan wissel van blomme of branders tot mitologiese kreature of manga-karakters. En jy weet nie vooraf hoe jou wa gaan lyk nie. Dis klaarblyklik duurder as 'n gewone vaal en vervelige wa, maar ons maak ons sommetjies en ons besluit, kyk, as ons ses weke lank in 'n voertuig dwarsoor die land gaan ry, gaan kook, eet en slaap, verkies ons 'n vrolike, onvergeetlike voertuig.

Maar voordat ons die kampeerwa gaan haal, kuier ons eers 'n week in New York, waar jy nie jou eie wiele nodig het nie. The Big Apple is by uitstek 'n stad om te voet te verken. Dis 'n enorme appel dié, en jy stap jou bene lam, maar dis die ideale inleiding vir die res van Amerika, waar soveel dinge groter as lewensgroot voel.

Van karre tot kosporsies, dis dikwels 'n geval van enige grootte solank dit nie klein is nie.

Van die oomblik dat ons op die lughawe buite New York land, word ons met die probleem van porsies gekonfronteer. Ons wil onmiddellik 'n wegneemkoffie koop, want ons het 'n opkikker nodig ná die lang vlug tussen twee vastelande en oor verskeie tydsones, en die vliegtuigkoffie was ondrinkbaar sleg.

As ons geweet het wat in Amerika op ons wag, sou ons daardie vlieg-tuigkoffie met dankbaarheid afgesluk het.

Ons draf sommer by die eerste oop koffieplek op die lughawe in en vra vir twee klein koffies. Wat ons kry, is twee emmer-grootte houers met 'n donkerbruin vloeistof wat vaagweg aan koffie herinner. Is dit die kléinste koffie wat ons kan kry, vra Alain vir die meisie agter die toonbank, wat onbegrypend na hom staar. Alain praat goed Engels, met 'n sjarmante Franse aksent – en jy sou dink iemand wat op 'n internasionale lughawe werk, sou gewoond wees aan vreemde aksente – maar dié meisiekind gaap hom aan asof hy 'n alien van 'n ander planeet is.

Ek vaar nie veel beter met my Suid-Afrikaanse aksent nie, maar sy ver-staan darem genoeg om te sê nee, hulle het nie *small* nie, net *regular* en *large* en nog groter as *large,* en sy beduie na die verskillende groottes kar-tonhouers. Regular is klaar gans te groot, as jy gewoond is aan Frankryk se koppietjies kafeekoffie, en die grootste grootte lyk soos iets waaruit tien mense saam kan drink.

Ons leer vinnig – veral toe ons eers in ons kampeerwa deur die land begin toer – om nie tyd te mors deur vir 'n klein koffie te vra nie. Ons be-stel die sogenaamde regular en deel dit. Ons leer ook om ons verbystering weg te steek wanneer ons gevra word: *What flavor? Caramel, cinnamon, hazelnut* en nog 'n lang lys wat afgerammel word, selfs pampoengeur. Want in die herfs, tussen Halloween en Thanksgiving, is pampoene alom-teenwoordig. Selfs in jou koffie.

"*Ordinary coffee*," stotter ons, onseker of daar nog so iets bestaan.

Maar nou moet ons kies watse soort melk ons wil hê. *Full cream, half-and-half, skim, vegan, soya, almond, oats* en allerhande ander moontlikhede wat glad nie soos melk klink nie.

Keuses, keuses, keuses. Dit word vinnig 'n kopseer.

Ons drink ons koffie swart en sterk en bitter – en verkieslik klein, maar dis blykbaar 'n verlore stryd in dié land – daarom leer ons om ons eie rympie af te rammel: *"One regular coffee, no milk, no sugar, please!"* Soms word ons steeds soos aliens aangegaap, en ons weet nie of dit oor ons aksente of oor ons vreemde koffiesmaak is nie.

In 'n kosmopolitiese stad soos New York kry jy klaarblyklik uitstekende koffiekroeë met voortreflike baristas, maar almal waarsku ons oor wat op ons wag. Op die groot paaie van die platteland gaan ons van service stations se "masjienkoffie" afhanklik wees.

Terwyl ons Manhattan en Brooklyn platstap, geniet ons dus goeie koffie waar ons kan, maar omdat ons begroting ons nie toelaat om elke dag in restaurante te eet nie, begin ons ook die supermarkte verken om kos te koop wat ons self in ons Airbnb in Brooklyn kan kook. Dit word weer 'n ander soort beproewing. Die keuse is oorweldigend – maar daar word so 'n verstommende verskeidenheid van geure en goeters by basiese produkte gevoeg, kamtig om dit aanlokliker te maak, dat jy glad nie meer die basiese produk kan vind nie. As jy iets so eenvoudig soos natuurlike jogurt soek, beland jy op 'n vergeefse skattejag tussen ontelbare handelsmerke wat jogurt in elke kleur en geur onder die son aanbied – behalwe doodgewoon ongegeur en ongekleur.

'n Soektog na 'n pakkie digestive biscuits lei tot dieselfde Kafka-agtige gevoel. O, daar is duisende bruinmeelbeskuitjies, maar almal is *enhanced* met sjokolade of versiersuiker of karamel of grondboontjiebottter of wat ook al (selfs pampoen) tot 'n doodgewone kaal beskuitjie soos die Heilige Graal begin klink.

Keuse is 'n bewonderenswaardige konsep, het ek nog altyd gedog, maar in groot Amerikaanse supermarkte word die keuse 'n slagveld en 'n strik. Enigiets eetbaar word oorlaai met suiker; vrugte, groente en vleis word geneties verander om mooier te lyk; selfs sogenaamde gesondheidskos of dieetkos is vol ongesonde preserveermiddels.

Nie dat ons behep gaan wees met gesondheid terwyl ons in Amerika reis nie. Ons glo, soos die Franse smulpaap Brillat-Savarin, dat kos die beste manier is om die kultuur van enige land te begryp. *Die lot van nasies hang af van die manier waarop hulle hulself voed*, het hy reeds in die agttiende eeu beweer. Asook: *Wys my wat jy eet en ek sal jou vertel wat jy is.*

Daarom smul ons in New York aan pretzels en hot dogs wat ons by Manhattan se befaamde koswaentjies op straat koop. Lank voor *food trucks* en *street food* 'n wêreldwye verskynsel geword het, was hierdie waentjies al hier. Bagels koop ons by die kosjer deli's; weer eens verwar deur die keuse van bagels – om nie eens te praat van die vulsels nie – hou ons maar by die tradisionele "oorspronklike" bagel met die eenvoudigste vulsel van roomkaas. Nogtans betrap die grootte van die bagel én die dikte van die laag roomkaas ons keer op keer onverhoeds.

"Ons kan nie deur die land van kitskos toer sonder om kitskos te proe nie," prewel ek wanneer ek begin skuldig voel.

My Calvinistiese agtergrond maak my 'n veel gewilliger sucker vir skuldgevoel as my Franse lewensmaat. Hy duik met hedonistiese genot in 'n see van gemorskos in. Dis veral donuts wat sy suikertand bevredig. Aanvanklik trek ek my neus op vir hierdie suikersoet oliebolle (die Afrikaanse woord is baie meer beskrywend van presies wat dit is, 'n bol deeg in olie gebraai) maar ná 'n week swig ek en vat 'n happie van een van sy oliebolle.

Net om die Amerikaanse kultuur beter te verstaan.

Nou verstaan ek waarom soveel Amerikaners verslaaf raak aan donuts. Nog 'n week later eet ek sommer 'n hele donut op 'n slag om my kennis van die Amerikaanse kultuur te verdiep.

Teen dié tyd het ons ons handgeverfde kampeerwa in New Jersey gaan haal en ons road trip begin – nog 'n genotvolle poging om die siel van Amerika te begryp. Ons kampeerwa is vol geel en oranje blomme geverf, 'n begeerlike hippierige voorkoms vir ons twee swerwers wat in die wilde jare sestig te jonk was om soos hippies te lewe, maar nogtans lewenslank beïnvloed is deur die musiek en die ideale van daardie jare.

Boonop het die kampeerwa so 'n vae surfer-gevoel, bevestig deur sy naam, Aloha, wat die blomme en branders van Hawaii oproep. Ja, elkeen van hierdie unieke waens kry 'n naam, anders as die naamlose vierperde-wa in die FAK-sangbundel waarmee ek grootgeword het. En vir my wat in my tienerjare ure in branderplankryers se kombi's rondgehang het, is dit net nog 'n bewys dat hierdie kampeerwa, tussen al die kampeerwaens in die land, voorbestem was vir ons Amerikaanse avontuur.

Dis die grootste, hoogste, langste voertuig wat ons nog ooit moes be-stuur – hoewel ons doelbewus die kleiner weergawe sonder 'n stort of toilet gekies het, want ons wil darem nou ook nie in 'n monsteragtige bus deur stadstrate sukkel of onder lae brûe vassit nie. Ons vuurdoop kom binne enkele ure, toe ons die hippie-wa deur die spitsverkeer van New York moet stuur voordat ons verder suidwaarts kan ry. Gelukkig is my Fransman die soort bestuurder wat enige onbekende voertuig as 'n uitdaging beskou – anders as ek wat in angssweet uitslaan wanneer ek 'n vreemde motor in enige soort verkeer moet bestuur.

Alain sit agter daardie hoë stuurwiel asof hy daar hóórt. Asof sy hele lewe op dié perfekte oomblik afgepyl het: skemeraand in Manhattan, met die stadsligte wat in die Hudsonrivier weerkaats, en ons twee ou verlief-des wat uit die hoogte van 'n geblomde kampeerwa afkyk op die bestuur-ders van kleiner, vervleiger karretjies.

"We'll take Manhattan," neurie ons, Ella Fitzgerald se ironiese loflied aan alles wat 'n platsak paartjie in hierdie stad kan doen.

En nadat ons Manhattan in ons kampeerwa verower het, sien ons kans vir die res van die groot, groot land. Hóé ontsaglik groot die landskap, die lug, die berge en die riviere en die woestyne is, besef ons oor die volgende weke op paaie wat skynbaar vir ewig uitstrek.

Ons besef ook dat ons kampeerwa toe glad nie so groot is soos ons in ons onkunde gedog het nie. Dit lyk soos 'n muggie teen baie van die monsteragtige RV's of recreational vehicles wat ons op pad teëkom. Dit voel selfs kleiner wanneer massiewe vragmotors saans op verlate paaie soos helder verligte vlieënde stede verby ons sweef.

Groot is mos maar altyd 'n relatiewe begrip. Wat groot was in ons vori-ge lewe voel kleiner hier, waar ons daagliks te doen kry met groot, groter, grootste. Ná 'n ruk lyk selfs die regular koffie wat ons noodgedwonge leer om te drink, ook nie meer so verskriklik groot nie.

14. WATTER FLIEK WAS DIT NOU WEER?

Jy sal sien, het ek vir my Fransman gesê, jy gaan heeltyd voel asof jy in 'n fliek speel. Of tussen die blaaie van 'n boek beland het. Of per ongeluk verstrengel geraak het in die liriek van 'n geliefde liedjie.

Dis sy eerste keer in Amerika. Ek was al voorheen hier, onder meer vir 'n hele paar maande in die jare negentig toe Clinton president was, daarna weer tydens Obama se termyn, en ek onthou hoe verstommend bekend alles van die eerste oomblik af gevoel het. Bloot omdat ek dit reeds op 'n rolprentskerm gesien of in 'n roman raakgelees of in 'n stuk musiek aangetref het.

Terwyl die Bush-dinastie, vader en seun, die land regeer het, het ek hoog op my morele perdjie gesit en geweier om daarheen te gaan, al het my sus in daardie jare in New York gewoon. Intussen het Trump koning gekraai, ek het van my perd afgeval en hard geland, en besef dinge kan altyd erger word as wat ek gevrees het.

En die VSA bly nou eenmaal 'n onweerstaanbare ervaring vir fliek-vlooie en boekwurms en musiekgeesdriftiges. Ondanks die politiek en die rassewrywing en die fanatiese patriotisme en die kultuur van karre en vuurwapens wat ons verskrik. Ondanks alles.

Binne ons eerste paar dae in New York snap Alain presies wat ek bedoel met daardie déjà vu wat uit die populêre kultuur kom. En vir die res van ons Amerikaanse reis peper ons mekaar met vrae. "Uit watse fliek kom dit nou weer?" "Het jy daai boek gelees?" "Onthou jy die liedjie?"

Ons stap verby Tiffany & Co in Fifth Avenue, Manhattan, en word oombliklik teruggevoer na die onvergeetlike openingstoneel van *Breakfast at Tiffany's*. Audrey Hepburn vroegoggend voor die venster van die juwelierswinkel, geklee in 'n swart aandrok met swart handskoene tot by haar elmboë, die dralende deuntjie van "Moon River" as klankbaan. Dié keer is dit sommer 'n driedubbele kulturele verwysing, fliek, musiek én boek, want Hepburn se Holly Golightly is immers deur Truman Capote se produktiewe pen geskep.

Capote, gebore in New Orleans (waarheen ons in ons kampeerwa gaan mik), het sy kleintyd deurgebring in Monroe, Alabama, waar hy maats gemaak het met Harper Lee wat later *To Kill a Mockingbird* geskryf het (in ons motortoer suidwaarts ry ons ook by dié Monroe verby), en sy hoër-skooljare in Greenwich, Connecticut. Waar ons by my niggie Ingrid gaan kuier. Haar kinders is moontlik in dieselfde skool as wat Capote in die jare dertig was.

Nee, ek het nie 'n spesiale toer beplan om die spore van *In Cold Blood* se skrywer deur die VSA te volg nie, dis alles onvermydelik. In hierdie land verras wêreldberoemde skrywers se lewensverhale en boeke jou om elke hoek. Jy struikel aanmekaar oor die gekoekte kraaines van literêre feite en fiksie.

Ons het grootgeword met Amerikaanse rolprente, ons luister van jongs af na Amerikaanse musiek, ons lees Amerikaanse boeke. Ons kulturele verwysingswêreld is deur dié land gevorm – of ons nou daarvan hou of nie.

Ons stap deur Wall Street in Lower Manhattan en rits die titels af van flieks wat hier verfilm is.

"Oliver Stone se *Wall Street*."

"Scorcese se *The Wolf of Wall Street*."

"*American Psycho*," sê ek. "Double whammy. Die fliek én die boek."

"Jy't nie die boek klaar gelees nie," keer Alain. "So dit tel nie."

"Maar jý het. En wat van *The Bonfire of the Vanities?* Ons het al twee die fliek gesien én die boek gelees."

"Double whammy," gee hy toe.

Ons sit en drink 'n wegneemkoffie op 'n bankie in Central Park terwyl ons die drawwers, die fietsryers, die stappers met honde, die toeriste in perdekarre, die babas in stootwaentjies, die herfsblare in die bome dop-hou. Dis so 'n nimmereindigende skouspel dat ons begin begryp waarom daar moontlik meer fliektonele hier geskiet is as op enige ander plek in New York, van *Marathon Man* waar Dustin Hoffman in die park draf tot *The Fisher King* waar Robin Williams en Jeff Bridges een nag poedelkaal op die gras lê en filosofeer.

"Onthou jy in *Hair* ontmoet al die hoofkarakters mekaar vir die eerste keer hier? En daardie 'Age of Aquarius'-toneel waar die hippies so wild dans en uitrafel? Dis ook hier geskiet."

"Ek het daarvan vergeet," erken Alain.

"Seker oor jy meer gewoond was aan jong mense wat uitrafel. Dit het 'n diep duik in my tienderjarige gemoed gemaak."

Of dalk onthou ek *Hair* net omdat ek nou in my herfsjare in 'n beblomde hippie-wa deur Amerika wil toer.

Ons drentel na een van die mere in die park, waar die herfsbome geel en rooi in die water weerkaats en die eende bo-oor die weerkaatsings dryf, en ek dink aan J.D. Salinger se *Catcher in the Rye*. Aan Holden Caulfield wat so obsessief wonder wat van Central Park se eende word in die winter: *You know those ducks in that lagoon right near Central Park South? That little lake? By any chance, do you happen to know where they go, the ducks, when it gets all frozen over? Do you happen to know, by any chance?*

Ek wonder saam met Holden of die eende dalk suidwaarts vlieg, na warmer weer, en of ons hulle dalk op ons eie suidwaartse tog sal teëkom. Stel jou voor, om iewers ver van New York op te kyk na die wye blou lug en 'n paar eende oor jou kop te sien vlieg en te wonder of hulle van Central Park af kom.

In Harlem onderneem ons ook die verpligte pelgrimstog, vir liefhebbers van rock en soul, na die Apollo Theatre. Ons kan nie ingaan om 'n drankie te drink soos ek jare gelede op my eie hier gedoen het nie, want daar word 'n kleedrepetisie vir 'n groot musiektoekennings-affêre gehou. Die vroue in die ry voor die ingang is helder oordag uitgedos in glinsterende aandrokke en dra skoene met lewensgevaarlike hoë hakke en meer vals wimpers as wat ek nog ooit in my lewe op een kol gesien het.

Maar Harlem is ook die geboortegrond van die skrywer James Baldwin, wat ons 'n ander kant van die Amerikaanse droom gewys het. Vir hom was dit meestal 'n nagmerrie van kleinlikheid en rassisme, wat hom uiteindelik uitgedryf het na Frankryk, en vir die res van sy lewe het hy homself 'n *transatlantic commuter* genoem. Terwyl ek en my Fransman deur Harlem drentel, dink ons onvermydelik ook aan Baldwin se woorde oor die idee van 'n tuiste: *Perhaps home is not a place, but simply an irrevocable condition.*

Noudat ons sonder 'n huis lewe, klou ons stywer as voorheen vas aan sulke frases.

Toe ons eers ons gehuurde hippie-wa gaan haal en New York se helder ligte agterlaat, word die ganse Amerikaanse landskap 'n enorme silwerdoek waarop ons elke dag stukkies uit geliefde rolprente sien afspeel. Soms is die rolprente ontstellend. In die vliegtuig tussen Parys en New York het ons *Nomadland* gekyk, met Frances McDormand wat die rol vertolk van 'n afgetrede vrou wat noodgedwonge in 'n kampeerwa woon. En sommer die heel eerste oggend toe ons in ons huis-op-wiele wakker word, op 'n plaas in New Jersey, ontmoet ons 'n jonger weergawe van Frances McDormand se karakter. 'n Vrou wat vriendelik kom gesels, vra waarheen ons op pad is, en vertel dat sy haar huis en haar werk verloor het en nou in haar kar woon en tydelik werk waar sy ook al werk kan kry.

Haar naam is Caroline en sy is die eerste van vele regte-egte Nomadlanders wat ons langs die pad ontmoet; mense wat geen ander heenkome as hulle motors het nie.

Dis ook Amerika.

Vir my en my lewensmaat is dit 'n avontuur. Ons moes ons huis verkoop om kop bo water te hou, maar ons sal die een of ander tyd weer 'n vaste woonplek kan koop of huur. Intussen reis ons in 'n kampeerwa omdat ons wil, nie omdat ons móét nie.

Vir ons is hierdie swerftog deur Amerika 'n bietjie soos om in ons eie rolprent te speel. Met die klem op spéél. Dit voel nie soos die regte lewe nie. Dis dalk net die aangenaamste manier om 'n plek wat ons liefhet, waar baie van ons mooiste herinneringe begrawe is, agter te laat. Sonder om soos Lot se vrou aanmekaar te wil terugkyk.

In hierdie land kyk almal eerder vorentoe as agtertoe. Die amptelike geskrewe geskiedenis is so kort, vergeleke met Europa se eeue oue stories, dat vandag en môre belangriker is as gister. Dis presies wat ons nou nodig het.

En gelukkig kan ons steeds troos vind in musiek, steeds die meesleurende deuntjie van "Jersey Girl" saam met Tom Waits neurie terwyl ons in ons hippie-wa deur New Jersey ry. *Sha la la la la la la, sha la la . . .* En altyd, weer en weer, raad kry in boeke. Soms in die mees onverwagse boeke wat op die mees onverklaarbare maniere in ons hande beland. Asof ons nie net met oop oë en ore reis nie, maar met oop hande, gereed om die volgende boek soos 'n bal te vang.

Soos Beryl Markham se merkwaardige memoires, *West with the Night*, wat ons in 'n gratis biblioteekkassie langs die pad vind. Hierdie onverskrokke Brits-Keniaanse vrou wat in 1936 die eerste ononderbroke solovlug van Brittanje na Noord-Amerika voltooi het, waarsku teen die versoeking om terug te kyk na die verlede bloot omdat dit veiliger as die toekoms voel. Sy vergelyk die toekoms met 'n formidabele wolkmassa, soos dit lyk as jy dit van 'n afstand af in 'n klein vliegtuigie sien. *The cloud clears as you enter it,* skryf sy. *I have learned this, but like everyone, I learned it late.*

Ek lees hierdie woorde hardop vir my lewensmaat terwyl ons deur die rolprentlandskap, boeklandskap, musieklandskap van Amerika ry, onseker oor waar ons môreaand gaan slaap, wat nog te sê van waar ons vir die res van ons lewe gaan woon. *Die wolk verdwyn as jy dit binnegaan.* Ons is nie naastenby so dapper soos Beryl Markham nie, maar ons leer oplaas ook hierdie les, laat in ons lewe, deur eie ervaring.

15. 'N LES IN DANKBAARHEID

Ons het ons nie juis aan Thanksgiving gesteur toe ons 'n vlug na New York bespreek het nie.

Toe ons so holderstebolder begin beplan aan ons swerfjaar, tussen die oppak en verkoop van meubels en besittings, wou ons bloot in Amerika uitkom voordat die winter toeslaan. Want om 'n kampeerwa op yspaaie te bestuur en in sneeu vas te val en snags in 'n voertuig te lê en verkluim, is nie ons idee van 'n avontuur nie.

Ek wou eintlik vir Halloween aan die einde van Oktober al in New York wees, om die befaamde Halloween Parade waaroor Lou Reed sing te belewe – net nog 'n voorbeeld van 'n reiskeuse wat beïnvloed is deur die musiek waarna ek lewenslank luister – maar ons moes wag tot die Amerikaners besluit om hulle grense weer oop te maak vir Europese reisigers met Covid-inentingsertifikate. Toe ons eindelik hoor dat dit in November gaan gebeur, het ons die eerste die beste en die mees bekostigbare vlug bespreek. Skaars tien dae ná die grense oopgestel is, was ons in New York.

Eers dáár besef ons dat Thanksgiving om die draai is, daardie unieke Amerikaanse langnaweek van familiebyeenkomste wat op die vierde en gewoonlik laaste Donderdag in November begin en tot die Sondag duur. En ons twee gaan dié fees alleen in ons kampeerwa deurbring. Of dalk 'n kalkoentoebroodjie in 'n verlate *diner* eet.

Vir die eerste keer kon ons met ware empatie aan die eensame eters en drinkers in Edward Hopper se skilderye dink.

Maar Thanksgiving gaan immers oor dankbaarheid, en ek is diep dankbaar dat my Suid-Afrikaanse vriendin Micheline ons onmiddellik genooi het om die dag saam met haar en haar gesin en 'n paar alleenlopers in Washington DC deur te bring toe sy hoor dat ons in die omgewing gaan wees. En my niggie Ingrid in Connecticut, by wie ons die Sondag vóór Thanksgiving kuier, besluit toe sommer op die ingewing van die oomblik om vir ons 'n vroegtydige Thanksgiving-maal te kook, as 'n soort kleedrepetisie vir die Groot Eet later die week.

Thanksgiving, kom ons dié week agter, is inderdaad die soort oordadige maal – selfs in 'n land waar die meeste maaltye uit oordadige porsies bestaan – waarvoor jou mond en jou maag 'n bietjie oefening nodig het.

My enigste vorige ervaring van Thanksgiving was 'n kwarteeu gelede terwyl ek 'n paar maande by die University of Iowa se International Writing Program deurgebring het. Ons dertigtal skrywers van oral op aarde is almal uitgenooi vir 'n Thanksgiving-maal op 'n reusagtige plaas op die uitgestrekte vlaktes van Iowa, met 'n reusagtige eetkamer en reusagtige hope kos net waar ons kyk. Dit was 'n vreemde, byna absurde belewenis.

My Russiese woonstelmaat, my Argentynse en Hongaarse en Viëtnamese skrywersvriende, almal van ons het met die plaaslike boere en hulle gesinne probeer gesels, met wisselende vlakke van sukses, want sommige van ons se Engelse aksente was onverstaanbaar vir ons gashere en gasvroue. En om sukkelend aan die gesels te bly terwyl jy ook aanhoudend aan die eet moet bly om nie ondankbaar te lyk nie, is nogal 'n uitdaging.

Ek onthou nie die smaak van enigiets nie, net die oordadigheid van alles.

Hierdie Thanksgiving voel heeltemal anders, want ek is saam met familie, saam met ou vriende, saam met my lewensmaat, en dis klaar genoeg genade om selfs 'n eenvoudige bord kos lekker te laat smaak. En ons twee Thanksgiving-etes is allesbehalwe eenvoudig.

Ingrid se Sondagaandmaal het al die vereiste bestanddele: die kalkoen, natuurlik, die gravy en die cranberry sauce, die romerige kapokaartappels, die lieflikste oranje en geel geroosterde groente, 'n mieliedis, en 'n paar soet terte vir poeding.

'n Besonder geslaagde kleedrepetisie. Nou is ons reg vir die eintlike konsert.

Micheline oortref haarself die Donderdag deur vyf uur in die kombuis deur te bring om die grootste kalkoen wat ek in my dag des lewens gesien het volmaak gaar te kry, sappig binne en bros buite. The Beast, doop Micheline die kalkoen, wat sewentien pond weeg – amper agt kilogram, die gewig van meer as twee mensbabas, werk ek in verbystering uit – so swaar dat twee van ons die bak saam uit die oond moet lig. Een . . . twee . . . drie en hup! Daar staan The Beast op die toonbank tussen die kombuis en die eetkamer, want die tafel is nie naastenby groot genoeg vir hierdie hoofdis saam met al die vereiste bykosse en souse nie. En dan is daar nog die tuisgebakte terte, 'n appeltert en 'n pampoentert, wat saam met vars room as nagereg op ons wag.

Omdat Thanksgiving bowenal 'n familiefees is, is daar ook 'n tradisionele mieliedis genaamd *corn pudding* op die toonbank. Dit word elke jaar gebak volgens 'n resep wat Micheline se Amerikaanse skoonfamilie al wie weet hoe lank van die een geslag na die volgende aangee. Ongelukkig kan Micheline se man en seun nie die familiefees meemaak nie omdat albei vrot van die griep in die bed lê. Ons hoor hulle hoes en kry hulle innig jammer – om darem so 'n feesmaal te mis! – maar gelukkig het sy ook twee jeugdige gaste wat ver van hulle families af woon, genooi om saam met haar en haar dogter en ons twee senior swerwers te kom aansit, om te help om al hierdie heerlike kos te eet.

Nog 'n geluk is dat my Fransman meestal genoeg eet vir twee mense – en vanaand, op die vooraand van 'n lang swerftog in 'n kampeerwa, eet hy asof hy sy maag soos 'n kameel wil vul vir die woestyn wat wag.

Nogtans is daar soveel oorskietkos dat ons gasvrou die volgende oggend 'n herbruikbare plastiekhouer propvol kalkoen met cranberry sauce en corn pudding in ons hande druk.

"Padkos," sê Micheline. "Dis mos net so 'n belangrike tradisie in Suid-Afrika as wat Thanksgiving in Amerika is."

Op die berugte Black Friday in die middel van die Thanksgiving-langnaweek, wanneer 'n kommersiële koorsagtigheid van derduisende uitverkopings die volk tref, sit ons twee toe ver van skares en winkels in ons kampeerwa op die manjifieke Blue Ridge Parkway tussen Virginia en West Virginia, en ons smul aan ons padkos terwyl ons die wasige blou voue van die berge om ons bewonder. G'n lewende wese in sig nie, skaars 'n ander motor op die pad. Almal is seker besig om hulle kredietkaarte leeg te koop, of anders herstel hulle binnenshuis van die vorige dag se Groot Eet, moontlik ook van die spanning en stres wat onvermydelik opbou wanneer families saamtrek vir enige feestelike geleentheid.

Ek het al genoeg rolprente oor katastrofiese Thanksgiving-byeenkomste gesien om te weet dis die soort geleentheid waar ou koeie uit vergete slote gegrawe word en nuwe strydbyle geslyp word.

Die fliek wat ek die beste onthou, is Woody Allen se klassieke *Hannah and Her Sisters* uit die jare tagtig, wat oor drie opeenvolgende Thanksgiving-naweke afspeel en waarin Hannah ontdek dat haar man 'n skelm verhouding met een van haar susters aangeknoop het. Presies wat 'n familie nodig het om swaar te sluk aan al daardie kalkoen en pampoenterte.

Maar ons is min gepla. Ons eet ons koue kalkoen, en ek weet die uitdrukking cold turkey gaan nooit weer dieselfde konnotasie as voorheen hê nie. Hierdie padkos het niks te doen met 'n drastiese vaarwel aan drank of dwelms nie; koue kalkoen is net 'n tipiese Amerikaanse smaak op die dag ná Thanksgiving. En dis lekker genoeg, in hierdie verlate landskap van blou op blou, heuwels en berge so ver soos die oog kan sien, om nie net my maag met kos te vul nie, maar ook my gees met dankbaarheid.

Ná ons kalkoenpiekniek ry ons verder suid deur die deelstaat Virginia tot oorkant die grens van North Carolina, waar ons oortollige bagasie wil aflaai in vriende se leë huis. Dis die huis wat ons gaan oppas as ons oor 'n paar weke klaar in ons kampeerkar getoer het, die eintlike wortel wat ons na Amerika gelok het, want ons kan nie bekostig om drie maande lank aanhoudend te toer nie. En ek weet nie of ek só lank in 'n kar wíl slaap nie, hoe gemaklik die opslaan-dubbelbed ook al tot dusver vir my voel. Ek ken myself goed genoeg om te vermoed dat ek 'n doodgewone stilstaande dubbelbed meer as ooit gaan waardeer ná ses weke van voortdurende beweging in 'n kampeerwa.

Intussen is ek vuur en vlam vir die avontuur wat wag, en oopmond verwonderd oor die name van die plekke waar ons verbyry. Soms sien ons 'n dorpie met 'n raaiselagtige of amusante naam doer in die verte, ander kere weet ons bloot die plek is iewers in die omgewing omdat ons die naam op 'n kaart lees, maar hierdie naamspeletjie gaan ons dwarsdeur ons Amerikaanse toer bly vermaak. Vandag, in die blou-en-groen berglandskap van Virginia, ry ons verby Buena Vista, wat ons aan Kuba laat dink, en Lexington, wat ons aan die sigaretadvertensies van ons kinderdae herinner, en Roanoke, wat blykbaar in die taal van een van die inheemse volkere die allerlieflike betekenis het van "dinge wat glad gevryf is met die hand," of losser vertaal kan word as "wit krale wat van skulpe gemaak is".

Ek luister ook, danksy Spotify, vir die eerste keer sedert my tienerjare na 'n volle album van John Denver, die blonde sanger met die ronde bril-letjie wie se smagtende liedjie "Take Me Home, Country Roads" my na West Virginia en die Blue Ridge Mountains laat verlang het lank voordat ek dit ooit sou sien.

"Ek was so meegevoer deur John Denver," vertel ek so half ingedagte vir my man, "dat ek op die ouderdom van sestien my kat Sunshine ge-doop het."

Hy kyk oorbluf na my, want in sy wilde Franse tienerjare het hy nooit na Amerikaanse country-musiek geluister nie.

"Oor een van sy liedjies. *Sunshine on my shoulders makes me happy . . .*"

En hy lag, verheug dat ek hom na al ons jare saam nog kan verras met brokkies uit my verlede waarvan hy niks weet nie.

Dalk sou ek hom nooit hiervan vertel het as ons nie nou langs die Blue Ridge Mountains gery het nie.

Dis wat reis aan jou doen. Dit torring herinneringe los wat so diep in jou vasgestik is dat jy heeltemal daarvan vergeet het, tot 'n onbekende om-gewing jou onkant vang, en eensklaps voel jy skoon rafelrig van onthou.

Anderkant Roanoke, die plek van dinge wat met die hand glad gevryf is, ry ons verby Boones Mill.

"Soos Mills & Boon, agterstevoorom!" roep ek uit, want teen dié tyd is ek behoorlik terug in my tienerjare, toe ons meisies in die koshuis Mills & Boon-romanses onder mekaar uitgeruil het.

Die winter het amptelik aangebreek, besef ons vroegaand toe die nag soos 'n swart verhooggordyn neersak. Teen die tyd dat ons ons bestemming in North Carolina bereik, is dit gitswartdonker. Die straat, in die landelike buitewyke van die dorp Oak Ridge, is onheilspellend verlate, asof elke enkele inwoner weggegaan het vir die Thanksgiving-langnaweek, en daar is nie genoeg straatligte om ons te help om die nommer van die huis te vind nie. Einde ten laaste merk ons 'n enkele lig in 'n huis op en ry by 'n oprit in om raad te vra – bitter benoud, want in die suide van Amerika kan jy geskiet word as jy iemand se erf sonder toestemming betree.

Gelukkig skiet niemand op ons nie. Die vrou wat die deur oopmaak, loop nie juis oor van vriendelikheid nie, maar ek sou seker ook nie vriendelik wees as vreemdelinge laataand aan my afgesonderde huis se voordeur kom klop nie. Sy beduie ons na waar die huis wat ons soek, behoort te wees, volgens die straatnommer met vier syfers. Maar toe ons voor dié huis stilhou, besef ons dadelik dis nie die huis waarvan ons vriendin vir ons verskeie foto's gestuur het nie.

Ons vriendin is met vakansie in Suid-Afrika, waar dit nou weens die tydverskil iets soos vieruur in die oggend is, en ons gaan haar beslis nie wakker bel omdat ons nie haar huis kan vind by die adres wat sy vir ons gestuur het nie. Ná nog 'n uur of wat van 'n soektog wat al hoe meer desperaat raak, ná ons by elke oprit in die straat ingery het om die huis met die foto's op ons selfone te vergelyk, kry ons oplaas die regte huis by die verkeerde nommer.

Die volgende dag laat weet Karin ons met groot verleentheid dat sy per ongeluk twee van die syfers in die lang straatnommer omgeruil het.

Dit maak nie saak nie, ons is veilig en warm in haar ruim huis, waar die Fransman onmiddellik swig voor die griep wat hy by ons vriende in Washington opgetel het. Hy bly drie dae in die bed voordat ons verder reis, en terwyl hy in die slaapkamer herstel, sit ek op 'n groot houtdek, snoesig toegewikkel in 'n kombers, en kyk uit oor die bos waarin die huis weggesteek is. G'n wonder ons het so gesukkel om dit in die donker te vind nie. Karin het gehoop ons sou hier uitkom terwyl die bome in die bos nog hulle gloeiende herfsblare dra. Ons het ook so gehoop, maar dinge het anders uitgewerk, en die kaal takke van die bome teen die uitgewaste blou lug is weer 'n ander soort mooi.

Soos die Amerikaanse basketbal-afrigter John Wooden gesê het, dinge draai die beste uit vir mense wat die beste maak van die manier waarop dinge uitdraai. Ek wil dié woorde onthou en dankbaar verder reis, besin ek so kort ná Thanksgiving. Saam met die woorde van Thornton Wilder, wat hier op 'n houtdek in North Carolina besonder gepas klink: *We can only be said to be alive in those moments when our hearts are conscious of our treasures.*

Dalk behoort dankbaarheid deel te word van ons leuse vir hierdie swerfjaar, iets wat soos die Franse slagspreuk klink, Vryheid, Dankbaarheid en . . . Dapperheid? Optimisme? Ontvanklikheid? Ek is nog nie seker van die derde woord nie, maar ek is seker ons sal dit iewers langs die pad vind.

16. 'N ROAD TRIP OP ROCINANTE SE SPOOR

'n *Road trip* is 'n begrip wat nie rêrig in Afrikaans – of enige ander taal – vertaal kan word nie. Dis 'n plesiertog wat nie altyd plesierig verloop nie, 'n avontuur agter die stuur, iets wat in 1957 in die populêre kultuur verewig is deur Jack Kerouac se roman *On the Road* en sedertien deur Hollywood ontgin is in die gedaante van tallose road movies. En dit bly die beste manier om Amerika te leer ken.

'n Road trip is so Amerikaans soos Route Sixty-Six (wat niemand ooit Roete Ses-en-Sestig noem nie), soos hot dogs of hamburgers, soos cowboys of coyotes – alles verskynsels wat ons op ons Amerikaanse road trip teëkom. Die coyotes is weliswaar doodgery, slagoffers langs die eindelose paaie van Texas, maar dis seker ook tipies Amerikaans.

Kollaterale skade in 'n land waar die meeste mense hulle skaars 'n lewe sonder 'n motor kan voorstel, waar meer mense as in enige ander land in motors eet, slaap en woon, geld trek by inry-banke en medisyne koop by inry-apteke. Waar almal ewig in motors op pad is êrens heen. Of dikwels nêrens heen nie.

Ek het Kerouac se boek in my prille jeug gelees, toe dele daarvan my nog genoeg kon skok om dit absoluut onweerstaanbaar te maak. Dis egter 'n meer besadigde skrywer wat my en my Fransman se gids word terwyl ons Amerika in 'n kampeerwa verken. Toe 'n Afrikaanse akteursvriend, André Jacobs, ons aanraai om John Steinbeck se *Travels with Charley – In Search of America* te lees, het ons nie eens geweet dat die Nobelpryswenner in 1960 ook 'n road trip in 'n soort tuisgemaakte kampeerwa saam met sy Franse poedel, Charley, aangepak het nie.

Dit was die beste raad wat enigiemand ons gegee het – en glo my, as jy só 'n avontuur aanpak, kry jy meer as genoeg raad, gevraag en ongevraag, van almal wat jy ken.

Steinbeck het vir hom 'n huisie agterop 'n trok laat bou en sy buitengewone voertuig Rocinante gedoop – ter ere van Don Quixote se getroue perd – en soos Cervantes se dolende ridder deur sy vaderland getoer. Van die kus van Connecticut in die noordooste na die weste in Kalifornië en daarna deur die suide terug na Connecticut om sy sirkelroete te voltooi.

Nes Steinbeck pak ons ons toer ook in die herfs en winter aan – vóór ons Steinbeck se boek gelees het, bloot omdat Covid-regulasies dit vir ons onmoontlik gemaak het om vroeër in die VSA uit te kom. Ons begin ook in die noordooste, weer eens niks met Steinbeck te doen nie, bloot omdat ons hierdie handgeverfde kampeerwa noord van New York moes gaan haal. Daarna reis ons van Connecticut suidwaarts tot in die begeerlike musiekstad New Orleans, van jongs af op ons albei se emmerskoplys (lank voordat ons geweet het daar bestaan iets soos 'n emmerskoplys), en van New Orleans af kruie ons aan in die rigting van die sakkende son tot in die Wilde Weste van Kalifornië.

En saans voor ons in ons kampeerwa met die naam Aloha aan die slaap raak, lees ek by die lig van 'n batterylampie vir my reismaat voor uit Steinbeck se lieflike boek. Dit word vir ons 'n reisgids in die beste betekenis van die woord, nie om 'n spul besienswaardighede op te noem of raad te gee oor waar om te eet en te slaap nie (dié soort raad kan jy deesdae moeiteloos op die internet vind), maar om ons te help soek na die gees van die plekke waardeur ons reis.

En hoewel die boek reeds sestig jaar gelede verskyn het, is dit steeds vol tydlose waarhede, dalk juis omdat Steinbeck beklemtoon dat hy net oor sy eie persoonlike waarheid skryf. *What I set down here is true until someone else passes that way and rearranges the world in his own style.* Elke reisiger kyk immers anders na die wêreld. En tog het alle reise 'n universele kern.

Steinbeck het die meeste nagte gratis in Rocinante geslaap, op plase en in woude en by Rest Stops, deesdae ook Welcome Centers genoem, langs Amerikaanse snelweë. Aangesien ons die grootste deel van ons beperkte begroting op ons kampeerwa geblaas het, moet ons ook goedkoop plekke vind om die wa snags te parkeer. Gratis sou selfs beter as goedkoop wees, maar ons kom gou agter dat daar heelwat minder gratis plekke oor is as in Steinbeck se dae.

Of liewer, gratis plekke in 'n mooi omgewing, want jy kán gratis oornag op die parkeerterrein van omtrent enige Walmart-supermark. Maar dis werklik neerdrukkend om op 'n parkeerterrein voor 'n groot winkelsentrum wakker te word. Soos ons besef in Memphis, Tennessee, waar ons die vorige nag so begeester was deur die verskeidenheid musiek in Beale Street dat ons vergeet het om 'n beter slaapplek te soek.

"Beproef alles en behou die goeie," brom ek toe ons in 'n Cracker Barrel-kettingrestaurant oorkant die pad gaan ontbyt soek. Die Fransman, wat nie die Bybel so goed soos ek ken nie, lyk nie asof hy saamstem nie. "Nou weet ons ten minste dat 'n nag op 'n Walmart-parkeerterrein 'n beproewing is wat ons nie wil behou nie."

Jy kan ook in enige National Forest of State Forest gratis kampeer, maar in die winter is dit nie 'n goeie idee om op modderpaaie of sneeupaaie in digte bosse rond te foeter op soek na kampeerplekke nie. Altans nie vir ons twee rigtinglose reisigers nie. Ons sou waarskynlik verdwaal en verkluim in ons kampeerwa, met die moontlikheid dat ons bevrore lyke eers weke later wanneer die sneeu weer smelt gevind sou word, soos in daardie fliek van Sean Penn, *Into the Wild*, wat my vir altyd afgeskrik het van sulke avonture.

Dit troos ons nogal dat Steinbeck ook rigtingloos was en voortdurend verdwaal het. En hy kon nie eens op die internet of GPS staatmaak om hom uit sy ellende te verlos nie.

Ons laai dus 'n paar apps op ons selfone af om ons te help om daagliks kort voor die donker toeslaan (wat elke dag vroeër gebeur) 'n bekostigbare kampeerplek naby ons te vind, dikwels op plase of in State Parks wat nie gesluit is vir die winter nie. Dis juis oor dit winter is dat ons hierdie road trip tot die warmer dele van die land in die suide en weste beperk, maar ons kom gou agter dat warm ook 'n relatiewe begrip is. Die VSA se klimaat is meer ekstreem as enigiets waaraan ek as Suid-Afrikaner óf my Europese reisgenoot gewoond is.

Dis eintlik nog herfs en ons road trip het skaars begin toe ons in die omgewing van Atlantic City, New Jersey, die eerste keer deur die vroeë donkerte en skokkende koue verras word. Hierdie flentergat-dobbelstad aan die kus wil ek al besoek vandat ek veertig jaar gelede betower is deur Louis Malle se rolprent *Atlantic City* met 'n manjifieke Burt Lancaster en 'n sexy jong Susan Sarandon in die hoofrolle.

Die verrassing is egter veel groter toe ons die volgende oggend wakker word op 'n plasie wat ons op ons Hipcamp app opgespoor het en waar ons in die stikdonker nag (omtrent halfsewe die aand) aangekom het. In die vroeë daglig trek ons die gordyntjies voor die kampeerwa se ruite oop en kyk vas in die nuuskierige oë van 'n groot dier wat ons nie dadelik herken nie omdat hy so naby ons staan.

"'n Llama?" Alain vee die slaap uit sy oë asof dit hom sal help om beter te sien.

Ons is omring deur 'n trop llamas. En agter die llamas, net waar ons kyk, is honderde hoppende hase. Dalk net dosyne, maar ons is so oorbluf dat ons nie kan tel nie.

"Dink jy dis die haas-weergawe van free range chickens?" wil Alain weet.

"Maar die Amerikaners eet tog nie hase soos die Franse nie?"

"Miskien doen hulle dit skelm. Soos baie van hulle skelm rook. Dis 'n vréémde plek dié."

Sy vae handgebaar wys na veel meer as die llamas en die hase en 'n vervalle woonwa wat ons veronderstel is om as badkamer te gebruik. Die hele Amerika is vir hom onverklaarbaar, selfs meer as vir my wat darem al voorheen hier was.

Die volgende skok is dat die water in die badkamer-woonwa in die nag gevries het. Ek moet my oggendnood hurkend agter die woonwa tussen die hoppende hase verlig en my tande met lemoensap borsel. Maar toe die boer se vrou eindelik die deur van die plaashuis kom oopmaak, ná ons minute lank geklop en geroep het, is sy so vriendelik soos net Amerikaners kan wees as hulle jou van geen kant af ken nie. Sy nooi ons glimlaggend om die badkamer in haar huis te gebruik, en ek borsel gou weer my tande, dié keer met water, maar ons talm nie lank nie. Ons wil koers kry na ons volgende oornagplek, hoewel ons begin vermoed dat dinge vorentoe selfs vreemder kan word.

A journey is like marriage, skryf Steinbeck in ons gidsboek. *The certain way to be wrong is to think you control it.* En ons twee ou getroudes knik weer eens instemmend. Ons het die afgelope paar jaar geleer dat ons nie elkeen afsonderlik die leisels van ons verhouding kan vashou om dit in 'n gewenste rigting te stuur nie. Daar was net te veel onbeheerbare faktore.

Ons moes die leisels laat los, ons moes hierdie reis aanpak en hoop dat ons langs die pad sou leer om die leisels sáám op te tel, sonder om te styf daaraan vas te klou.

We do not take a trip, waarsku Steinbeck ook, *a trip takes us.* Van die haasplaas in New Jersey tot in Kalifornië vát die reis ons, onbeheerbaar en onkeerbaar. En nou moet ek eers weer 'n tydsprong maak, want teen die einde van ons road trip kom ons onverwags nader aan Steinbeck en sy Rocinante as wat ons ooit kon droom toe ons *Travels with Charley* begin lees het.

In Kalifornië vertel 'n Suid-Afrikaanse kennis ons so terloops van die fantastiese Steinbeck-museum in Salinas, die dorp waar die skrywer grootgeword het. Salinas, waaroor Janis Joplin sing in daardie liedjie oor Bobby McGee wat ons al soveel keer geluister het dat dit soos die temalied van ons reis begin voel: *Up near Salinas, Lord, I let him slip away . . .* Toe ons hoor dat Steinbeck se oorspronklike Rocinante-trok hier uitgestal word, verander ons onmiddellik ons roete om deur Salinas te ry.

Ons parkeer ons kampeerwa in die mitiese Main Street, wat lesers van Steinbeck se romans dadelik sal herken, en stap na die museum om hulde te betoon aan 'n sestigjarige kampeerwa. Rocinante word nie agter glas verskans soos 'n heilige relikwie in 'n katedraal of 'n kunswerk in 'n museum nie. Die handgemaakte huisie op 'n trok staan sommer so in die middel van die vloer sodat ons om dit kan stap en by die ruite kan inloer. Dis so onpretensieus – en juis daarom net so ontroerend – soos Camus se eenvoudige graf in Lourmarin vir my was.

Volgens hedendaagse navorsers het Steinbeck sommige ontmoetings en ervarings in sy reisboek gefiksionaliseer, maar hierdie inligting verminder nie ons leesgenot nie. Soos die meeste lesers weet ons daar is 'n verskil tussen "waarheid" en "feite", en soms vind jy meer waarheid in fiksie as in nie-fiksie. Steinbeck het oor sy eie persoonlike waarheid geskryf, en ses dekades later kan ek vat aan die trok waarin hy en sy wolhaarhond gereis het, en 'n brief vir my geliefde op Steinbeck se ou tikmasjien tik.

Skrywers se grafte en relikwieë bly tasbare bewyse van hulle bestaan. Hulle boeke en hulle woorde bly betroubare rigtingwysers. Soms is dit die enigste waarheid wat 'n rigtinglose reisiger nodig het om koers te hou.

17. 'N ROETE VAN BLOED, SWEET EN MUSIEK

Ons cruise vroegaand op Nashville se Honky Tonk Highway, op 'n dood-gewone Dinsdag in die middel van 'n doodgewone week, en boonop in die begin van die winterseisoen, maar dit klink en voel asof ons by 'n ewigdurende karnaval beland het. Die *honky tonks*, soos die kroeë genoem word, dreun dwarsdeur die dag van verhoogmusiek, sewe dae van die week, en toegang is gratis. Daar is gewoonlik net 'n fles waarin jy 'n fooi-tjie kan los as jy die musiek geniet.

En geniet sal jy geniet. Dis byna onmoontlik om nie iéts te hoor wat jou voete gaan laat kriewel en 'n grinnik op jou gesig gaan los nie.

Aangesien ons nie juis aanhangers van country-musiek is nie (behalwe vir my tienderjarige John Denver-fase waaroor ek reeds gebieg het), sou ons waarskynlik nie in Nashville oornag het nie. Gelukkig het my vriendin Terry se sus, wat al lank in Nashville woon, my oortuig dat ons nie deur Tennessee kan ry sonder om Nashville te ervaar nie. Maak nie saak wát jy van country-musiek dink nie, reken Michelle, die polsende atmosfeer in Lower Broadway is 'n energie-inspuiting wat jy nie gou gaan vergeet nie.

Honky Tonk Highway, met flitsende neonligte en verhoogmusiek wat uit elke kroeg en kuierplek tot op die sypaadjie spoel, is waar groot name soos Willie Nelson en Kris Kristofferson eens op 'n tyd gratis vir gehore gespeel het. Jy weet nooit of jy na iemand luister wat dalk oor 'n paar jaar die volgende superster gaan wees nie. Ná hierdie belewenis sal ek in elk geval nooit weer sommer so goedsmoeds my neus optrek vir country-musiek nie. Dis 'n genre wat merkwaardig verbreed en verdiep het sedert ek in my tienerjare na "Take Me Home, Country Roads" geluister het.

Ons road trip vat ons op 'n kronkelroete agter musiek aan. Eers wes deur die deelstaat Tennessee, die wieg van country en rock, die geboorte-plek van Dolly Parton en Elvis Presley, dan suid om die Blues Route deur Mississippi te volg, al langs die rivier af, en daarna suidoos deur Louisiana vir die laaste ent tot by New Orleans, wat soos die spreekwoordelike lig voor in die wapad wink.

En heelpad hang musieknote in die lug soos zoemende bye wat ons na hulle korwe wil lok, na die plekke waar die heuning gemaak word, sodat ons die soet kan proe.

Maar as jy 'n heuningkoek uit 'n byekorf wil haal, moet jy onthou dat die bye jou kan steek. Die geskiedenis van populêre Amerikaanse musiek is vervleg met slawerny en die Civil Rights-beweging. Blues het onder slawe ontstaan, Elvis se rock is diep gewortel in swart musiek en gospel-musiek, en dis bykans onmoontlik om deur dié deel van die VSA te reis sonder om voortdurend hieraan herinner te word.

Ná Nashville se vrolikheid voel ons lig en hoog soos ballonne toe ons koers kies na Memphis, maar ons ballonne blaas vinnig af terwyl ons die platteland van Tennessee ontdek. Ons ry verby meer kerke as wat ek nog ooit op een dag gesien het, en meer reusagtige godsdienstige reklameborde as wat ek ooit in my lewe wou sien. *Jesus Will Save You*, word in enorme letters op 'n billboard uitgespel, en 'n paar meter verder word vuurwapens ewe geesdriftig op 'n ewe groot reklamebord geprys. Op grasperke voor huise plant eienaars skynbaar ook eerder reklameborde as blomme, darem nie so massief soos die billboards langs die paaie nie, maar die boodskap word duidelik genoeg oorgedra. *Jesus Is My Saviour, Trump Is My Guide*, verklaar die bewoners aan bure en verbygangers.

"Dis asof hulle nie heeltemal vir Jesus vertrou om die uitverkorenes te red nie," mymer die Fransman. "Jesus is dalk Plan A, maar Plan B is om vir Trump te stem."

"En Plan C is om soveel vuurwapens as moontlik bymekaar te maak," sê ek toe ons verby nog 'n billboard vir 'n wapenhandelaar ry.

Ons is vroeg op ons road trip reeds uit ons sokkies geskok deur die vuurwapens wat in Walmart verkoop word, sommer so tussen die kos en klere en ander noodsaaklikhede. Teen dié tyd raak ons amper gewoond aan uitstallings van rewolwers en gewere in supermarkte. Maar hoe verder suid en wes ons ry, hoe meer beklemmend raak hierdie geloof in geweld.

As 'n Suid-Afrikaner wat hiperbewus is van alle skakerings van rassisme, draai my maag ook elke keer as ek 'n Confederate-vlag voor 'n huis sien wapper. Dikwels voor dieselfde huis as waar 'n uitdagende reklamebord vir Donald Trump geplant is. Die ou vlag van die suidelike state wat geveg het om slawerny te behou, herinner net te veel aan die Oranje-Blanje-Blou waarmee ek grootgeword het en wat soveel traumatiese herinneringe vir baie van my landgenote oproep.

Ons ry deur 'n dorp genaamd Whiteville. "Hopelik niks met velkleur te doen nie," prewel ek. Nie seker of ek dit as grappie of ernstig bedoel nie.

Dan sien ons die groot wit houtkruise wat voor verskeie huise geplant is en onvermydelik visioene van die Ku Klux Klan se brandende kruise oproep. Ek gryp na my selfoon en lees op die internet dat Whiteville deesdae 'n swart burgemeester het (sug van verligting) en onlangs gekies is as die vyfde veiligste woonplek in Tennessee. Nog 'n verligte sug.

"Twee van Tennessee se vier tronke is hier geleë," lees ek hardop, "met plek vir meer as 3 500 manlike gevangenes. Volgens die jongste sensus is die amptelike bevolking 2 606." My verligting sypel weg. My ballon blaas verder af. "Dit beteken dat die meeste van Whiteville se 'inwoners' nie vrywillig hier woon nie."

Alain se kneukels word al hoe witter om die stuurwiel. "Ek weet nie of dit my vreeslik veilig sou laat voel het as ek vrywillig in Whiteville ge-woon het nie."

Maar voor ons te lank oor Whiteville kan tob, bereik ons die buitewyke van Memphis in die suidwestelike hoek van Tennessee, waar ons meer as een nag wil oorslaap. Nog 'n stad waar die geskiedenis van die land se musiek en die stryd om gelyke regte in 'n stywe kraaines saamgekoek is, soos bewys deur die twee uiteenlopende monumente wat ons hier wil besoek: Graceland en die Lorraine Motel.

Ek is nie genoeg van 'n Elvis-aanhanger om sy huis van binne te wil bekyk nie, en selfs al was ek so mal oor Elvis soos my oorlede ma was, sou ek nie die toegangsgeld van 82 dollar kon bekostig nie. Dit sou meer as R3 000 vir my en Alain beloop, en ons gebruik eerder ons geld om na lewende musiek in Beale Street te luister as om in 'n dooie musikant se luuksueuse paleis te gaan ronddwaal.

Maar ek skuld dit aan my ma om ten minste by Graceland verby te ry, sê ek vir Alain. Sy het altyd vertel hoe die mense aan die einde van die jare vyftig in die paadjies van die bioskoopsale gedans het terwyl hulle die fliek *Jailhouse Rock* gekyk het. Sy het dit meer as een maal gaan kyk, en hoewel sy hoogswanger was met haar eersteling, het sy saamgedans. Miskien het daardie baba wat binne-in haar saamgewieg het ook die musiek gehoor, want tot vandag toe is "Jailhouse Rock" die één Elvis-liedjie waarna ek nie kan luister sonder dat my heupe begin swaai en my voete begin tik nie. *Come on, everybody, let's rock.*

Ek het al dikwels gedurende hierdie swerftog gewens dat ek 'n boodskap na my oorlede ouers kon stuur, elke keer as ek iewers uitkom waar ek weet hulle ook graag sou wou wees, maar nog nooit was die wens so oorweldigend soos voor Graceland in Memphis nie. Ek neem toe maar 'n kiekie van ons hippie-wa voor die befaamde hek met die musieknote. Vir my ma. Dit sou haar gelukkig gemaak het.

Die Lorraine Motel, waarheen ons ná Graceland ry, is 'n heel ander soort monument. Dis waar Martin Luther King in April 1968 vermoor is, voor die deur van Kamer 306 op die balkon van die eerste verdieping, nadat hy die vorige aand in 'n profetiese toespraak verklaar het dat hy gereed is om te sterf: *Like anybody, I would like to live . . . But I'm not concerned about that now . . . I've seen the Promised Land. I may not get there with you. But I want you to know tonight, that we, as a people, will get to the Promised Land.*

Die balkon waar King geskiet is, lyk nog net soos op die ikoniese foto wat daardie dag geneem is. Selfs die twee slap wit motors staan skynbaar vir ewig daar geparkeer, 'n 1959 Dodge Royal en 'n 1968 Cadillac. Ek het die swart-wit foto al wie weet hoeveel keer gesien, die slagoffer wat op die vloer van die balkon lê en die mense om hom wat hulle arms uitstrek om te wys waar die skoot vandaan gekom het. Maar noudat ek die toneel in volkleur sien, merk ek op dat die Dodge lemmetjiegroen vinne het. So 'n nietige detail wat nogtans die prentjie in my kop omdop. Dis nie meer net 'n beroemde foto nie, dit word 'n gruwelike werklikheid.

En by hierdie motel, wat 'n Civil Rights Museum geword het, hoor ek vir die eerste keer dat die foto deur 'n Suid-Afrikaner geneem is. Ene Joseph Louw, wat saam met King deur Memphis gereis het om 'n dokumentêre TV-film te maak, was saam met hom op die balkon. Soos soveel keer vantevore, wanneer ek fisiek op 'n plek staan waar iets gebeur het waaroor ek voorheen net in geskiedenisboeke gelees het, oor die radio gehoor of op 'n skerm gesien het, leer ek méér as wat ek verwag het.

Memphis sal ek altyd onthou as die stad van twee konings – Elvis, wat steeds as The King bekend is onder sy aanhangers, en Martin Luther King – maar ook as die plek waar ek vir die eerste keer 'n dis proe waaroor ek al wonder vandat ek dertig jaar gelede die fliek *Fried Green Tomatoes* gesien het.

Word jy nie siek as jy onryp tamaties eet nie? Waarom nie maar wag tot hulle ryp word nie? Wié het die eerste keer daaraan gedink om groen tamaties te braai?

Soos die skrywer Jonathan Swift verklaar het: *He was a bold man that first ate an oyster.*

Dié aand in Beale Street, in 'n musiekkroeg nie ver van Elvis se wyds-been-standbeeld nie, voel ek inderdaad soos *a bold woman* toe ek die fried green tomatoes op die spyskaart bestel. Dalk het ek te veel verwag, dalk is ek maar net nie mal genoeg oor kos wat in olie gebraai word nie, maar die kombersie van meel en krummels wat die tamaties bedek, was gans te dik vir my smaak. Ek het dit afgetrek en net die groen tamaties geëet.

Dis seker so onsinnig soos om 'n pastei te koop en net die vulsel te eet. Maar elke diertjie het sy plesiertjie, en die olierige disse van die suidelike Amerikaanse deelstate tel nie onder my plesiertjies nie. Hoe verder suid ons reis, hoe meer olierige disse ek proe – want ek bly nuuskierig genoeg om álles te wil proe – hoe meer oortuig raak ek hiervan.

Ná ons die eerste nag in Memphis op 'n parkeerterrein voor 'n winkel-sentrum deurbring, leer ek nog 'n onaangename les. (Behalwe dat dit niks lekker is om op 'n parkeerterrein wakker te word nie.) Ek was laatnag so opgepomp deur die blues-musiek in Beale Street dat ek nie aan die slaap kon raak sonder om eers 'n rukkie te lees nie. Ek het 'n leeslampie ge-bruik wat aan die kampeerwa se battery gekoppel is – en toe ons ná ons ontbyt in die Cracker Barrel weer wil vertrek, kan ons nie die kar aan die gang kry nie.

Om die leeslampie te lank te gebruik terwyl die enjin afgeskakel is, besef ek nou, is so onnosel soos om die kar se kopligte heelnag aan te los.

Al uitweg is om kabels aan 'n ander voertuig se battery te koppel. Ons kampeerwa is toegerus met alles, van 'n bed tot 'n yskas, maar nie met batterykabels nie. Die ander karslapers op die parkeerterrein het ook nie kabels wat ons kan leen nie, kom ons agter toe ons begin rondstap om hulp te bedel.

Uiteindelik stap ons na 'n diensstasie in die verte, word byna doodgery toe ons 'n snelweg te voet moet oorsteek, en tref 'n vriendelike Marokkaanse man agter die toonbank aan. Tot ons verstomming begin hy Frans praat toe hy Alain se aksent hoor. Dis die eerste keer dat iemand in Amerika oorslaan na 'n ander taal om meer behulpsaam te wees. As dit in New York of Washington gebeur het, sou dit ons nie so verbaas het nie, maar by 'n diensstasie langs 'n snelweg aan die buitewyke van Memphis, Tennessee?

Die liewe man leen nie net vir ons sy batterykabels nie, maar dring daarop aan om ons in sy eie skedonk terug te ry tot by ons dooie kampeerwa, waar ons die kabels aan sy kar se battery koppel vir die meganiese weergawe van mond-tot-mond-asemhaling. En toe ons die kar weer aan die lewe kry, weier hy om betaling te aanvaar. Lyk skoon verleë oor die aanbod.

"*C'est rien*," hou hy kopskuddend vol, dis niks. "Mens is mos veronderstel om vreemdelinge te help, *n'est-ce pas*?"

Ek dink onwillekeurig aan 'n geliefde Bybelvers oor *entertaining angels* wat die Engelse titel van my roman *Griet skryf 'n sprokie* verskaf het. Ek onthou hoe verras ek was om 'n ander weergawe van dieselfde vers bo 'n deur in die boekwinkel Shakespeare and Company in Parys te ontdek: *Be not inhospitable to strangers lest they be angels in disguise.* En hoe gepas dat ons juis hier in Tennessee aan die dramaturg Tennessee Williams se *kindness of strangers* herinner word. Deur 'n Marokkaanse redder wat weet hoe dit voel om 'n vreemdeling in 'n vreemde land te wees.

Dis nie dat enigiemand in Tennessee of verder suid ons ooit onbeskof behandel nie. Ons word meestal begroet met glimlagte en "Where y'all from?" en "Have a nice day" elke keer as ons in ons beblomde kampeerwa by 'n diensstasie stilhou om die honger tenk te vul of flou koffie te koop. Selfs deur ouens met prentjies van die Confederate-vlag op hulle brullende trokke se nommerplate of National Rifle Association-plakkers op hulle agterruite.

Ons leer vinnig om vriendelik terug te glimlag en enige gesprek oppervlakkig te hou, om veral nie af te duik in die troebel waters van politiek of godsdiens nie. Ons is vreemdelinge en ons ken ons plek, en vir nou is ons plek 'n bont kampeerwa wat dikwels vrae en kommentaar uitlok. Ons het nie hierop gereken toe ons so 'n opvallende voertuig gekies het om deur die suide van die land te reis nie. Maar dalk is dit presies wat ons nodig het om ons skanse af te breek en ons oop te stel vir menslike kontak langs die pad.

Jy kan nie 'n streek leer ken deur net rond te kyk en plaaslike kos te proe en plaaslike musiek te luister nie. Jy moet ook met plaaslike mense praat, hoor hoe hulle klink, die stiltes tussen die woorde vertolk. Ons Aloha-voertuig dwing ons as't ware om dit te doen. En elke keer as ons half teensinnig ingetrek word in 'n praatjie met 'n ou wat 'n Make America Great Again-keps op die kop het of 'n vrou wat 'n rewolwer in haar jeans se belt gedruk het, dink ek aan John Steinbeck en sy Rocinante. Daardie eienaardige huisie-op-'n-trokkie moes sestig jaar gelede veel meer kommentaar uitgelok het as wat ons in ons Aloha kry.

"Dis vir 'n goeie saak," bemoedig ons mekaar. "*In search of America.*"

18. BLUES LANGS OLD MAN RIVER

Kort voordat ons die grens tussen die deelstate Tennessee en Mississippi oorsteek, begin ek hoes en proes. My kop raak warmer en my verstand wolleriger en dit lyk asof ek oplaas ook die stryd gaan verloor teen die dreigende Washington-griep wat my reismaat reeds in North Carolina platgetrek het. Die ergste van alles is dat dit lyk asof dit in New Orleans gaan gebeur.

"Ek weier om siek te wees as ek vir die eerste en dalk die enigste keer in my lewe in New Orleans kan jol," kondig ek aan.

Dié keer lig my Fransman albei wenkbroue. Hy glo nie ek gaan hierdie siekte met blote wilskrag verdryf nie, maar hy weet ek gaan probeer tot ek omkap. Ons gaan koop dus 'n spul pille en medisyne en vitamiene by die naaste apteek en ons foeter voort op Route Sixty-One, ook bekend as die Blues Route Highway, wat die Mississippi-rivier se loop tot in New Orleans volg. Ons ry verby uitgestrekte katoenlanderye waar stukkies katoenwatte soos sneeuvlokkies oor die teerpad waai, en deur verskeie dorpe waar legendariese blues-musikante soos B.B. King (nog 'n Koning van die suide, saam met Elvis en Martin Luther) gebore is of begin musiek maak het. Ons soek selfs na die mitiese kruispad waar Robert Johnson volgens oorlewering sy siel aan die duiwel verkoop het in ruil vir sy kitaartalent.

Die soektog na hierdie kruispad is moontlik 'n moderne weergawe van die eeue oue soektog na die fabelagtige eilande waaroor Homerus in *Die Odusseia* geskryf het. Jy moet eers die mite gló voordat jy die plek kan vind.

Johnson word as die eerste regte-egte rock-ster beskou, 'n swerwer wat 'n kort maar wilde lewe gelei het en in 1938 op die ouderdom van 27 blykbaar deur die jaloerse man van een van sy minnaresse vermoor is. Dit maak hom waarskynlik die eerste lid van die sogenaamde Twenty Seven Club van beroemde musikante soos Janis Joplin, Jimi Hendrix, Jim Morrison, Kurt Cobain en Amy Winehouse wat almal op 27 gesterf het, meestal nie aan "natuurlike oorsake" nie.

Soos verwag kan word wanneer toeriste geld na 'n arm plattelandse streek kan bring, maak 'n hele paar dorpe in Mississippi aanspraak op die kruispad wat Johnson in sy liedjie "Cross Road Blues" verewig het. In Clarksdale, byvoorbeeld, waar Route Sixty-One en Route Forty-Nine kruis – 'n besonder onbesielende toneel tussen lelike nywerheidsgeboue en raserige verkeer – word die legendariese ontmoetingsplek aangedui deur 'n hoë paal waarop drie blou kitare pryk. Gelukkig het ons roete ons in elk geval verby dié kruising gevat, want ons sou nogal afgehaal gewees het as ons 'n ompad moes ry om na drie kitare op 'n paal te kyk.

'n Ander kruispad waar Johnson en die duiwel mekaar glo ontmoet het, is naby Dockery Farms anderkant Cleveland. Dis juis om by dié eertydse katoenplaas uit te kom dat ons deur Clarksdale met die kitare op die paal ry, want Dockery Farms is die wieg van die Mississippi Delta-blues, en dis 'n aanspraak wat makliker gestaaf kan word as die een oor 'n musikant se ooreenkoms met die duiwel. Meer as tweeduisend werkers het vroeg in die twintigste eeu hier op die katoenlande gewerk, onder andere die einste Robert Johnson, maar ook Charley Patton en Howlin' Wolf Burnett en Honeyboy Edwards en heelparty ander wat diep spore in die blues-landskap getrap het.

Ons verwag om die gewone stywe toegangsfooi te betaal om die goed bewaarde historiese geboue op Dockery Farms te besoek, maar daar is niemand wat ons vra om enigiets te betaal nie. Trouens, daar is niemand nie, punt. Geen werkers, geen toeriste, net die leë geboue – skure, werk-winkels, selfs 'n kerkie – met knoppies wat ons kan druk om die musiek te speel wat hier geskep is. Danksy luidsprekers wat buite aangebring is, vergesel die spookstemme en kitaarklanke van 'n eeu gelede ons terwyl ons op die plaas ronddwaal en die geskiedenis van elke gebou op kennis-gewingborde lees.

Dit word 'n magiese ervaring, ons twee swerwers stoksielalleen saam met die spoke van Robert Johnson en sy musikale makkers.

Benewens die fassinerende blues-geskiedenis bied die deelstaat Missis-sippi ons nie veel om oor opgewonde te raak nie. Altans nie in die winter nie. Sodra jy wegbeweeg van die welige groen oewer van die rivier, strek die landskap leeg en plat en bruin rondom jou uit, hier en daar afgewissel deur dorpies wat lyk asof dekades van swaarkry hulle ook plat teen die grond gedruk het.

Die rivier bly egter indrukwekkend elke keer as die pad ons teruglei na sy oewer. *Old Man River*, soos Paul Robeson met sy basstem in die musiekblyspel *Showboat* gesing het, *just keeps rollin' along,* byna 4 000 km van sy oorsprong in die noorde van Minnesota tot by die Golf van Mexiko anderkant New Orleans. Teen laatmiddag beland ons met behulp van GPS in Warfield Point Park naby Greenville, eintlik net omdat ons 'n plek soek om die son oor die rivier te sien sak. In dié State Park is daar weer eens niemand aan diens wat ons vir toegang laat betaal nie, en geen ander lewende wese in sig nie, maar daar is inderdaad 'n hoë uitkyktoring met 'n houtplatform wat 'n onbelemmerde uitsig op die rivier en die omringende landskap bied.

Terwyl ons hier staan, meer as drie verdiepings bo die aarde, word ons woorde weggeslaan deur 'n sonsondergang wat die water en die lug in skakerings van waatlemoenpienk en lemoenoranje kleur.

"Hoekom slaap ons nie vannag net hier nie?" vra ek toe ek oplaas my stem terugkry.

Ons sien 'n paar motors en selfs enkele woonwaens in die park, maar geen mense nie. Dis baie na aan ons idee van kampeerhemel: stilte en afsondering in 'n lieflike omgewing, boonop met skoon toilette en storte. En vir die eerste keer vandat ons in die kampeerwa begin toer het, oornag ons op 'n plek waar dit nie verbode is om vuur te maak nie. Boonop is dit nie te koud om buite langs die vuur te eet en die sterbesaaide naglug bo Old Man River te bewonder nie.

Hoe kan enigeen wat as kind meegevoer is deur die avonture van Tom Sawyer en Huckleberry Finn die versoeking weerstaan om 'n nag langs dié rivier te slaap? Mark Twain se geliefde romans speel hoofsaaklik in Missouri af, heelwat verder noord langs die rivier wat soos 'n vet luislang deur die land sleep, maar die Mississippi bly die Mississippi. (Toevallig dieselfde Twain wat een van my gunsteling-verskonings vir reis uitgedink het: *Travel is fatal to prejudice, bigotry, and narrow-mindedness.* Sela.)

Toe dit donker word, sien ons dat een van die woonwaens feestelik versier is met stringe rooi liggies, maar ondanks hierdie tekens van lewe steek die bewoner nie 'n toon by die deur uit nie. In die loop van die nag hoor ons verskillende motors voor die rooilig-karavaan stilhou en 'n ruk later weer vertrek. Teen die volgende oggend bespiegel ons natuurlik lustig oor wat snags dáár aangaan, en kom tot die slotsom dat die rooi ligte nie toevallig gekies is nie.

Maar ons het nooit die bewoner van die karavaan óf enige van die nagtelike besoekers met 'n dooie oog gesien nie. Dis die soort diskresie wat al my vooroordele laat wankel, teen lawaaierige kampeerders en sommer ook teen vermeende sekswerkers.

"As ons op sulke plekke kan oornag," voorspel ek terwyl ons vroegoggend na die gekwetter van swerms voëls in die riete langs die rivier luister, "gaan ek dalk nog van kampeer begin hou."

Maar skaars 'n uur later vervaag die betowering van 'n nag langs die Mississippi-rivier terwyl ek van nuuts af deur olikheid bekruip word. Dit word onafwendbaar dat die Washington-griep my gaan neervel, maar ek baklei steeds verbete, sluk pynpille en vitamienpille en maak 'n desperate last stand voor ons in New Orleans aankom.

In Natchez, die oudste nedersetting langs die Mississippi en die stad met die meeste sorgvuldig bewaarde antebellum-huise in die land, probeer ek om onder my grieperigheid uit te stap. "Antebellum", afgelei van die Latynse frase "voor die oorlog," verwys oral in die suidelike deelstate na geboue wat vóór die Burgeroorlog (1861–1865) opgerig is, en Natchez is klein genoeg om 'n staproete van die een historiese huis na die volgende te volg. Pilare en koel stoepe en nog pilare en kamers met deure wat oopmaak op die koel stoepe en nog pilare. Ek het laas in Griekeland soveel pilare op een dag gesien.

As jy ooit na 'n Amerikaanse rolprent gekyk het wat op 'n slaweplantasie afspeel, van *Gone with the Wind* tot *Twelve Years a Slave*, sal jy die styl dadelik herken. G'n wonder so baie flieks word deesdae in Natchez geskiet nie. Volgens 'n brosjure wat ons by die toeristekantoor kry, word selfs tonele wat veronderstel is om in New Orleans of ander meer bekende stede af te speel, gereeld hier verfilm. Dis kleiner, minder verkeer, makliker en goedkoper om strate te sluit. Binne 'n uur word ons inderdaad gedwing om ons staproete te verander omdat 'n rolprentspan besig is om 'n toneel in outydse kostuums te skiet voor 'n antebellum-huis wat ons wil besigtig.

Ons rek ons nekke en loer tussen die mense deur, net ingeval ons dalk 'n Hollywood-ster herken, tot 'n verveelde jong man wat deel is van die crew ons vertel dis 'n Kersfeesfliek wat vir die Hallmark Channel gemaak word.

"Ja, Hallmark soos in die Kerskaartjies," bevestig hy. "Toe mense nog Kerskaartjies gestuur het." En hy rits die hoofrolspelers se name af, sonder veel respek en sonder dat enigeen vir ons selfs vaagweg bekend klink. "No A-listers." Sy dreadlocks swiep deur die lug soos hy sy kop skud. "Net nog 'n soetsappige Kersfeesfliek wat julle hopelik nooit sal sien nie."

"So Kersfeesflieks is 'n ding hier in Natchez?"

"Yo, bro!" Hy lag vir Alain se verbaasde uitdrukking. "Het julle nie geweet Natchez word *The Christmas Movie Capital of the South* genoem nie?"

Ons kyk vir mekaar. Beteken dit daar is ook a *Christmas Movie Capital* van die noorde? En van die ooste en die weste?

"Net in Amerika, nè," sê die Fransman toe ons verder stap.

Maar ek voel met elke tree flouer. Ek begin besef dat hierdie grieperigheid nie weggestap gaan word nie. Terug in die kampeerwa volg ons die loop van die Mississippi in 'n suidoostelike rigting na New Orleans, maar ek is te beneweld om die landskap te waardeer.

"Iemand moes seker al 'n blues-liedjie oor griep gesing het," bespiegel ek. En sowaar, danksy die wonder van die internet en YouTube vind ek Essie Ray Jenkins se weergawe van "1919 Influenza Blues", 'n liedjie oor die Spaanse Griep wat miljoene sterftes wêreldwyd veroorsaak het. "*Influenza is the kind of disease, makes you weak down to your knees,*" prewel-sing ek saam.

Dit laat my nie fisiek beter voel nie, maar tog 'n bietjie minder jammer vir myself. Misery seeks company, sê hulle mos.

Teen skemeraand aan die buitewyke van Baton Rouge, Louisiana, raak my *misery* egter so oorweldigend dat ek die bestuurder smeek om iewers te parkeer, maak nie saak waar nie, sodat ek net 'n paar uur op die bed agter in die kampeerwa kan slaap voordat ons New Orleans tref.

"*Busted flat in Baton Rouge,*" haal hy weer eens aan uit ons temalied.

"*Feelin' near as faded as my jeans.*" En hy ry na die naaste Walmart se parkeerterrein.

Ek het gesweer ek slaap nooit weer voor 'n kettingwinkel nie, maar ek voel te flou om te protesteer, sluk nog 'n paar pille, strek my op die bed uit en sak onmiddellik weg in 'n koorsige sluimering. Rondom middernag skrik ek wakker toe Alain die motor aanskakel om verder te ry.

"Ek voel nie veilig hier nie," sê hy op 'n onheilspellende toon.

Ek loer deur die gordyntjie voor die ruit en tel minstens drie polisiekarre wat die parkeerterrein patrolleer. "Met soveel polisie in die omtrek?"

"Presies. Daar moet 'n rede wees waarom hulle hier saamkoek."

Ondanks my benewelde toestand tref die ironie my. Vir die eerste keer sedert ons in Amerika geland het, ná ons tot laat snags in ongure buurte rondgedwaal het en op verlate kampeerterreine geslaap het, voel die Fransman onveilig. Omring deur Amerikaanse polisie.

"Jy kyk te veel Amerikaanse polisiereekse, liefie."

"Jy hoef deesdae net na die nuus te kyk om die Amerikaanse polisie te wantrou," hoor ek hom mompel terwyl ek weer wegsak in my koorsslaap. "As ek swart was, het hulle my lankal kom vra waar kom ek aan hierdie duur kampeerwa."

Ons daag in die middel van die nag by 'n Recreational Vehicle Camp in New Orleans op, maar die hekke is gesluit, en Alain parkeer in die straat voor die kamp om self ook 'n paar uur te probeer slaap. Hierdie deel hoor ek eers die volgende oggend toe ek weer helder wakker is. Wonderbaarlik uitgerus, die wollerigheid in my kop skoonveld, met nuwe energie wat in my are bruis. Miskien is dit net 'n oorvloed adrenalien omdat ons oplaas in New Orleans is, maar dit voel waaragtig asof ek die griep oorwin het.

"NOLA, hier kom ons!" roep ek uit.

Hokaai, nie so haastig nie, besef ons toe die RV-kamp se hekke oopgaan en 'n middeljarige hekwag ons meedeel wat dit sal kos om drie nagte daar te slaap. Dis hotelpryse eerder as kamppryse, meer as ons kosbegroting vir die volgende paar dae. En ons gaan nie 'n bed bo 'n bord kos kies nie – veral nie in New Orleans met 'n smaaklike tradisie van Cajun-Kreoolse disse nie.

Dis die enigste plek in Amerika waar jy vreklekker speseryryke kos teen 'n bekostigbare prys kan eet, het 'n Afrikaanse akteur wat gereeld in die VSA werk ons laat weet toe hy hoor ons kom hierheen. Dis nie 'n plek waar jy wil honger ly nie.

Daarom raadpleeg ons maar weer ons Hipcamp app en vind 'n meer bekostigbare kampeerplek in 'n soort kommune so na as moontlik aan die French Quarter in die middestad. Hipcamp waarsku ons dat daar net 'n buitelugstort en 'n sogenaamde droë toilet is, maar dit skrik ons nie af nie. Vergeleke met die nare puttoilette van my kinderjare, is die omgewingsvriendelike droë toilette wat ons tot dusver in 'n paar National Parks moes gebruik, soos luukse hotelgeriewe.

Die kommune is 'n groot werf met 'n heel skaflike houthuis waarin die joviale eienaar woon, omring deur woonwaens, meestal sonder wiele, waarin 'n verskeidenheid eienaardige karakters blykbaar permanent gehuisves word. Rondom die woonwaens is kunswerke geskep uit ou poppe (bietjie grillerig) en geraamtes van fietse en ander rommel. Die houtheining om die erf is van bo tot onder met graffiti versier, en aan die hek hang 'n plakkaat: *Clothing optional beyond this point.*

Dit moes seker as 'n waarskuwing gedien het.

Die burgers van die kommune loop darem nie heeldag kaal rond nie, maar die tuisgemaakte stort is 'n tuinslang onder 'n boom, agter 'n rietafskorting wat net 'n klein stukkie van enige kaal lyf kan wegsteek. Ek is nie onnodig skaam nie, maar op my ouderdom beskou ek dit as 'n gebaar van liefdadigheid om nie my lyf aan 'n onskuldige publiek bloot te stel nie. Veral aangesien die burgers van die kommune almal veel jonger as ek en Alain is. En daar is geen spoor van enige ander vrou op die werf nie.

"Dink jy dis 'n gay-kommune?" wonder Alain hardop.

"Nee," antwoord ek sonder aarseling. "Alles is te deurmekaar en morsig. Ek kry sulke *Withnail and I* vibes."

Dis die blyplek van 'n klomp jongerige mans, van wie weet watter seksuele oriëntasie, maar wat almal gemeen het, is dat hulle min gepla is met die samelewing se idee van higiëne. Tog is almal ongelooflik vriendelik, en een van die woonwaens wat darem wiele het, word spesiaal geskuif om vir ons kampeerwa plek te maak.

"Ons hoef nie bedags hier rond te hang nie," redeneer ek. "Daar's oorgenoeg aksie in New Orleans om ons tot laat snags besig te hou."

"Ons gaan net hier slaap," beaam Alain. "En as ons slaap, gaan ons oë toe wees."

"En wat ons nie sien nie, kan ons nie hinder nie."

Só praat ons mekaar moed in. As ons geweet het hoeveel vreemde oornagstanings vorentoe op ons road trip wag, sou ons sekerlik meer blasé oor hierdie plek gewees het. Maar dit sou die helfte van die pret weggevat het.

As daar één ding is waarteen 'n reisiger moet waak, is dit daardie blasé gevoel van *been there, done that.* 'n Gelukkige reisiger het 'n soort kinderlike ontvanklikheid nodig, 'n gewilligheid om verras te word. 'n Hoedanigheid vir vreugde, sou ek dit selfs noem. As jy reeds oud en lewenswys voel vóór jy jou bagasie pak, is 'n lang reis in 'n onbekende omgewing moontlik die beste manier om jou kinderlike ontvanklikheid terug te vind.

19. NUGTER IN NOLA

NOLA, die akroniem vir New Orleans, Louisiana, word nie verniet met hoofletters gespel nie. Daar is niks subtiels, g'n kleinletterige matigheid, in die aanslag van hierdie stad op al jou sintuie nie. Jou oë, neus en mond werk oortyd; selfs jou vel voel oorsensitief tussen die skares, ongewoond aan soveel aanraking. Maar jy bly bowenal bewus van jou ore.

Jy hoor aanhoudend musiek, van soggens tot diep in die nag, sewe dae van die week, dwarsdeur die jaar. Blues in Bourbon Street, rock in French Street, jazz, funk, klezmer en nog blues in The Spotted Cat Music Club, kitare langs die rivier, saxofone op rivierbote en sangers op straat.

Tot jy begin wonder hoe stilte nou weer klink.

Maar jy kom nie hierheen vir stilte en stemmigheid nie. Dis 'n partytjie-plek en mense kom van oral op aarde om die uitspattigheid te geniet. Jy sal waarskynlik helder oordag soveel luidrugtige besopenes om jou sien as wat jy laas in jou studentejare met Intervarsity gesien het.

Studente het miskien 'n verskoning vir openbare besopenheid. Jy is net een maal jonk en dom, so vertel almal jou. Daarna is jy vir die res van jou lewe oud en dom – of só lyk dit as jy al die middeljariges in verskillende stadiums van dronkenskap in die strate van die French Quarter dophou. En middeljarige besopenheid is waaragtig selfs minder aantreklik as jeugdige dronkenskap.

Nogtans bly NOLA 'n ervaring wat ek vir niks sou wou misloop nie. Die dronk kuiergatte, die dwelmhandelaars wat nie eens probeer weg-steek wat hulle doen nie, die pimps in driestukpakke en two-tone shoes wat soos karakters in flieks lyk, die lewensmoeë sekswerkers, die armoe-dige swart kinders wat "musiek" maak op plastiekemmers en ander tuis-gemaakte instrumente om 'n paar sente by toeriste te bedel, die toeriste wat vir hulle geld gee net om die geraas te laat ophou, dis alles deel van die verrassingspakkie wat hier op jou wag.

Soos die geur van wierook uit esoteriese boetieks wat tarot-kaarte en kristalle verkoop, gemeng met daggawalms en bierdampe, want hier word openlik op straat gerook en gedrink, en die reuk van gebraaide catfish en crawfish uit die rivier en die speserye in die Cajun-disse wat jou daaraan herinner dat musiek dalk *the food of love* is, volgens Shakespeare, maar dat jou maag ook regte kos nodig het. So tussen al die wonderlike musiek deur.

As jy jou hand dieper in die lucky packet steek, kry jy die smaak van po'boys of poor boys, soos die befaamde gevulde broodjies van New Orleans genoem word omdat dit aanvanklik gemaak is vir werkers wie se aptyt groter as hulle beursies was. En die beignets met 'n dik laag strooi-suiker van Café du Monde, waar die tou van lekkerbekkiges elke dag tot in die straat strek. Hierdie glamorous weergawe van die alombekende Amerikaanse donut is 'n tasbare, eetbare bewys van die Franse koloniale invloed in Louisiana. Soos ook die name van strate, Bienville, Chartre, Dauphine, Gravier – en Frenchman Street, natuurlik, waar my Fransman meer tuis lyk as in omtrent enige ander straat in Amerika.

Dis dalk noodsaaklik dat daar plekke soos New Orleans in 'n groten-deels puriteinse land soos Amerika moet wees. Die mensdom het van altyd af 'n versugting na oomblikke van oortreding, na feestelike geleent-hede waar alles toegelaat word wat gewoonlik verbode is, veral as die ver-bode dinge anoniem gedoen kan word, agter 'n masker of in 'n verspotte kostuum of op 'n plek waar niemand jou ken nie. Dis waarom Karnaval al eeue lank met soveel oorgawe gevier word. Die Rooms-Katolieke Kerk verdra die gulsigheid en gretigheid van Mardi Gras (die Franse verta-ling van "Vet Dinsdag") omdat die Pinkster-hongerly die volgende dag, As-Woensdag, begin.

Dit was die Franse koloniale heersers, wie anders, wat die Katolieke tradisie van Mardi Gras na Louisiana ingevoer het. Jean-Baptiste Le Moyne de Bienville en sy broer Pierre, om presies te wees, wat deur Lodewyk die Veertiende gestuur is om te sorg dat die gebied in Franse beheer bly.

"Jou mense se skuld dat dit nou só lyk," sê ek vir die Fransman.

"Dis eers toe die Protestante in die res van die land hierheen begin stroom het dat dit só begin lyk het," reken hy.

Mettertyd het die karnaval-atmosfeer al hoe langer in die lug bly hang, wat al hoe meer musikante gelok het, wat die losbandigheid al hoe meer aangemoedig het. Boonop het Louisiana se voodookultuur, wat onder slawe ontstaan het, nog 'n bietjie byt aan die onweerstaanbare sondige mengsel verskaf. En nou voel elke dag in New Orleans soos Vet Dinsdag.

Toe ek jonger was, het ek gedroom dat ek ook eendag New Orleans se Mardi Gras sou bywoon. Ek het nie 'n benul gehad van die kerklike geskiedenis van die fees nie, dit het net soos 'n besonder lekker jol geklink. Toe kom die orkaan Katrina in 2005 en vee New Orleans amper van die aarde af – en vee sommer ook my begeerte om NOLA te sien onder 'n mat in, want dit het nie gelyk asof daar veel oor is om te sien nie. Maar NOLA se inwoners het dit reggekry om op te staan en die skade te herstel en weer aan die gang te kom, en die afgelope jare is die jol weer vol. Wat my van nuuts af aangespoor het om in New Orleans uit te kom – want wie weet wanneer die volgende orkaan kom – maar ek was nie meer behep met Mardi Gras nie.

Dis seker ook 'n onteenseglike teken van die ouderdom, as die kans om te jol nie meer die grootste trekpleister is nie. Ek wou net in New Orleans wees, in die kroeë en klubs waar die musiek geskep is waarna ek al so lank luister, in die strate stap waaroor ek voorheen net in stories gelees het, die geboue aanskou wat ek voorheen net op 'n skerm gesien het.

En noudat ek oplaas hier is, is ek nogal verlig dat my droom om die Mardi Gras by te woon toe nooit waar geword het nie. As die stad op 'n gewone weeksdag in die begin van die winter so 'n oorrompelende sensuele belewenis is, sou die feestelikheid van Mardi Gras waarskynlik te veel vir my gewees het. Dis fantasties om soms uit te rafel – en dis onmoontlik om nie ten minste 'n bietjie uit te rafel terwyl jy in New Orleans kuier nie – maar as jy te veel uitrafel, bly daar net toiings oor. Ek is nie meer lus om toiingrig te voel nie.

Dis egter nie net my ouderdom wat my met ander oë na NOLA laat kyk nie. Ná meer as drie maande van reis begin ek al hoe meer verstaan wat Proust bedoel wanneer hy beweer dat 'n ontdekkingstog ons bowenal moet leer om met nuwe oë na bekende plekke te kyk. Ek het hierdie reis aangepak saam met 'n lewensmaat wat ophou drink het, wat dit tot hier toe reggekry het om nugter te bly, en dit help mý ook om minder uit te rafel as wat ek in my jonger dae sou. Of selfs in my ouer dae, as ek sonder my nugter reisgenoot hier beland het.

"Ek wil nie New Orleans onthou as die stad waar jy weer begin drink het nie," bieg ek terwyl ek 'n virgin cocktail deur 'n strooitjie suig.

"Ek ook nie," verseker hy my en lig sy bier sonder alkohol vir 'n heildronk op soberheid.

Dis nie maklik om alkoholvrye bier in die French Quarter te vind nie. Elke musiekkroeg is 'n mynveld van versoekings. Dis slegs 'n sober alkoholis wat weet hoe maklik die brein getrigger kan word deur die reuk van rum of die gerinkel van ysblokkies in 'n glas whiskey of selfs net deur na rakke en rakke vol drankbottels te kyk. Maar die musiek maak op vir alles. Jy kan hoog raak op goeie musiek, besef ons weer, en soberheid beteken nie noodwendig somberheid nie.

"*Let's get stoned, music is my dope.*" Met hierdie aanhaling uit 'n gunsteling-liedjie van die Belgiese rock-sanger Arno troos ons mekaar, tussen al die besope en bedwelmde mense om ons.

Onder die irriterendstes is groepe gillende en giggelende jong vroue, almal in enerse T-hemde of verspotte kostuums, almal na NOLA gelok vir bachelorette parties. Hierdie verskynsel is die moderne niggie van die outydse kombuistee, waar 'n toekomstige bruid met behulp van lawwe rympies moes raai watter kombuisbenodigdhede haar vriendinne vir haar skenk. Deesdae woon die meeste bruide lankal op hulle eie of saam met hulle bruidegomme, hulle het klaar kombuise en al die nodige kombuisgoeters, en hierdie hennepartytjies word al hoe meer soos die ramparty wat die bruidegom en sy maters kort voor die troudag hou.

'n Ramparty het nog nooit die verskoning van praktiese kombuisgeskenke nodig gehad nie. Dit word gehou om die bruidegom 'n kans te gee om hom "vir oulaas" skandalig sleg te gedra voordat hy die sedige getroude lewe aanpak. Nou wil die bruid en haar vriendinne dieselfde doen.

En soos enige Amerikaanse tradisie is hierdie nuwerige ene ook onvermydelik in 'n kommersiële spektakel verander. New Orleans word flink bemark as die ideale bestemming vir bachelorette parties wat dae lank aanhou en baie geld kan kos. Bachelorettes stroom van oral in die land hierheen om helder oordag op straat hulle bollas los te skud en hulle inhibisies te verloor.

Toe ek donkiejare gelede die eerste keer getrou het, was 'n kombuistee reeds nie meer 'n maagdelik onskuldige affêre nie. Daar was dikwels drank betrokke en ons het te veel gegiggel en soms selfs gegil. Maar die geleentheid is in iemand se huis gevier, nie op straat voor vreemdelinge nie, en daar was nie slimfone en selfies om elke lawwe oomblik te verewig en op sosiale media met die res van die mensdom te deel nie.

"Soms is ek nogal dankbaar ek is 'n Boomer," besluit ek op 'n kroegstoeltjie voor 'n venster waar 'n lawaaierige groep bachelorettes aanhoudend video's van mekaar neem.

Die Franse het 'n soortgelyke ritueel wat *enterrement de jeune fille* (jongmeisie-begrafnis) genoem word, maar dis gewoonlik beperk tot enkele ure van verspotte gedrag op straat. Die toekomstige bruid moet byvoorbeeld soene by onbekende mans bedel en ander vernederende uitdagings aanvaar. Dit laat my altyd aan die ontgroening van studentemeisies in my jeugjare dink, 'n kinderagtige verleentheid wat jy so gou moontlik agter die rug wil kry. New Orleans se bachelorettes vat hennepartytjies egter na 'n ander vlak. Hier is dit 'n selfversekerde en ekshibibisiestiese skouspel wat professioneel aangebied word.

"Die enigste rede waarom jy 'n jongmeisie-begrafnis vrygespring het," merk Alain op, "is omdat jy nie meer 'n *jeune fille* was toe ons getrou het nie."

"Nou sien jy! Soms is ouderdom rêrig 'n seën eerder as 'n vloek."

Die bachelorettes is nie die enigste verskynsel in New Orleans wat my kop laat draai van lastige vrae nie. Ek wonder oor vroueregte, oor wat gelyke regte beteken vir hierdie jong vroue wat die uitgediende manlike tradisie van 'n bachelor's party vir hulleself opeis. Maar ek wonder ook oor gelyke regte in 'n breër opsig, want dis moeilik om die armoede van veral die swart bevolking van New Orleans mis te kyk sodra jy wegbeweeg uit die French Quarter en die Garden District en ander toeristebuurte.

In een van die laaste hoofstukke van *Travels with Charley* skuif John Steinbeck die gemoedelike toon van die res van die boek opsy om die afgryse te beskryf wat 'n openbare vertoning van onverbloemde rassisme in New Orleans by hom wek. Hy het nie, soos ons, na New Orleans gereis om na musiek te luister nie, hy is hierheen gelok deur 'n nuusstorie oor 'n groep middeljarige vroue wat elke oggend voor 'n skool vergader om met verwronge gesigte op kinders te skreeu.

Dis die jaar 1960 en swart kinders word oral in die suide onder polisiebeskerming na voormalige wit skole aangery. By hierdie skool in New Orleans loop die kinders hulle elke dag vas teen skellende wit vroue wat driehonderd jaar van haat en woede en vrees vir verandering in 'n veranderende wêreld verteenwoordig. Die media doop hulle die Cheerleaders omdat hulle skares toeskouers lok wat hulle met luide applous aanmoedig om harder te skreeu en meer beledigend te wees.

In een van die onvergeetlikste tonele in die boek beskryf Steinbeck die kleinste swart meisietjie wat hy nog ooit gesien het, *dressed in shining starchy white, with new white shoes on feet so little they were almost round,* wat deur vier massiewe marshals by die skoolgebou ingelei word terwyl die Cheerleaders haar uitjou. Die woorde wat hulle skreeu, is *bestial and filthy and degenerate*, skryf Steinbeck, *and made me sick with weary nausea.*

Hy voeg by dat dit nie die New Orleans is wat hy ken nie, dat hy dié oggend vergeefs gesoek het na al die goeie mense wat hy hier ken, en dat hulle afwesigheid 'n skewe beeld van die stad in die oë van die buitewêreld kon skep. Maar hierdie dinge hét gebeur. Die grootste gevaar in Steinbeck se beskrywing is dat lesers jare later dalk sou dink New Orleans was 'n uitsondering, 'n vuil kol van rassisme in 'n andersins vleklose landskap, terwyl sulke tonele oral in die suide van Amerika moontlik was.

Ons besoek New Orleans ses dekades ná Steinbeck. Die enigste groepe skreeuende vroue wat ons aantref, is die bachelorettes – en hoewel hulle my na oormatige oërollery dryf, maak hulle my nie náár soos Steinbeck se Cheerleaders nie. Maar ek kan nie vergeet dat sulke stories ook deel van die stad se geskiedenis is nie.

As toeris kan jy so maklik net op die musiek en die jolyt konsentreer – soos die meeste toeriste seker verkies – maar dis soos om deur 'n sleutelgat na 'n vertrek te loer. Jy sal net 'n stukkie sien, miskien 'n mooi patroon op 'n mat of 'n paar gemaklike kussings op 'n bed, maar jy sal nooit weet hoe die res van die kamer lyk nie. Om met nuwe oë te leer kyk, beteken ook om nie langer tevrede te wees om deur 'n sleutelgat te loer nie, om nie jou oë toe te knyp vir alles wat die mooi prentjie kan bederf nie.

"Ek hóú van New Orleans," sê Alain laatnag in 'n kroeg in Frenchman

Street, waar ons moontlik die oudste en beslis die nugterste twee mense is. "*The good, the bad and the ugly.*"

"Die hele boksemdais," knik ek terwyl ons ons koeldrankglase teen mekaar klink.

20. DIE WONDER VAN WOESTYNE

Ons is niks lus vir Texas nie.

Hierdie massiewe deelstaat met dertigmiljoen inwoners het 'n konserwatiewe macho-reputasie wat my maag laat draai, simbolies van min of meer alles waarvan ek nie hou in Amerika nie. As ek aan Texas dink, sien ek uitgestrekte vlaktes met oliebore en die *swagger* van verwaande mans met Stetson-hoede, soos verteenwoordig deur J.R. in *Dallas*, daardie TV-reeks in die laat jare sewentig wat my idee van Texas help vorm het.

Dit was een van die heel eerste reekse wat ons in Suid-Afrika kon kyk, in die vroeë dae van "beeldradio", soos die volksvaders dit so hoogdrawend genoem het. Omdat ons so niks gewoond was nie, het ons elke Dinsdagaand vasgenael voor die splinternuwe TV-stelle in ons woonkamers gesit om J.R. en Sue-Ellen en die res van die Ewing-familie se streke op Southfork Ranch te volg. Of in ons bure se woonkamers, want baie van ons het nog nie ons eie TV-stelle besit nie en *Dallas* was 'n spansport wat ons in groepe beoefen het.

En hulle sê mos eerste indrukke is blywende indrukke.

Vóór die koms van TV was daar darem ook 'n paar flieks wat in Texas afgespeel het, soos die klassieke *Giant* met James Dean (met 'n Stetson, natuurlik), maar dié rolprent het eintlik net die reusagtigheid van alles in Texas bevestig. Van die eindelose lug en die plat bruin landskap tot die matelose ambisie van die mense wat die landskap bewoon het.

Deur die jare het ek enkele gawe Texans ontmoet, en gehoor daar is stede wat glad nie so konserwatief soos die res van die streek is nie, maar dit bly 'n deelstaat wat al dekades lank al hoe meer na regs oorhel. Vuurwapens is alomteenwoordig en die doodstraf word verstommend geesdriftig toegepas – meer as 'n derde van alle teregstellings in die land sedert die jare sewentig was in Texas – en die aborsiewetgewing, van die strengste in die land, verbied enige beëindiging van swangerskap, selfs wanneer die vrou se lewe in gevaar is, ná ses weke. Vóór baie vroue selfs besef hulle is swanger.

Kortom, nie die soort plek waar ek óf die Fransman tuis gaan voel nie.

Ons sou dus graag verby Texas wou ry, maar omdat dit so enorm is, uitgestrek oor twee tydsones, is dit onmoontlik om van Louisiana af in Kalifornië uit te kom sonder om deur Texas te ry. En daar is nie iets soos 'n kortpad deur Texas nie, alle paaie is lank, langer en langste, daarom probeer ons bloot om met behulp van ons kaarte en GPS die kortste lang roete uit te werk. En ons troos onsself dat dit seker ook deel van ons Amerikaanse ervaring moet wees. Miskien sien die Fransman darem 'n coyote of 'n regte-egte cowboy, twee verskynsels wat hy nog net op 'n skerm gesien het en bitter graag in lewende lywe wil raakloop.

Ons sien 'n paar dooie coyotes langs die pad lê, maar gelukkig darem nie dooie cowboys nie.

"Daar's twee!" roep Alain uit.

"Wat? Waar?" My nek ruk heen en weer.

"Cowboys! Doer op die horison!"

Teen dié tyd is die twee spikkels ver agter ons, so klein dat ek nie kan uitmaak of dit coyotes of cowboys is nie. Dit herinner my aan vakansies in die Krugerwildtuin toe ek op skool was, daardie begeerte om 'n spesifieke dier te sien wat so desperaat raak dat jou verbeelding oorneem. Maar ek sê liewers niks. Alain glo hy het twee lewende cowboys gesien.

Ons sien ook genoeg rollende tolbosse om ons te laat voel asof ons in 'n cowboy-fliek beland het, en troppe swart beeste met gevaarlike horings, en billboards en nogmaals billboards wat godsdiens en vuurwapens adverteer. Soms ook 'n uitdagende #MenToo-reklamebord wat in reaksie op die wêreldwye #MeToo-beweging opgerig is. Die landskap is so plat soos Holland en so verbeeldingloos bruin soos 'n sitkamer uit die sewentigs, en die plaashuise langs die pad is groot en lelik. Nie armoedig lelik nie, eerder die onvergeeflike soort lelik wat jy kry as jy genoeg geld gemaak het om 'n mooi huis te bou, maar ongelukkig nie vir jouself goeie smaak kon koop nie.

Terwyl ons deur Dallas ry, eensklaps omring deur glinsterende moderne kantoorgeboue en wolkekrabbers, lees ek op my selfoon dat die Ewings se Southfork Ranch steeds besoek kan word. Ek oorweeg dit vir omtrent drie sekondes. Dink net, as ek 'n boodskap deur die tyd kon terugstuur na die student wat ek in die jare sewentig was, daardie meisiekind wat elke Dinsdagaand op die vuilerige vloer van 'n studentehuis in Stellenbosch na *Dallas* sit en kyk het. As ek kon sê: Glo dit of nie, maar eendag gaan jy ook op die Ewings se ranch staan.

Dan waai die impuls oor. Die drang om uit Texas te ontsnap is groter as enige nostalgie oor my studentejare. Maar iewers in die Panhandle van Texas, die noordwestelike "steel" van die deelstaat wat jy moet oorsteek om in die naburige New Mexico uit te kom, belewe ons 'n skouspelagtige sonsondergang wat my vooroordele laat wankel. Vir die eerste keer begryp ek werklik wat Big Sky beteken.

Dis asof die grootte van die lug in die skerp daglig afgeplat word, soos 'n prentjie op papier, maar die lang skaduwees en die diep gloede van 'n pienk en pers en oranje sonsondergang laat die hele uitspansel eindeloos driedimensioneel lyk.

"Janis Joplin het in Texas grootgeword," mymer ek, meteens 'n bietjie meer vergewensgesind.

Die Fransman gee my 'n skewe kyk. "En so gou as moontlik padgegee. *They laughed me out of school, out of town and out of the state.* Haar woorde."

Kort ná hierdie sonsondergang ry ons verby 'n naambord wat ek in die skemer mislees as Armadillo, en die idee dat die stad na 'n soort ietermagog genoem is, is so bekoorlik dat ons besluit om by 'n Travel Information Center aan die buitewyke te oornag. Daar is silwerskoon spoeltoilette en stomende warm water om te stort, en ons maak 'n kastrol vol groente gaar op ons gasstofie. Ná hopeloos te veel olierige gebraaide disse in Tennessee, Mississippi en Louisiana, proe eenvoudige gekookte groente soos koningskos.

Eers toe die son die volgende oggend opkom, sien ons die kennisgewings oral rondom die kampeerwa wat ons teen ratelslange waarsku. Die Fransman raak opgewonde, want dis nog 'n Texas-dier, soos coyotes, wat hy tot dusver net in rolprente gesien het. Maar ek sukkel met 'n slangfobie en die gedagte dat ek die nag in 'n slangnes deurgebring het, maak my te bang om te gaan stort. Toe ek boonop in die daglig sien dat die plek se naam nie Armadillo is nie maar Amarillo, niks met 'n gepantserde miervreter te doen nie, wil ek so gou moontlik padgee.

Die Fransman kyk diep teleurgesteld na my. "Wil jy nie wag dat ons 'n ratelslang sien nie? Stel jy nie belang in Texas se ryk dierelewe nie?"

"Nee," sê ek. "Maar ek stel belang in die ryk plantelewe. Het jy geweet dat die pekanneutboom die amptelike State Tree is?"

"En?" vra hy wantrouig.

"En dat pekanneuttert die amptelike State Pie is? So waarom hou ons nie iewers stil om pecan pie vir ontbyt te eet nie?"

Sy gemoed helder onmiddellik op – soos ek geweet het dit sou. Die gedagte aan 'n dik sny pekanneuttert met room dryf hom voort tot by 'n *diner* kort duskant die grens na New Mexico. Maar toe ons vir pecan pie vra, frons die middeljarige kelnerin onbegrypend.

"Pécan pie," herhaal ek, drie keer, voordat ek opgee en na die prentjie op die spyskaart wys, soos jy maak in 'n land waar jy nie die taal praat nie.

"Ah, you mean pecáhn pie," sê die kelnerin op daardie neerbuigende toon waarvoor kelners in Parys berug is.

In Parys skroom die kelner nie om jou te laat verstaan dat jy hom nodiger het as wat hy jou het nie, want hy word behoorlik betaal en is nie van jou fooitjie afhanklik nie. Amerikaanse kelners kan nie bekostig om so hardegat te wees nie, hulle het klante se fooitjies nodig om te oorleef. Dié wat ons langs die grootpad in Amerika teëkom, is almal vroue, meestal verby hulle jeugdige fleur, dikwels met moederlike boesems en maklike glimlagte. Baie van hulle herinner my aan Susan Sarandon se lewenswyse, lewensmoeë kelnerin in die fliek *Thelma & Louise*. Maar hierdie Texas-kelnerin met haar aansitterige aksent is uit 'n ander lap geknip.

"Pecáhn pie," sê ek toe maar en probeer om nie te giggel nie, want *pecáhn* klink vir my soos *potáhto* in die liedjie oor *tomaytoes* en *tomáhtoes* en *potaytoes* en *potáhtoes*.

Maar *pecáhn*, kom ek agter toe ek die oorsprong van die woord opsoek, is nader aan *pakani*, die woord wat die Algonquin-stam vir 'n verskeidenheid van neute gebruik het. Onder meer pekanneute, wat inheemse Amerikaanse stamme meer as agtduisend jaar gelede reeds geëet het.

"Nou weet ons ten minste hoe om dit uit te spreek volgende keer as ons pekanneuttert wil eet," sê Alain.

Die manier waarop hy elke krummel van die tert oplek, maak dit duidelik dat daar binnekort 'n volgende keer sal wees.

New Mexico voel dadelik anders as Texas. Onverklaarbaar, want die eerste ent lyk nes die Texas Panhandle, plat en bruin en uitgestrek. Miskien is dit net verligting om eindelik uit Texas weg te kom. 'n Entjie voor Fort Sumner sien ons 'n beskeie padpredikant wat ons sonder aarseling van die grootpad laat afdraai. Ons hoef dit nie eens te bespreek nie, ons kyk net na die verbleikte kennisgewing en grinnik vir mekaar: *Billy the Kid's Grave*.

Op 'n verlate vlakte in die middel van nêrens kom ons af op 'n klein begraafplasie waar Henry McCarty alias William H. Bonney alias Billy the Kid, voëlvryverklaarde misdadiger, sy laaste rusplek gevind het nadat sheriff Pat Garrett hom in 1881 doodgeskiet het. The Kid was net 21 jaar oud, maar reeds een van die berugste veediewe, perdediewe, dobbelaars en gun fighters in die Wilde Weste. Klaarblyklik nie 'n aangename karakter nie, maar Hollywood het hom in 'n onweerstaanbare mite verander, soos Hollywood mos maar maak met skurke, veral wanneer hulle deur aantreklike akteurs vertolk word.

Op die enigste beskikbare foto van Billy lyk hy bra oes. Klein ogies, bak ore, skewe tande, mond wat effens idioties oophang. Maar in Sam Peckinpah se klassieke fliek wat in my jeugjare gereeld in Afrikaanse skoolsale gewys is (weliswaar in 'n versnipperde en gesuiwerde weergawe), word hy deur 'n sexy jong Kris Kristofferson gespeel. Bob Dylan was verantwoordelik vir die klankbaan en sy liedjie "Knockin' on Heaven's Door" is in my geheue vir altyd vervleg met Billy the Kid se storie.

As dit nie vir Peckinpah, Kristofferson en Dylan was nie, sou ek seker nie so onverwags aangedaan gevoel het terwyl ek na die jong outlaw se grafsteen in 'n hok met ystertralies kyk nie. Die tralies is aangebring omdat die grafsteen al meer as een keer gesteel of beskadig is – net nog 'n bewys van die mensdom se fassinasie met 'n misdadiger wat meer as honderd jaar gelede op hierdie kaal vlakte doodgeskiet is kort voordat hy gehang sou word.

Dis nogtans 'n ander soort emosie as wat my by Camus se graf in Lourmarin oorval het. Dis meer soos ek op die Mediterreense See gevoel het terwyl ons verby die eilande vaar waar Odusseus volgens oorlewering geswerf het. Dis 'n mite wat meteens geloofwaardig word, 'n storie wat skielik aan 'n plek gekoppel kan word. Hollywood het Billy the Kid in 'n mite verander, maar hier in 'n patetiese begraafplasie op 'n stowwerige vlakte is sy kort lewe en sy gewelddadige dood 'n ontnugterende werklikheid.

Terwyl ons noordwaarts na Santa Fe ry, word die woestynagtige landskap vir my al hoe mooier. Steeds wyd en leeg, maar nie meer plat en kleurloos nie. Berge en heuwels vorm persblou vergesigte op die horison, en die grond is soms rooi, soms pienk of oker. En hier is meer plantegroei as wat ek verwag het, lae struike wat soos goud glinster in die sagte winterlig, inheemse mesquite-bosse wat soms boomhoogte bereik, yucca met skerp swaardblare wat soos beeldhouwerke lyk, en die silhoeëtte van kaktusse skerp afgeëts teen die helderblou lug.

"Sien," mompel ek so half vir myself, "dis nie dat ek nie van woestyne en dorre streke hou nie. Dis net dat ek nie van Texas hou nie."

Dele van die Karoo is vir my so lieflik dat ek wil huil, die Namib-woestyn het my al meermale betower, en ek onthou 'n nag in 'n tent in die Sahara-woestyn as 'n byna beswymende ervaring. En hier in die noordelike deel van New Mexico gee ek my weer eens oor aan die suiwer skoonheid van 'n droë landskap.

Teen die tyd dat ons Santa Fe bereik, voel ek asof ek op towersampioene trip. Ek verwonder my aan die adobe-argitektuur, straat op straat van modderhuisies met sagte kurwes, soos 'n kammadorp wat deur speelse kinders uitgelê is. En die onverwagse kleurkombinasies oral, turkoois luike en skokpienk deure en wynrooi versierings, wat aan die komberse en kunswerke van die inheemse Pueblo-stamme herinner. Nêrens 'n hoë moderne gebou wat die wye lug versper of die prentjie bederf nie.

'n Uur of wat later begin ek vermoed dat hierdie intense estetiese ervaring aan 'n hoë koors te danke is – waarskynlik weer die Washington-griep wat ek toe nie in New Orleans afgeskud het nie – en ons besluit om by 'n kettinghotel in te boek sodat ek behoorlik kan slaap, op 'n behoorlike bed, tot ek seker is ek is gesond.

Ek slaap 'n hele dag om, maar toe ek die volgende dag uitgerus en blakend gesond deur Santa Fe se strate wandel, bly dit vir my 'n beeldskone plek. Die helderheid van die lig, die sensuele aardse vorms van die mensgemaakte strukture, die roosagtige skakerings van die grond en die grootsheid van die omliggende landskap; plotseling verstaan ek waarom

Georgia O'Keeffe haar hart in hierdie omgewing verloor het. Dit maak die skilderye in die Georgia O'Keeffe Museum selfs meer aangrypend. Nie net die massiewe, erotiese blomskilderye uit haar jonger jare nie, maar ook die sonverbleikte skedels en gebeentes van diere wat sy later in haar lang lewe geskilder het. Sy was amper honderd jaar oud toe sy in Santa Fe gesterf het, nadat sy veertig jaar in New Mexico gewoon het. In hierdie tydlose landskap het sy geduld aangeleer, 'n hele somer lank niks anders gedoen nie as "om te wag vir myself om weer myself te wees".

Wat ek nie geweet het nie, was dat sy vroeër op verskeie ander plekke in die land as kunsonderwyseres gewerk het – onder meer in Amarillo, ons ratelslang-oornagplek in Texas wat ek nie vinnig genoeg kon verlaat nie. Nadat ek dié brokkie inligting in die museum opgepik het, omring deur haar manjifieke landskapskilderye, sal ek nooit weer aan O'Keeffe kan dink sonder om die ratelslange van Texas te onthou nie.

Op 'n plein in die middel van Santa Fe waar Pueblo-vroue kunswerk en handwerk smous, koop my man vir my 'n delikate silwer boekmerkie versier met 'n klein turkoois-klippie.

"Ons kan nie aandenkings bekostig nie!" protesteer ek, taamlik half-hartig, want dis die lieflikste boekmerk wat ek in my lewe gesien het. "Ons het gesê ons gaan ons geld uitgee op ervarings eerder as op onnodige goeters."

"Maar dis ook 'n ervaring om vir jou iets te koop wat ek weet jy sal waardeer," sê my geliefde. "En dis nie onnodig nie. Jy verloor altyd jou papierboekmerke."

"Hierdie een sal ek nie verloor nie," belowe ek.

En terwyl ek die turkoois steentjie bewonder, onthou ek uit die bloute een van Georgia O'Keeffe se aanhalings. *I've been absolutely terrified every moment of my life – and I've never let it keep me from doing a single thing I wanted to do.* Lank gelede het dit my reeds besiel, maar nou klink dit soos praktiese raad, so nodig soos brood en boekmerke. Nie net vir hierdie reis nie, maar vir die res van my lewe, want ons weet steeds nie wat ná hierdie reis van ons gaan word nie.

21. DIE MA VAN ALLE AMERIKAANSE PAAIE

Daar staan ons twee swerwers toe en roep voor Bagdad Café in die god-verlate landskap duskant die dorpie Newberry Springs. Nie 'n smagtende, melodiese roep soos in "Calling You", die temalied van die kultus-rolprent oor hierdie Kaliforniese padkafee nie. Nee, ons roep verbouereerd om in-gelaat te word vir 'n koppie koffie nadat 'n verskrikte gryskopvrou die deur in ons gesig toegedruk het.

Die verweerde naambord bokant die deur verklaar dat Bagdad Café sewe dae van die week oop is, van sewe soggens tot sewe saans. Boonop het ons aanlyn seker gemaak van die openingsure voordat ons hier stil-gehou het. Daar is geen ander motor of teken van lewe sigbaar nie, net 'n retro-woonwa skuins agter die rooibruin geboutjie, maar ons het ook nie 'n skare verwag nie. Die punt van Bagdad Café, in die fliek en in die regte lewe, is dat dit 'n halte op 'n woestynpad tussen êrens en nêrens is.

Maar toe ons die deur oopstoot, doem hierdie bleek vrou met verwil-derde oë voor ons op, skud haar kop angstig, prewel iets wat ons nie verstaan nie en druk die deur weer toe. Ons roep, so vergeefs soos die vyf Bybelse maagde voor die deur van die bruilofsfees.

"Dit voel asof ons per ongeluk op 'n misdaadtoneel beland het," sê ek toe ons bedremmeld terug na ons kampeerwa stap.

"Asof iemand in die kafee besig is om iets te doen wat ons nie veron-derstel is om te sien nie."

"Dink jy ons moet Nine One One bel?"

Alain bars uit van die lag. "Ek dink Route Sixty-Six is besig om ons verbeelding op loop te jaag."

Maar van al die onverklaarbare dinge wat ons op hierdie mitiese roete ervaar, bly Bagdad Café een van die onverklaarbaarstes. Later sou ons hoor dat die bejaarde eienares in die voorafgaande maande deur verskeie rampe getref is. Die Covid-inperkings, vandale wat vensters gebreek het, 'n dak wat ingeval het en haar huis wat afgebrand het. Dalk is dit die rede dat sy – ás dit sy was – ons so onseremonieel weggejaag het.

Route Sixty-Six bestaan nie meer nie, altans nie amptelik nie, want dis in die jare tagtig met 'n netwerk van Interstate Highways vervang. Tog lewe die roete van byna 4 000 km voort, in die verbeelding van reisigers, en tot vandag toe kan jy dit deur die land volg. Al het die pad waarop jy ry nou 'n ander amptelike naam gekry.

Interstate Forty, waarop ons van die Texas Panhandle tot in Kalifornië ry, loop bo-oor of vlak langs die oorspronklike Route Sixty-Six. Steinbeck het dit "The Mother Road" genoem in sy roman *The Grapes of Wrath*, die pad wat moedelose, verarmde, honger Amerikaners gedurende die Groot Depressie gevolg het om uit die genadelose stofvlaktes in die middel van die land weg te kom en die Beloofde Land van Kalifornië te bereik. *Go West, young man, go West and grow up with the country*, het die koerantredakteur Horace Greeley in 1865 geskryf, en sewe dekades later, in die Depressiejare, was die mite van die weste reeds deel van die Amerikaanse psige. En nou, nog agt dekades later, lei Route Sixty-Six ook ons twee swerwers in ons hippie-wa na die mitologiese weste.

Jy kan oral van die Interstate afdraai om die oorspronklike roete te volg, parallel met die Interstate, maar meer gehawend, nie opgewasse teen hedendaagse swaar verkeer nie. Op hierdie paaie klim jy as't ware in 'n tydmasjien terwyl jy deur verwaarloosde dorpies ry, verby treurige oorblyfsels van padkafees en mom & pop-winkeltjies en die tipiese motelle van flieks uit die jare vyftig. Florerende ondernemings, eens op 'n tyd, toe skares motoriste hier stilgehou het om te eet en te rus en oor te slaap.

Nou het mense haastiger geword, voertuie vinniger, en vliegtuie soms goedkoper en meer prakties as 'n uitgerekte motorrit. Tog lok die Moederpad steeds "reisigers eerder as toeriste", lees ek in *Route 66: The Mother Road*, geskryf deur Michael Wallis. *It's because they can get a taste of this country before it became generic, before it was just littered with cookie-cutter franchise businesses.*

Route Sixty-Six, sê hulle, is nie oor *getting somewhere* nie, dis oor *going somewhere*. Aangesien dit ons filosofie vir hierdie swerfjaar netjies opsom, word die historiese stukke van Route Sixty-Six vir ons 'n onontbeerlike pad deur hierdie wye en droewe land. Die sogenaamde *road side attrac-*

tions is dikwels kitsch, soms heeltemal absurd, altyd onweerstaanbaar. Soos 'n verlate dinosourus-pretpark wat glad nie na pret lyk nie, met 'n onoortuigende plastiek-dinosourus by die ingang. Of 'n retro-petrolstasie met 'n paar antieke motors permanent langs die petrolpompe geparkeer. Of die rooi-en-wit DeSoto-motor uit die jare vyftig wat skynbaar tot op die plat dak van 'n winkel in Ash Fork, Arizona, gevlieg het, met twee wiele wat in die lug hang en 'n lewensgrootte-pop wat soos Elvis lyk agter die stuur.

Ons ruk ons nekke amper uit hulle skarniere toe ons niksvermoedend verby dié winkel ry. Alain trap briek en swaai die kampeerwa om en ry terug om die rare verskynsel van nader te beskou.

"Elvis op 'n dak," prewel hy. "Wat's volgende?"

Ons sou weldra ophou om sulke naïewe vrae te vra.

Almal wat al by die Grand Canyon was, vertel ons ons durf nie deur Arizona ry sonder om dié natuurwonder te aanskou nie. Ek hou my bietjie blasé, gedagtig aan die Niagra-waterval wat my met my eerste Amerikaanse verblyf "onderrompel" het – of wat ook al die Afrikaans vir "underwhelm" sou wees. Ek wil nie weer underwhelm word nie.

Maar iewers in Arizona begin die kwik skielik drasties sak, laer en laer, en teen die tyd dat ons Flagstaff bereik, ons laaste oornagplek voor die Canyon, is die temperatuur -13 °C. Dit dwing ons om by 'n goedkoop motel in te boek, want ons vrolike kampeerwa is nie vir koue ver onder vriespunt toegerus nie.

Die Fransman lyk in sy noppies, ondanks die koue, want hy ken die konsep van 'n seedy motel net van Amerikaanse flieks. Boonop het hy gedurende die Covid-grendeltyd byna vyftig episodes van die Amerikaanse TV-reeks *Room 104* binne 'n week gekyk – die soort waansin waartoe die pandemie baie van ons gedryf het – en die snaakse, gruwelike, spannende stories wat in kamer 104 van 'n doodgewone Amerikaanse motel afspeel, het hom laat droom oor 'n nag in kamer 104.

Die motel waar ons stilhou, is vlak langs die grootpad en vrek lelik, 'n lang ry kamers met parkeerplek vir jou motor reg voor jou kamerdeur. Alain grinnik asof dit The Ritz-Carlton is. "Nés ek gehoop het dit sou lyk."

Die meisie agter die ontvangstoonbank kyk verbaas op toe hy spesifiek vir kamer 104 vra – en lyk nog meer verbaas oor sy opgewondenheid toe hy hoor dié kamer is beskikbaar.

"Dis oor die TV-reeks," verduidelik ek.

"Watse TV-reeks?" vra sy.

Klaarblyklik weet nie almal in Amerika van *Room 104* nie. Voordat Alain haar geesdriftig probeer bekeer, kry ek hom aan sy elmboog beet en lei hom na ons kamer. Ek wil nie 'n pretbederwer wees nie, maar die motel lyk vir my maar soos al die motelle wat ek in my hoërskooljare op die lang pad tussen Transvaal en die see leer ken het. En die kamer lyk asof dit in my hoërskooljare laas gemeubileer is; mat, gordyne, beddekens, alles in vyftig skakerings van bruin met 'n paar spatsels vuilgroen. Behalwe vir die TV-stel wat nie in die vroeë jare sewentig in Suid-Afrika beskikbaar was nie.

Diep in die nanag word ons wakker geruk deur 'n bloedstollende gil uit 'n naburige kamer. Dis 'n vrou en dit klink asof sy vermoor word.

"*Room 104*," fluister Alain asof hy sy ore nie kan glo nie.

"Call 911!" fluister ek asof ek self ook in 'n TV-reeks speel.

Gelukkig, net voordat ons kan bel, hoor ons nog geluide uit die naburige kamer. En ons besef dit was 'n gil van genot daai.

Die volgende oggend ry ons deur 'n sprokieslandskap van sneeuwoude om die Grand Canyon onder 'n dik laag sneeu te bewonder – 'n meer onverwagse ervaring as enigiets wat in kamer 104 kon gebeur. Op al die foto's wat ons nog ooit van dié natuurskouspel gesien het, lyk dit kurkdroog en helwarm. Die soort plek waar die son jou dalk gaan doodbrand, nie die soort plek waar jy in die sneeu kan verkluim nie. Die Grand Canyon is allesbehalwe underwhelming, kan ek nou getuig, en dit word letterlik asemrowend in hierdie snerpende koue wat jou asem steel en dit in 'n wolk voor jou mond verander.

Ons hou by verskeie uitkykposte stil – Mather Point, Pipe Creek Vista, Navajo Point, en my gunsteling, net oor die naam, Duck on a Rock Viewpoint – om 'n ent in die sneeu te stap of bloot om ons te vergaap aan die rotsformasies, bestrooi met sneeu, afgeëts teen 'n wolklose helderblou lug. By Desert View Watch Tower, 'n kliptoring van sewe verdiepings, kyk ons af op die rivierbed, duiselingwekkend ver onder ons, en na die kranse wat na alle kante toe uitstrek.

'n Ent verder poseer 'n bruidspaar en hulle gaste vir 'n fotograaf op die rand van 'n krans, voor 'n gapende afgrond, en ons stap nader om ook 'n paar foto's van so 'n buitengewone toneel te neem. Die bruid en haar wasige, wapperende wit sluier lyk so klein soos 'n poppie op 'n troukoek teen die grootsheid van die landskap. Terug op 'n veiliger afstand van die afgrond kom stel 'n vrou met 'n deftige hoed en hoëhakskoene haar voor as die ma van die bruidegom en vra of ons asseblieftog 'n paar van ons foto's vir haar sal stuur. Sy ly aan die allerverskriklikste hoogtevrees, bieg sy, wat dit vir haar onmoontlik maak om saam met die bruidspaar te poseer.

"Nou waarom sou 'n bruid haar troufoto's op die rand van 'n krans laat neem as sy weet haar skoonma ly aan akute hoogtevrees?" wonder ek toe ons verder ry.

"Dalk juis omdat sy nie haar skoonma op die foto's wil hê nie?" raai Alain.

En ná ons deur Ash Fork gery het, brom hy binnensmonds: "Elvis op 'n dak en 'n bruid op 'n krans. Arizona is 'n vréémde plek."

Ons is terug op Route Sixty-Six, terug in 'n woestynlandskap, waar die snerpende koue en die sprokiesagtige sneeuwoude naby die Grand Canyon soos 'n droom van lank gelede voel. Dis hoe uitgestrek en uiteen-lopend hierdie land is. Die een dag voel jy asof jy per ongeluk in Switser-land of die Swartwoud beland het, die volgende dag ry jy deur 'n woestyn wat jy al soveel keer op rolprentskerms gesien het dat jy wéét jy kan nêrens anders as in Amerika wees nie. Die Mojave-woestyn is waar die berugte Death Valley lê, die laagste plek in Amerika en moontlik die warmste plek op aarde, waar 'n temperatuur van 56,7 grade Celsius al gemeet is.

Selfs in die winter sien ons nie kans vir Death Valley nie. Ons kruie deur die suidoostelike hoek van die woestyn, plat en leeg en sonder die groteske rotsformasies wat jy verder noord kry, en ons speel met die knoppies van die karradio wanneer ons verveeld raak. Omdat ons op die outydse Route Sixty-Six is, wil ons na outydse radio eerder as ons Spotify-speellyste luister. Makliker gesê as gedaan.

"Hoekom het niemand ons voor hierdie road trip gewaarsku dat dit onmoontlik is om 'n luisterbare radiostasie op die lang pad te vind nie?" vra die Fransman op 'n kol. "As jy dink aan al die nuttelose raad wat ons wel gekry het."

Ons glo dat plaaslike radiostasies, nes plaaslike kos, ons meer van die gees van 'n streek kan leer. Selfs al verstaan ons nie 'n woord nie, soos in Griekeland, kan ons steeds afleidings maak uit die algemene toon of die advertensies of die musiek. Hoewel dit gewoonlik die musiek is wat ons binne 'n kwartier laat knak, die soort internasionale popliedjies wat aan Eurovision herinner, en dan verander ons die stasie. En dan speel die volgende stasie presies dieselfde musiek, dikwels dieselfde liedjie, of iets selfs meer onverteerbaars. In Amerika is ons enigste keuse dikwels tussen charismatiese godsdiensstasies en die soort country-musiek wat my van nuuts af laat besluit ek hou rêrig nie van country-musiek nie.

Selfs op die Blues Route in Mississippi, waar ons darem 'n bietjie blues-musiek verwag het, is ons aan dieselfde charismatiese predikers en vervelige country-musiek as elders uitgelewer. In New Orleans – o, die vreugde! – het ons 'n stasie met klassieke musiek ontdek. En verloor toe ons verder ry. En hier suid van Death Valley, op die ver verlate vlaktes waar geen kranse antwoord gee nie, laat die radiostasies ons twyfel aan die moontlikheid van intelligente lewe.

Dan skakel ons maar weer die radio af en lees vir mekaar die slagspreuke op die reusagtige reklameborde wat selfs langs die mees afgeleë paaie aangetref word.

"HET JY 'N DRANKPROBLEEM?" bulder ek.

"Waarom skreeu jy?"

"Want dit word in hoofletters gevra. En die antwoord is *Jesus sal jou red*," lees ek terwyl die reklamebord verbyflits.

Maar dan is ons al weer by die volgende een, wat ons waarsku dat aborsies kindermoord is, en die derde een wat ons aanmoedig om al ons geld in die naaste dobbelsaal te gaan blaas.

Ek verstaan nou eers die rolprent *Three Billboards Outside Ebbing, Missouri*. Wanneer Frances McDormand se karakter drie reklameborde huur om 'n plaaslike polisiehoof te probeer dwing om haar dogter se moordenaar op te spoor, is sy eintlik net 'n tipiese Amerikaner wat in die mag van 'n billboard glo.

In Frankryk was ek nog altyd bekoor deur ou advertensies wat op ou geboue geverf is, soms so afgeskilfer en verbleik dat die woorde skaars sigbaar is, dikwels vir produkte wat nie meer bestaan nie. Nou wonder ek of toekomstige generasies met dieselfde soort nostalgie na die oorblyfsels van hierdie lelike billboards sal kyk. Ek kan my dit nie voorstel nie, maar ek is vasgevang in my eie era en ek hunker terug na 'n tyd toe advertensies meer esteties was. Oor 'n paar dekades is alle reklameborde dalk elektronies en neon-belig soos in Times Square in New York, of vreemde vlieënde voorwerpe met flitsende boodskappe soos in wetenskapfiksie, en dan kan hedendaagse reklameborde dalk selfs aanloklik word, soos enigiets waarna jy deur 'n wasige bril van nostalgie kyk.

Ná ons die Coloradorivier oorsteek, is ons oplaas in Kalifornië, waar alles selfs droër en klipperiger word, nêrens 'n spatsel groen nie, niks wat groei nie, tot dit later vir my soos die Richtersveld se maanlandskap lyk. Maar geleidelik begin ons wasige blou berge op die westelike horison sien, laag op laag, blouer en blouer, tot ons teen laatmiddag die voetheuwels van die Verdugoberge in Los Angeles County bereik. In La Canada Flintridge (niks met Kanada te doen nie, kom ek agter, *canada* is blykbaar die Spaanse woord vir *canyon)* kies ons koers hoër die heuwels in, op soek na 'n uitsigpunt om vir die eerste keer in ons lewe die son in die Stille Oseaan te sien sak.

Dis op hierdie heuwel hoog bo die Stad van Engele waar ons eie oorwerkte beskermengele ons toe in die steek laat. Ons kampeerwa se hoofligte het reeds 'n week gelede al hoe flouer begin skyn, maar ons het geweier om ons daaraan te steur. Solank ons nie snags reis nie, is dit mos nie 'n probleem nie. Seker so slapgat soos wanneer jy nie 'n lekkende dak herstel terwyl dit nie reën nie. As jy in so 'n hippierige voertuig met 'n Hawaise naam rondry, raak jou verstand dalk ietwat dof van rustigheid.

Die sonsondergang is presies wat ons wou hê, so melodramaties soos 'n aktrise wat te hard probeer, soos Gloria Swanson se karakter in *Sunset Boulevard*, maar ná hierdie gratis konsert kry ons Aloha se ligte glad nie aangeskakel nie. Dit word vinnig skemer en die kronkelende bergpad ondertoe is te gevaarlik om in die donker aan te durf en ons besef dat ons die nag net hier op die parkeerterrein sal moet deurbring.

Nog 'n onbeplande nag op nog 'n blerrie parkeerterrein, kla ek. En dit word voorwaar een van die vreemdste nagte wat ons nog in ons kampeer-wa deurgebring het.

Ons kom gou agter dat die parkeerplek 'n bestemming is vir paartjies wat skelm in karre moet vry omdat hulle dit nêrens anders kan doen nie, as-ook vir daggarokers wat hoog bo die stad op ander maniere hoog wil raak. Teen die vroeë oggendure hang die daggawalms soos 'n digte mis oor die motors, genoeg om ons ook gerook te laat voel van al die dampe wat ons inasem. Die bedwelmde toestand help ons darem om te slaap, ondanks die rock-musiek wat dwarsdeur die nag uit baie van die karre dreun.

Maar toe dit lig word, word ons beloon met 'n verruklike uitsig oor Los Angeles, selfs beter as die vorige aand toe die skemer alles dowwer laat lyk het. All's well that ends well, besluit ons weer eens, en stuur 'n foto van die uitsig saam met 'n kort verslag van ons gedwonge nag op die par-keerterrein na ons gesin se WhatsApp-groep. Oomblikke later kry ons 'n boodskap van Mia in Parys wat ons smeek om nie meer op afgeleë plekke tussen ratelslange en daggarokers te slaap nie, want haar senuwees kan dit nie meer hou nie.

"Ná al die jare wat ons snags lê en wroeg het oor wat ons kinders alles aanvang," reken Alain, "voel 'n bietjie wroeging van hulle kant af nogal soos sweet revenge."

Maar hulle stres ook nie té veel nie. Hoewel nie een van hulle vriende se ouers al ooit so rigtingloos rondgeswerf het nie, ken hulle ons goed genoeg om te weet ons sal nie roekeloos onverantwoordelik raak nie. En hier hoog bo Los Angeles besef ons dat ons nou soos verantwoorde-like grootmense moet optree en iets aan ons voertuig se ligte moet doen voordat ons verder reis. Ná 'n string dringende teksboodskappe aan die maatskappy wat die kampeerwa aan ons verhuur, kan ons Aloha dieselfde dag nog inruil vir 'n plaasvervanger wat minder hippierig en Hawais lyk. Hoewel dié een, persblou en beskilder met ridders en perde en swaarde, steeds nie die soort voertuig is wat jy sou kies as jy byvoorbeeld 'n bank wou beroof nie.

"Dit behoort ons kinders gerus te stel," sê Alain. "Dis te opvallend vir enige soort misdadige bedrywigheid."

Ek grinnik asof ek 'n vroeë Kerspresent gekry het. "En sy naam is Lancelot. 'n Ridder soos Don Quixote. Laat my sommer nog nader aan Steinbeck en sy Rocinante voel."

Ons stuur Lancelot reguit na die strand van Santa Monica, waar ons op die pier gaan stap tot ons verras te staan kom voor 'n kennisgewing wat die amptelike eindpunt van Route Sixty-Six aandui. Weer eens het toeval of blote geluk of wat jy dit ook al wil noem ons gelei na 'n plek waar ons nie eens geweet het ons wil wees nie.

Die volgende verrassing kom skaars vyf minute later. Om die punt van die pier te bereik, moet ons verby 'n spul kameras en klanktoerusting stap, want hulle is besig om 'n toneel vir 'n TV-reeks hier te skiet. En dit beteken ons moet toestemming gee dat ons dalk op die agtergrond gesien sal word.

Dit laat my breed grinnik. "Dink net aan hoeveel mense na LA kom met die vurige begeerte om in 'n rolprent of TV-reeks te speel – en hoeveel jare dit kan vat om selfs die kleinste rolletjie te kry. En hier speel ons binne 'n uur ná ons opgedaag het in 'n TV-reeks!"

Al wat ons van die reeks weet, is dat die titel iets met Bel-Air te doen het, soos in *The Fresh Prince of Bel-Air* uit die jare negentig. Dalk is dit 'n opvolg, dalk iets heeltemal nuuts, en dalk het ons nie eens die final cut gemaak nie, ondanks ons werklik oortuigende toneelspel as twee toevallige wandelaars op die pier in Santa Monica. Maar ons het ons kinders gewaarsku, as hulle ooit eendag 'n toneel sien wat hier verfilm is, kan hulle gerus die skare op die agtergrond fynkam. Jy weet nooit of jy dalk iemand gaan herken nie.

22. KALIFORNIESE DROME

Ek was glad nie gretig om Kalifornië te verken nie. Miskien het dit iets te doen met die kultuur van sonskyn en volmaakte lywe en roem en rykdom wat hier heers – of dis wat ek gedog het voordat ek in Kalifornië uitgekom het.

New York en Boston en Washington DC aan die ooskus is meer my soort plekke, het ek altyd gedog, want ek verkies stap bo ry, vier seisoene bo ewige sonskyn, literêre romans bo lawwe draaiboeke, diepsinnige toneelstukke bo vlak flieks.

En nou klink ek presies so pretensieus soos die ooskus se mense glo volgens die weskus se mense is.

Miskien is dit bloot omdat Kalifornië aan die verste kant van Amerika is as jy van Afrika of Europa kom – 'n hele paar tydsones verder as New York, wat reeds ses uur agter Kaapstad of Parys is. Dalk vat dit net te lank en kos dit net te veel om daar uit te kom.

Ek was wel nuuskierig oor Los Angeles. Hoe kan enigiemand wat versot is op die klassieke swart-wit-rolprente van Hollywood se gloriedae nié aangetrek word deur die nege reusagtige letters wat die droomfabriek se naam uitspel teen 'n heuwel hoog bo die stad nie? Maar nogtans nie só aangetrek dat ek dit in lewende lywe móés sien voor ek my laaste asem uitblaas nie.

San Francisco is eintlik die enigste stad in Kalifornië waar ek rêrig graag wou wees. Oor die beatniks en die boekwinkel City Lights en die hippies en die argitektuur van Haight-Ashbury. Oor die steil strate, wat ek al in soveel rolprente gesien het, my nog altyd aan Seepunt en die Bo-Kaap se opdraandes herinner het. Oor Janis Joplin 'n ruk lank daar gewoon het.

Hoe onverklaarbaar, hoe irrasioneel en intens persoonlik, is die dinge wat 'n reisiger aantrek of afstoot.

Daarom het ons San Francisco as die eindpunt vir ons road trip oor die kontinent gekies. En daarom is ons nou in Los Angeles. Frisco is die main act, LA is die band wat voor die tyd speel. Ons is nie hier vir LA nie, maar ons het al genoeg rock-konserte bygewoon om te weet dat die opening act soms 'n aangename verrassing kan wees.

Die grootste verrassing, nie aangenaam nie, is die reën wat kort op ons hakke in LA opdaag en drie dae lank aanhou, voortgedryf deur wilde, koue winde.

"So much for eternal sunshine," mompel die Fransman toe dit teen die tweede dag so sousreën dat ons al ons buitelugplanne moet laat vaar.

Ons wou in die Hollywood Forever-begraafplaas gaan rondhang – ek het 'n ding oor ou begraafplase, en teen dié tyd het my reismaat ook die vreemde siekte by my aangesteek – maar uiteindelik bring ons die dag deur in die Getty-museum op een van die vele heuwels rondom LA, beskut teen die nare weer, omring deur manjifieke kunswerke.

Wie sou nou kon dink dat ek in Kalifornië, van alle plekke, in verwondering sou staar na 'n paar eeue oue skilderye wat ek nog nooit in enige van die beroemdste Europese museums gesien het nie? Dis veral Artemisia Gentileschi se olieverf-uitbeelding van Lucretia se selfdood, nadat sy deur 'n Romeinse soldaat verkrag is, wat my tot stilstand en stilte dwing. Gentileschi, self ook 'n slagoffer van verkragting op 'n jong ouderdom, het iets meer as talent in hierdie skildery openbaar, 'n gevoeligheid waarmee geen manlike skilder in die sewentiende eeu hierdie storie sou kon uitbeeld nie. Die verdwaasde uitdrukking in Lucretia se oë, die oorbel wat soos 'n wit druppel teen haar bleek nek kleef, selfs die anatomiese onverklaarbaarheid van haar linkerhand met 'n middelvinger wat onmoontlik lank en dun lyk, elke detail tref my.

'n Enkele verruklike kunswerk kan 'n besoek aan 'n museum, 'n stad, of selfs 'n land die moeite werd maak. In die volgende dae, terwyl ons die meer voorspelbare kant van LA verken, bly Lucretia my by. Ons ry in Sunset Boulevard, teen sonsondergang, natuurlik, en sit vas in 'n verkeersknoop, natuurlik. Ons volg die kronkels van Mulholland Drive, ter ere van die regisseur David Lynch, en terwyl dit donker word kyk ons hoe die ligte van voertuie skitterende halssnoere deur die stad vorm. Ons soek ons gunsteling-akteurs se name in die pienk sterre op die sypaadjies van Hollywood Boulevard, in die reën, en tussen twee reënbuie kry ons selfs kans om in Hollywood Forever te gaan rondloop, tussen praalgrafte en kitsch beelde, waar die reusagtige Hollywood-letters teen 'n heuwel soos net nog 'n Amerikaanse billboard lyk.

"Miskien is die mite van Hollywood die mees misleidende advertensie in Amerika," bespiegel ek langs Valentino se graf, wat met vals rooi rose versier is.

Miskien is dit waarom ek aan Gentileschi se Lucretia bly vasklou. Dit voel soos 'n bewys van iets diepers, ouer, meer spiritueel, in 'n stad met soveel oppervlakkige glans. En soveel seediness, soveel stukkende drome, agter die blink buitekant.

Die oomblik toe ons uit LA ry, kom die son weer uit, soos 'n stout kind wat weggekruip het tot ongewenste gaste die huis verlaat. Nogal ironies dat ons volgende bestemming Solvang is, waar reën en storms en selfs sneeu meer gepas sou wees omdat die ganse dorp skynbaar deur aliens uit Denemarke gelig en na Kalifornië gebring is. Maar hier in "Die Deense Hoofstad van Amerika" skyn die son weer. Nie aanmekaar nie, maar genoeg om die Disneyland-atmosfeer van Deense geboue met fop-uile op dakke en fop-ooievare op skoorstene besonder bisar te laat voel.

Solvang is die soort Americana wat ek onweerstaanbaar vind. Amanda, 'n Suid-Afrikaanse inwoner wat blykbaar verstaan hoe my kop werk, het ons genooi om te kom kuier terwyl ons deur die Kaliforniese wynlande ry, en dit het nie veel oortuiging gekos om ons wiele in dié rigting te draai nie. Die dorp het ontstaan toe 'n groep Deense immigrante in 1911 hierheen gelok is deur 'n belofte van gratis grond, en van die oudste inwoners praat glo steeds Deens. Deesdae word busvragte vol Amerikaners wat nog nooit in Denemarke was nie, hierheen gelok om 'n stukkie van Skandinawië te ervaar sonder om Amerika te verlaat.

Een van die aanloklikhede is 'n Deense versnapering, *aebleskiver*, wat letterlik vertaal kan word as "appelskywe", hoewel daar geen appels in Solvang se aebleskiver is nie. Moet liewers nie vra waarom nie. Jou kop sal begin draai as jy al die onverklaarbare verskynsels in Solvang wil verklaar.

Nog iets wat veral wynliefhebbers en fliekvlooie lok, is die kultus-rolprent *Sideways* wat hier verfilm is. Ek het die fliek byna twee dekades gelede gesien en ek onthou steeds verskeie amusante aanhalings oor wyn en wyndrinkers. Soos die akteur Paul Giamatti se karakter wat sy minagting vir merlot uitdruk: *If anyone orders merlot, I'm leaving!*

Ek het nog altyd van merlot gehou – miskien selfs meer ná Giamatti se verdoemende woorde – maar toe ek destyds *Sideways* gekyk het, het ek nie geweet ek sou ooit in die Kaliforniese wynlande uitkom nie. Die Solvang-konneksie het heeltemal by my verbygegaan. Ons stap dus niksvermoedend by die eerste die beste restaurant in – ná ons genoeg fopvoorwerpe van Deense oorsprong gesien het om ons vir die res van ons lewe uit Denemarke weg te hou – om die befaamde aebleskiver te proe. Want hoe langer ons reis, hoe meer oortuig raak ons van Brillat-Savarin se raad dat jy kan aflei wat iemand is as jy weet wat hy eet.

Ons wil vasstel wat die mense van Solvang is, en ons kan beswaarlik aan 'n beter manier dink om dit te doen as om die befaamde "appelskywe" te proe, 'n balvormige affêre wat van pannekoekdeeg gemaak word en soos 'n oliebol gebraai word, met framboossous. Nêrens 'n spoor van appel nie.

Die restaurant is vol, maar ons word vriendelik verwelkom deur 'n moederlike middeljarige kelnerin, die soort wat teen dié tyd vir my 'n tipiese Amerikaanse kelnerin verteenwoordig, en gelei na 'n tafel wat pas ontruim is. Teen die muur langs die tafel is 'n kennisgewing wat ons meedeel dat 'n toneel uit *Sideways* by hierdie tafel geskiet is.

"*Of all the gin joints in all the towns in all the world*," mompel Alain, soos Bogey in *Casablanca*.

Van al die tafels op aarde beland ons by dié een. Ek besluit net daar om 'n glas merlot pleks van koffie saam met my aebleskiver te bestel. Om 'n heildronk in te stel, op toeval en op merlot.

"Gelukkig was merlot nooit my gif nie," grinnik Alain en klink sy koffiekoppie teen my glas.

Ná Solvang rus ons twee dae by Blu en Shanti in Santa Barbara – nog 'n Amerikaanse stad, soos Dallas, wat ek slegs as die titel van 'n TV-reeks ken. Blu en Shanti is Amerikaners met wie ons op die eiland Lesbos bevriend geraak het, en oor die volgende dae sluit Shanti die stad vir ons oop asof dit 'n pretpark is en sy die opsigter met die sleutel. Sy lei ons na die mooiste strand, die lekkerste clam chowder langs die see, die beste organiese mark op 'n Saterdagoggend, wat my skoon laat vergeet van al die ongesonde kos wat ons tot dusver in Amerika geëet het. Sy neem ons ook na 'n beskeie winkeltjie met die begeerlikste donuts in die stad, net om die Fransman te behaag, want hy wil darem nie té skielik té gesond begin eet nie.

"Nie net die beste donuts in Santa Barbara nie," verklaar hy nadat hy 'n halfdosyn verorber het terwyl Shanti verstom na hom staar. "Die beste in die land!" En hy lek die suiker van sy lippe af.

Die Big Sur-roete wat ons van hier af tot in San Francisco volg, al langs 'n ruwe kuslyn met kranse en woude en watervalle, vang ons heeltemal onverhoeds en word uiteindelik ons gunsteling-pad op hierdie uitge-rekte road trip. Ons het nie soveel ongerepte natuurskoon aan die kus van Kalifornië verwag nie. Die verlate kampeerterreine langs riviere en die winterse vroegoggendmis in welige woude. Die afgesonderde strande waar honderde massiewe see-olifante lê en roggel, eienaardige geluide wat soos dreinwater klink, omdat dit hulle paarseisoen is, die enigste tyd van die jaar wanneer jy soveel van hulle van so naby kan sien. Dis alles so anders as enigiets wat ons tot dusver in Kalifornië ervaar het, ligjare weg van die bar woestynlandskappe en spoggerige wynplase en digbe-woonde stede.

Ons ry verby Hearst Castle, die fabelagtige woning wat die koerant-magnaat William Randolph Hearst vroeg in die twintigste eeu opgerig het. Dit was die inspirasie vir Xanadu in *Citizen Kane;* Orson Welles het die karakter Charles Foster Kane, die miljoenêr wat so obsessief voorwer-pe versamel, op Hearst gebaseer. Ons sou graag die kasteel wou besoek, maar dis steeds gesluit in die nadraai van die Covid-beperkings, en ons moet dus maar ons verbeelding gebruik om Xanadu voor te stel.

Die aand hurk ons langs ons kampvuurtjie in San Simeon State Park, klappertand van die koue, tot ons al die klere in ons tasse in lae bo-oor mekaar aantrek. Dis pikdonker, geen ander kampeerders naby ons nie, selfs nie eens 'n flitslig of 'n lampie in sig nie, en so stil dat die branders van die Stille Oseaan oorverdowend dreun. En ons ryg pienk malvalek-kers op 'n stok om oor die kole te rooster.

"Ek kan nie glo ek is besig om marshmallows te braai nie," sê ek met my oë stip op die smeltende lekker. Ek wag vir daardie dun ligbruin doppie om rondom die sagte binnekant te vorm, daardie paar sekondes voordat dit swart verbrand. "Is dit nie soos om skoppelmaai te ry of boom te klim nie? Iets wat grootmense saam met kinders doen, nie op hulle eie nie?"

"Jy't vroeg op ons reis al in 'n boom geklim." My man se oë blink in die lig van die vlamme. "So waarom nie nou marshmallows braai nie?"

"Dalk is dit al wat Xanadu is. 'n Plek waar jy kan doen net wat jy wil. En as jy jou soos 'n kind wil gedra, kan jy dit ook doen?"

Ek prop die warm malvalekker in my mond. Hy hou syne 'n bietjie langer oor die kole. Hy verkies dit so effens verbrand.

"Citizen Kane se kosbaarste besitting was daai ou slee uit sy kinderdae." Dit klink asof hy hardop dink. "Rosebud."

"Dan is ons nou in Xanadu," besluit ek.

Ek is toe nie so 'n slegte kampeerder soos ek altyd gedog het nie. Ons het jare gelede twee kampvakansies met die kinders aangedurf, tente, gasstofies, Ventertjie agter die kar gehaak, die hele katastrofe, omdat dit die enigste soort vakansie was wat ons kon bekostig. Dit het byna tot egskeiding en gesinsmoord gelei. Ons het besluit voortaan bly ons eerder weg van kampeer, uit die hof en uit die tronk.

En nou besef ek oplaas dis nie die kampeerdery wat ek haat nie, dis die plekke waar ek voorheen gekampeer het en alles wat daarmee saamgaan. Te veel mense, te veel geraas en moderne geriewe, jy kon netsowel by die huis gebly het. Hier in die Amerikaanse winter is die lieflikste kampeerplekke leeg en stil.

Die suiwerste vreugde van ons kampeerdery aan die kus van Kalifornië, 'n gevoel van bevoorregting wat al hoe groter word namate ons noordwaarts reis, is die charismatiese teenwoordigheid van die eeue oue, reusagtige rooihoutbome. Ja, ek weet "charismaties" is 'n groot woord wat gewoonlik nie vir bome gebruik word nie, maar hierdie mammoetbome is die oudste, hoogste, grootste bome in Amerika, en jy bly voortdurend bewus van hulle, soos van iemand op 'n verhoog wat charisma uitstraal.

Toe ons maande gelede van ons pas verkoopte huis in Frankryk vertrek het, was daar nie plek in ons oorlaaide kar vir boeke om langs die pad te lees nie. Ek het net een roman ingepak, *The Overstory* van Richard Powers, omdat ek geweet het dat 'n Kaliforniese rooihoutboom een van die hoofkarakters in die verhaal is, en ek wou die storie lees vóór ek daardie bome met my eie oë sien.

Powers is nie die enigste skrywer wat in vervoering raak oor die redwoods nie. Terwyl ons tussen dié bome kampeer, lees ek weer vir Alain voor uit Steinbeck se *Travels with Charley: The redwoods, once seen, leave a mark or create a vision that stays with you always.* En: *They are not like any trees we know, they are ambassadors from another time.*

"Rebecca Solnit het ook oor redwoods geskryf," vertel ek hom.

"Was dit nie sy wat ons so laat verdwaal het in Athene nie?"

"Einste. In *Orwell's Roses* sê sy hierdie bome is 'n uitnodiging om oor tyd te dink. Om in tyd te reis soos bome dit doen. Deur stil te staan en uit te reik."

"Hmm." Hy kyk op, na die kruine van die bome wat heeltemal te hoog is om van die grond af te sien. "Dis nie hoe óns vanjaar reis nie."

"Maar dis dalk hoe ons vorentoe sal moet reis. As ons te oud raak om aan die beweeg te bly?"

In San Francisco bereik ons die einde van ons road trip, maar ons is nog nie gereed om op te hou beweeg nie. Ons ry meer as een keer oor die befaamde Golden Gate-brug, 'n manier om afskeid te neem van die kampeerwa wat ons hier moet teruggee. Daarna bly ons nog 'n paar dae in 'n Airbnb in die middestad, waar ons verdere verkenningstogte te voet aanpak.

Daar is verskeie redes waarom ek van San Francisco hou, en 'n hele paar van hulle het met boeke te doen. Toe ons begin reis, het ek gedog ek sou leer om my leeshonger op my man se Kindle te versadig, maar my honger vir papierboeke bly onstilbaar. Enigiets op 'n skerm voel soos 'n versnapering eerder as 'n vullende bord kos, en oral langs die pad swig ek vir papierboeke. Omdat hulle te swaar is om saam te piekel, los ek hulle vir ander lesers ná ek hulle gelees het, soos 'n spoor van klippies in 'n bos: *Ek was hier.*

Byna al die boeke vind ek gratis, in boekkassies en ander soort straat-biblioteke, en wanneer ek 'n boek iewers optel, los ek 'n boek daar wat ek op 'n vorige plek gekry het. Hoe verder ek reis, hoe meer besef ek dat die behoefte om 'n papierboek vas te hou, nie dieselfde is as om 'n papierboek te *besit* nie. Hoe meer boeke ek prysgee, hoe makliker word dit om my lewenslange boekopgaardery af te leer.

In Switserland het ons die eerste van die straatbiblioteke ontdek wat so 'n onontbeerlike deel van ons reis sou word, dié een in 'n ou telefoonhokkie in Lausanne, van buite met kleurvolle graffiti versier en van vloer tot plafon vol boeke in Engels, Frans en Duits. In Griekeland los ek twee van die boeke wat ek in die Switserse foonhokkie opgetel het, en vat Colum McCann se *Let the Great World Spin* saam as padkos vir die reis vorentoe.

Laat die groot wêreld van lesers aanhou draai, dis hoe ek nou daaraan dink.

In Amerikaanse stede is ek altyd op die uitkyk vir Free Libraries, of Little Libraries, soos die boekkassies hier genoem word, en San Francisco is die vrygewigste van al die stede waar ek gratis boeke vind. Op die Franse platteland word sulke boekkassies dikwels misbruik om van kinders se ou skoolboeke of waardelose reisgidse van dekades gelede ontslae te raak. In San Francisco ontdek ek beroemde en begeerlike boeke in hierdie kassies, klassieke romans, boeke wat onlangs gepubliseer is, soms so onlangs dat hulle steeds op topverkoperlyste aangetref word.

Dis 'n paar dae voor Kersfees, al die winkels is vol Kersversierings, al die strate behang met Kerligte, en elkeen van hierdie boeke voel vir my soos 'n Kerspresent wat spesiaal vir my hier gelos is. Ek waardeer dit nog meer omdat ons 'n eensame Kersfees gaan hê, ver van familie en vriende, sonder die gewone geskenkies wat ons gewoonlik op Oukersaand uitruil.

San Francisco is ook die geboorteplek van die legendariese City Lights-boekwinkel, waar die Beat Generation se skrywers vroeg in die jare sestig rondgehang het en waar busse vol nuuskierige toeriste stilgehou het sodat die passasiers dié rare wesens van naby kon bekyk. Seker maar soos buitelandse besoekers in Suid-Afrikaanse wildreservate na leeus of olifante staar. Allen Ginsberg, Charles Bukowski en Sam Shepard tel onder die Groot Vyf wat deur City Lights Publishing uitgegee is, maar enige onbekende aanhanger met 'n boheemse voorkoms was vir die plattelandse bustoeriste besienswaardig. As jy nie 'n leeu kan sien nie, kyk jy mos maar na troppe bokke.

"Ons kan nie in San Francisco wees sonder om by City Lights in te stap nie," sê ek vir my Fransman.

"En jy gaan nie daar instap sonder om met 'n stapel boeke uit te stap nie," voorspel hy.

"Ek gaan één boek kies. Keer my as ek meer wil koop."

Hy lig net daardie een beweeglike wenkbrou van hom. Natuurlik stap ek daar uit met 'n halfdosyn boeke, wat ek my plegtig voorneem om vorentoe op ons reis vir ander lesers te los. Maar die één boek wat ek gaan hou, is die een wat hy vir my koop. Dis 'n lieflike hardeband-uitgawe van Margaret Atwoord se jongste digbundel, *Dearly,* wat ek eers raaksien nadat ek reeds vir my stapeltjie betaal het.

"Kersgeskenk," sê hy voordat ek kan stry.

"Ek sal die sjampoe of die lyfroom uit my badsakkie gooi om my tas ligter te maak vir ons volgende vlug," besluit ek, oorstelp van dankbaarheid.

Hoe graag ek ook al wil glo dat vryheid eintlik net beteken jy het niks meer oor om te verloor nie, is daar blykbaar steeds dinge wat ek nie bereid is om te verloor nie.

Op die oggend voor Kersdag eet ons 'n buitengewoon gesonde brunch – die ene avokado en semels en sappe van wortels en gemmer – by 'n straatkafee naby Haight-Ashbury, want ná weke van flapjacks en flou koffie op die langpad voel enige gesonde kos ook soos 'n Kersgeskenk. Terwyl ons buite in die winterson bak, maak ons 'n video-oproep om terselfdertyd met ons vier kinders in vier verskillende stede in Europa te gesels, want by hulle is dit reeds 'n koue en donker Oukersaand. Ons is gewoond daaraan dat nie al ons kinders op Kersdag saam met ons kan wees nie, maar dis die eerste keer dat ons sonder 'n enkele kind moet Kersfees vier.

Nie móét nie, vermaan ek myself voordat ek tranerig word. Ons het hierdie tydelike swerwersbestaan gekies, en ons weet mos kies is verlies, altyd. Ek sou bitter graag saam met ons kinders voor 'n Kersboompie wou sit en presente uitdeel. Maar hier sit ek nou in San Francisco onder 'n wolklose blou lug, 'n paar blokke van Janis Joplin se helderpienk huis met oordadige wit stucco-versierings wat ek pas gaan bekyk het. *Try just a little bit harder.* Is dit nie wat sy gesing het nie?

Ek gáán weer 'n vaste adres hê, 'n huis waar ek vir my geliefdes 'n Kersmaal kan kook, maar hierdie dag in San Francisco gaan ek nooit weer belewe nie. Dis wat ek nou het, hierdie keuse, en dis waarom ek die murg uit die dag wil suig.

Reis is nooit net 'n opeenstapeling van ekstatiese oomblikke en katastrofiese voorvalle wat humoristies oorvertel kan word nie. Dis wat reisboeke jou dikwels laat glo, omdat dit soveel makliker is om die ekstase en die katastrofes uit te lig as om verslag te lewer van die vaal kolle en die vertwyfeling en die verlange wat jy onvermydelik gaan ervaar as jy lank genoeg aanhou reis.

Op hierdie Oukersdag tref ek so 'n vaal kol ná ons met ons kinders gesels het. Maar 'n paar uur later woon ek 'n episkopaalse Kersdiens in die pragtige Grace Cathedral by wat my vertwyfeling weer wegtoor. Ek is glad nie 'n kerkganger nie, maar die enorme kers-beligte ruimte en die gebrandskilderde vensters vertroos my soos Europese katedrale veel ouer as dié een my nog altyd gesus het.

My Fransman, wat tussen stokou kerke en katedrale grootgeword het en van jongs af in opstand was teen die prag en praal en skynheiligheid van die Katolieke Kerk, verkies om in die strate rondom die katedraal te drentel terwyl ek op die kerkbanke sit.

"Dis nie 'n Katolieke mis nie," redeneer ek. "Dis episkopaals, dis meer protestants. Dis net 'n spirituele kick!"

"Gaan kry jy jou kick in die kerk," sê hy. "Dan gaan eet ons ná die tyd by 'n goeie restaurant. Ek is te Frans om Oukersaand sonder 'n behoorlike ete te oorleef. Dit kan ook 'n spirituele ervaring wees."

Ek stry nie verder nie. Ons hoef nie álles saam te doen nie. Ons lewe nou al vier maande lank in mekaar se sakke, dag en nag bymekaar, sonder harde woorde of bitter stiltes. Dit voel soos suiwer genade, sit en dink ek daar in Grace Cathedral terwyl al die bekende Kersliedere van my kleintyd my van nuuts af anker. Dis dalk al wat grace beteken, dat ons saam tot hier gereis het en kans sien om saam verder te reis. Daar is nie 'n pad na geluk nie, soos 'n Tao-meester duisende jare gelede al verklaar het, geluk ís die pad.

23. WEER EN WEER

Dis die vreemdste, maar gelukkig ook die kortste Kersdag van my lewe. Vreemd, omdat ons die hele dag in Ubers en vliegtuie deurbring, met lang stukke wag op lughawens tussen vlugte. En kort, omdat ons van Kalifornië aan die weskus na North Carolina aan die ooskus vlieg, via Atlanta in Georgia, oor vier verskillende tydsones, en dus drie uur in 'n enkele dag "verloor".

Maar dis die goedkoopste vlugte wat ons kon vind, omdat die meeste mense verkies om Kersdag saam met geliefdes te kuier eerder as om te reis. En aangesien ons in elk geval baie ver van ons geliefdes is, het ons gedog ons kan netsowel die dag al reisende verkort.

"Dis ook die Kersdag met die slegste kos wat ek nog ooit belewe het," verklaar Alain, so mismoedig soos net 'n Fransman kan wees as hy gekonfronteer word met taai toebroodjies wat teen die verhemelte vaskleef, geprosesseerde kaas wat goudgeel gekleur is, en 'n grys substansie wat ham genoem word, maar geen smaak behalwe 'n verdagte soetigheid op die tong agterlaat nie.

In 'n wêreld van slegte vliegtuigkos is Amerikaanse vliegtuigkos voorwaar in 'n eie klas. As ons gehoop het dat die lugdiens 'n bietjie meer moeite sou doen op Kersdag, sou ons bitter teleurgesteld gewees het. Gelukkig het ons geen valse hoop gekoester nie.

En toe ons ná donker op die lughawe van Greensboro land, sukkel ons meer as 'n uur om 'n Uber-bestuurder op te spoor wat bereid is om ons op Kersaand te kom oplaai.

Maar ons het ons onaangename Kersdag agter die rug gekry en nou kan ek 'n paar weke lank rus en skryf, veral skryf, in Karin en Lize se lieflike huis in Oak Ridge terwyl hulle in Suid-Afrika is. Jy kan nie aanmekaar aanhou beweeg en geraas maak nie. Soms moet jy ook stilsit en terugkyk.

Ons het oplaas weer 'n ordentlike kombuis waar ons vir onsself kan kook, 'n tafel waarop ons aand ná aand ons tuisgemaakte kos kan eet, 'n bed waarin ons week ná week elke nag kan slaap. Klein vreugdetjies wat eensklaps soos groot voorregte voel. 'n Oond, 'n tafel, 'n bed.

Maar selfs hier, in die gemaklikste huis waarin ons nog gebly het sedert ons begin swerf het, word ons uit ons gemaksone gedwing.

Ons het besluit om in die warmer suide van die VSA te oorwinter omdat ons nie kans sien vir die ekstreme weerstoestande waarvoor die land bekend is nie. North Carolina is veronderstel om milde winters te hê, moontlik 'n week of wat van sneeu, maar niks wat ons ernstig kan ontwrig nie. Of so het ons gedog – tot ons in die huis vasgekeer word deur die ergste winterstorms in dekades.

Die steil oprit tussen die garage en die straat word 'n glybaan van ys, geskik vir 'n Olimpiese slalom-resies, gevaarlik vir 'n voetganger en onmoontlik om in 'n motor aan te durf. Gelukkig is daar genoeg kos in die spens en die vrieskas sodat ons nie honger ly nie, en al my gewone verskonings om nie te skryf nie, verdwyn saam met die landskap buite onder 'n dik laag sneeu. Sonder die versoeking van daguitstappies om die omgewing te verken, word ek verstommend produktief.

Ek word ook 'n obsessiewe weerprofeet, want hier in Amerika leer ek dat die weer dodelik gevaarlik kan wees.

In my vorige lewe het ek elke aand na die weervoorspelling op TV gekyk, en elke oggend na die tiendaagse weervoorspelling op my foon, bloot omdat ek 'n beheervraat is wat daarvan hou om te weet wat kom. Natuurlik kan ek nie die weer beheer nie, maar ek wil ten minste nie aanmekaar onverhoeds betrap word nie. Nie warm genoeg aangetrek nie, sonder 'n sambreel vir die reën, sonder 'n hoed vir die son. Noudat ons aan die swerf is, kyk ek tien keer 'n dag na die voorspellings vir tien verskillende plekke met behulp van meer as een app op my foon. 'n Vergeefse poging, meestal, om gereed te wees vir alle moontlike weersomstandighede langs die pad, want ons het nogtans 'n paar noue ontkomings waar blote geluk 'n groter rol as enige app speel.

Skaars 'n week ná ons deur Tennessee getoer het, tref 'n verwoestende tornado 'n paar van die plekke waardeur ons gery het. Huise word omgewaai en mense sterf. Aangesien tornado's nie veronderstel is om dié tyd van die jaar op te daag nie, was hierdie vernietigende windkolke nie op die lang lys van klimaatverwante moontlikhede waaroor ek my daagliks bekommer het nie. Nou stres ek boonop oor tornado's, want die klimaat werk nie meer soos dit "veronderstel" is om te werk nie.

Ons hoor ook van 'n aaklige veldbrand in Big Sur, Kalifornië, kort ná ons daar gekampeer het. Weer eens 'n ramp waaraan ek nie eens gedink het nie, want Kaliforniese brande is veronderstel om somerverskynsels te wees, veroorsaak deur droë toestande, nie iets wat jy in ysige winterweer verwag nie.

Ondanks die nare weer wil ek darem nie nét skryf in North Carolina nie, want hier is veel meer om te sien as wat ons verwag het. Ons wil die kus van die Carolinas gaan verken, veral die ongerepte Outer Banks, 'n reeks lang, dun, windverwaaide eilande wat 'n brose skans tussen die vasteland van Amerika en die skynbaar eindelose Atlantiese Oseaan vorm. En ek is nuuskierig oor die Southern Belle-stad Charleston in South Carolina, dalk net omdat ek te veel boeke oor die Amerikaanse Burgeroorlog en die slaweplantasies van die suide gelees het.

Ons werk dus 'n roete uit en pak by voorbaat 'n tassie, soos 'n swanger vrou wat gereed wil wees vir die bevalling, terwyl ons elke dag die weervoorspellings bestudeer vir elke dorp waardeur ons wil ry. Die oomblik toe dit lyk asof 'n paar mooiweerdae aan die kom is, gaan huur ons 'n Fordjie en vat die pad. En toe help al ons voorsorgmaatreëls net mooi niks, want op ons terugreis beland ons in die pad van 'n ysstorm wat soos 'n sneltrein op ons afpyl.

Terwyl Alain bestuur, volg ek die bewegende storm op my selfoon sodat ons telkens van roete kan verander om rakelings by die gevaar verby te skuur. Ons ry byna heelpad aan die buitenste rand van die storm, maar vir die laaste vyftig myl is daar nie wegkomkans nie. Ons moet die middel van die storm aandurf, die diep sneeu en die swart ys op die paaie, om ons tydelike tuiste in Oak Ridge te bereik.

"Kan ons nie by 'n motel inboek nie?" pleit ek toe ons skaars 'n halfuur se ry (in normale omstandighede) van die huis af is, want my senuwees is gedaan. "Kamer 104 in 'n sneeustorm! Klink dit nie aanloklik nie?"

Maar ons kan letterlik nie van die hoofpad afdraai na 'n motel – of selfs net 'n petrolstasie met 'n parkeerterrein nie – omdat hoë hope sneeu al die afdraaipaaie versper. Dit kos ons amper drie naelbyt-ure om daardie laaste halfuur se ry (in normale omstandighede) af te lê, kruip-kruip en gly-gly in stikdonkerte, want die storm het die meeste buurte se elektrisiteit uitge-slaan, en ons sien nie 'n enkele ander motor op die pad nie, net nou en dan 'n massiewe sneeutrok se flikkerende ligte in die verte. Wat ons darem troos dat ons nie die enigste oorblywende lewende wesens ná 'n apokalips is nie.

Toe ons oplaas veilig tuiskom – of so na aan "tuis" soos enige huis die afgelope maande vir ons gevoel het – steek ons kerse aan teen die elektri-siteitlose donkerte en stapel 'n klomp komberse op die bed en hoop die kragonderbreking is verby wanneer ons wakker word. En die volgende oggend is daar gelukkig weer elektrisiteit om die huis te verhit voor ons verkluim.

"Dit was nie só erg nie," sê my geliefde toe hy vir my warm koffie bring om my uit die warm bed te lok.

"Dit was afgryslik. Ek dink jy ly aan geheueverlies weens trauma."

"Oukei, die laaste paar uur was 'n nagmerrie," gee hy toe. "Maar die drie dae langs die kus was 'n ervaring wat ons nie sou wou misloop nie. Selfs al het ons geweet ons sou op pad terug 'n ysstorm moes trotseer."

"Nee. As ek geweet het wat wag, sou ek nooit ophou stres het nie. Ge-lukkig het ons nie geweet nie."

Dit klink soos nog 'n leuse vir ons swerfjaar. *Gelukkig weet ons nie wat wag nie.* Want hierdie uitstappie na die Atlantiese kus was inderdaad 'n avontuur wat begin het lank voordat ons ons bestemming bereik het, soos enige goeie reis, en dalk net 'n paar uur te lank aangehou het.

Die eerste ent in North Carolina het ons deur 'n landelike omgewing gery wat Norman Rockwell se skilderye van 'n geïdealiseerde, vervloë Amerika oproep. Netjiese clapboard-huise, elkeen met 'n porch of voor-stoep – en op elke stoep staan 'n swaaibankie of 'n wiegstoel – en 'n grasperk wat borselkop geskeer is soos 'n soldaat se hare. Geen heinings en dus geen privaatheid nie, wat my telkens verbaas, maar ook geen blomme of groentetuine nie, wat my nog méér verbaas, net die grasperk met die skynbaar verpligte militêre snit. Die enigste versiering, noudat die Halloween-pampoene en die Kersliggies verdwyn het, is meestal 'n enorme Amerikaanse vlag wat voor die huis wapper.

Toe ons by Medoc Montain State Park verbyry, kyk die Fransman ver-wonderd na die naambord. "Dink jy dit het iets met die Franse Médoc te doen?"

"Die wynstreek? Hier in die middel van North Carolina? Kan nie wees nie."

Maar ons hou tog stil – wat is 'n road trip nou as jy nie jou nuuskie-righeid langs die pad kan bevredig nie? – en by die inligtingskantoor stel ons vas dat die Amerikaanse Medoc inderdaad na Médoc naby Bordeaux genoem is, omdat hierdie verlate deel van North Carolina in 1740 die grootste wynstreek in die land was. Lánk voor die Kaliforniese wingerde geplant is, is wyn reeds in North Carolina gemaak. Ons kyk verstom na mekaar. Dis 'n uitstekende voorbeeld van die soort Trivial Pursuit-inligting wat jy toevallig met 'n road trip inwin.

Tussen die Medoc-park en Halifax verander die Norman Rockwell-prentjies rondom ons. Baie van die huise is spookagtig leeg en vervalle; ander lyk net so spookagtig, maar word steeds bewoon deur karakters wat lyk asof hulle uit die rolprent *Deliverance* ontsnap het. Dis nie die soort landelike armoede en outydse eenvoud wat miskien nog geromantiseer kan word nie, dis die lelike armoede van stokou karre sonder wiele op erwe vol onkruid, van werklose mans wat helder oordag op stoepe sit en bier drink en agterdogtig na vreemdelinge gluur. En klein wit Baptiste-kerkies oral – sweerlik meer kerke as kerkgangers – met torinkies wat aan Grant Wood se ikoniese *American Gothic* herinner.

Die gevoel van onwerklikheid, asof ons in die een skildery na die ander vasgevang is, word erger toe ons internet-ontvangs heeltemal verdwyn. Ek het nie gedink dis moontlik dat bewoonde gebiede in die hedendaagse Amerika nog sonder die internet kan klaarkom nie, maar ons ry ure lank sonder enige sein. En sonder GPS verdwaal ons twee rigtinglose reisigers natuurlik aanmekaar.

Dis lank ná donker toe ons die brug van die vasteland na Roanoke-eiland oorsteek. Gelukkig het ek 'n slaapplek bespreek – voordat die in-ternet verdwyn het – en ons oornag in 'n blou clapboard-herberg met 'n wiegstoel en 'n Amerikaanse vlag op die stoep. Voor ons die volgende oggend verder reis, wieg ek eers 'n rukkie in daardie stoel. Met die reuk van die see in my neus en die gekrys van meeue in my ore word dit amper so kalmerend soos 'n joga-sessie met meditasie. Ek begin begryp waarom die Amerikaners so 'n ding het oor 'n rocking chair of 'n swing seat op 'n porch.

"Roanoke", onthou ek van 'n ander Roanoke in Virginia, beteken wit skulpkrale of letterlik "dinge wat glad gevryf word met die hand", en hierdie eiland is deur die inheemse Roanoke-stam bewoon meer as agthonderd jaar voordat die eerste Engelse kolonie in die Nuwe Wêreld hier gevestig is. Dis letterlik die wieg van Europeërs in Amerika, die plek waar die eerste Engelse baba gebore is, maar tussen 1587 en 1590 het die kolonie spoorloos verdwyn. Geen geraamtes of grafte of enige geskrifte wat die geheim kon oplos, is ooit gevind nie. Tot vandag toe weet niemand wat van die honderdtal siele van die Lost Colony geword het nie.

Dis maar een van die vele legendes van hierdie "binneste" eiland, wat deesdae met 'n reeks brûe aan die string buitenste eilande of Outer Banks verbind is. Dis 'n geheimsinnige plek wat nog altyd pioniers en avontuursoekers gelok het, van daardie eerste kolonie tot die Wright-broers, wat in 1903 die eerste suksesvolle vlug in die wêreld hier aangedurf het, in 'n vliegmasjien wat hulle self ontwerp en gebou het.

Vir my is die grootste aantrekkingskrag egter die vuurtorings. Daar is net iets aan 'n ou vuurtoring wat ewe onweerstaanbaar as 'n ou begraafplaas is, moontlik om soortgelyke redes. Ou begraafplase is plekke van misterie en melancholie, van onbeantwoordbare vrae oor die lewe en die dood. Ek wonder altyd oor die name en die datums op die grafstene en maak stories op oor die raaiselagtigste gevalle. Die driejarige sussie en haar vyfjarige boetie wat op dieselfde treurige dag dood is, die bejaarde pa wat al twaalf sy kinders oorleef het – hoe droewig is dit nie – en die talle jong vroue wat hopeloos te vroeg gesterf het terwyl hulle aan 'n volgende geslag geboorte geskenk het.

Ou vuurtorings het dieselfde misterieuse, melancholiese atmosfeer wat my verbeelding op loop jaag. As die toring oop is vir die publiek, sal ek sonder aarseling die honderde trappies klim om die uitsig van bo af te bewonder en na die portrette van voormalige vuurtoringwagte te kyk en oor hulle kluisenaarsbestaan te bespiegel. Vuurtorings is uiteraard op afgesonderde plekke aan ongerepte kuslyne opgerig. Soms was daar 'n vrou of selfs kinders in 'n huis naby die toring, maar dit moes 'n eensame lewe vir die hele gesin gewees het.

"Nie noodwendig eensamer as 'n boer in die negentiende eeu op die Amerikaanse prairies nie," reken Alain. "Of 'n Voortrekkergesin in jou land se wildernis?"

Ek skud net my kop. Die Fransman het ver van die see af grootgeword, g'n seevaarders in sy voorgeslagte nie. As jy seesout in jou bloed het, soos my ma gespot het oor al die matrose en vissermanne in ons familiegeskie-denis, sal die lewe in selfs die mees afgesonderde vuurtoring steeds meer aanloklik klink as die lewe in die veld of op 'n vlakte.

Dis my enigste, irrasionele verklaring vir my begeerte om drie vuurto-rings in die Outer Banks te besoek. Die Fransman weet dit sal nie help om te stry nie. Op Hatteras-eiland ry ons tot op die suidelikste punt waar die pad in die see doodloop – van hier af kan jy net met 'n ferrie tot op die vol-gende eiland kom – en besigtig die vuurtoring wat in 1870 opgerig is. Dis steeds die hoogste in die VSA, en moontlik ook een van die mooistes, slank, met diagonale swart en wit strepe. Terwyl die son sak, trotseer ons 'n wilde wind om op 'n verlate strand te stap, hou twee dapper branderplankryers in die see dop, en sien 'n halfdosyn wildsbokkies tussen die vuurtoring en die strand wei. Geen ander mense of diere nie, net hierdie hemelse verla-tenheid wat my aan die Big Sur-kuslyn van Kalifornië herinner.

"Ek is so bly ons het hierdie reis in die winter aangepak," sê ek vir die hoeveelste keer, want nes in Kalifornië wemel hierdie kuslyn in die somer van bedrywigheid.

Ons is steeds salig onbewus van die winterstorm wat op ons wag.

In Charleston aan die kus van South Carolina begin dit stortreën, maar dis 'n pragtige geskiedkundige stad met keisteenstrate en rye antebellum-huise in pastelkleure geverf. Ons vou ons sambrele oop en stap in die reën. Die volgende dag ry ons na plantasies met weelderige wonings en welige tuine en 'n wrede geskiedenis van slawerny. Ons luister na die slawestories, nes ons in die Outer Banks na stories oor seerowers en walvisjagters en eensame vuurtoringwagte geluister het, en dit word alles hoofstukke in die Groot Storie van Amerika waarna ons steeds soek.

Teen dié tyd weet ons dat ons nooit die volle storie sal hoor nie, want dit word steeds vertel en dit verander voortdurend. *I feel that there are too many realities,* het Steinbeck oor sy lang reis deur Amerika geskryf. *For this reason I cannot commend this account as an America that you will find.*

As ons ooit weer hier uitkom, sal die storie weer anders klink.

Die storm op pad terug na Oak Ridge demp ons avontuurlus vir 'n week of wat. Ons neem ons voor om verdere road trips eerder uit te stel tot die weer verbeter. Maar toe 'n onverwagse venster van drie dae sonder sneeu of swart ys op die paaie voorspel word, gryp ons 'n oornagsak en spring op 'n Greyhound-bus na Savannah, Georgia, waar die temperatuur tot 'n verbysterende 20 °C styg.

Die salige sonskynweer is nie al wat ons in Savannah bekoor nie. As jy 'n begraafplaas-geesdriftige is, is dié stad 'n paradys. Selfs mense wat glad nie my passie vir ou grafte deel nie, word in hulle miljoene na die Bonaventure Cemetery aan die buitewyke van die stad gelok deur John Berendt se *Midnight in the Garden of Good and Evil,* wat die verhaal van 'n werklike moord in die jare tagtig in Savannah vertel.

Die Bird Girl-standbeeld wat op die omslagfoto van die oorspronklike uitgawe van die blitsverkoperboek te sien is, is lankal uit Bonaventure verwyder – ironies juis vanweë die menigte nuuskieriges wat die boek gelees het en die beeld wou sien – en vir veiliger bewaring in 'n plaaslike museum geplaas. Maar geen museum kan die atmosfeer van Bonaventure vasvang nie. Jy kan ure lank verdwaal tussen mosbedekte grafte en Southern Gothic beelde en eeue oue eikebome waaraan die sogenaamde "Spaanse mos" soos lang grys haarsliere hang.

"Ek is amper spyt die son skyn," moet ek erken. "Mistige weer of reën sou alles net nog meer misterieus laat lyk het."

" 'n Maanbeligte middernag sou nog beter gewees het." Die Fransman se oë glinster gevaarlik. Volgens die voodoo-geloof is middernag die grens tussen die halfuur vir goeie toorkuns en die halfuur vir bose toorkuns. "Dis mos waar die titel van die boek vandaan kom?"

"Ag nee wat," keer ek dadelik. "Ek's nou ook nie só gek oor ou grafte dat ek in die middel van die nag hier wil kom rondhang nie."

En daar is genoeg ander, kleiner begraafplasies in Savannah om my gelukkig te hou. Jy kan beswaarlik tien minute in die oudste deel van die stad stap sonder om oor 'n fotogeniese graf in 'n park of 'n kerkhof te struikel.

Uiteindelik struikel ek letterlik, nie oor 'n graf nie, maar op 'n stok-ou ongelyke sypaadjie waar ek my so vergaap aan die geskiedkundige geboue om my dat ek nie kyk waar ek my voete neersit nie. Ek slaan dramaties neer in 'n keisteenstraat, val my palms nerfaf omdat ek die ineenstorting met my hande probeer keer, en swik nogtans my enkel. Dis 'n katastrofe, want my voet begin dadelik opswel, en ek wil nog lang ente in Savannah stap.

Die volgende twee dae hinkepink ek soos Hopalong Cassidy deur die strate en parke, beheer die swelling met 'n yspak wat ek in my sokkie druk, smeer 'n soort narkose-salf aan wat my voet so dood laat voel soos my mond ná 'n tandarts-inspuiting, en sluk pynpille wat sterk genoeg is om my te laat trip. Nie trip soos in struikel nie, meer soos wanneer dwelms betrokke is.

Dit maak Savannah nie minder bekoorlik nie. Inteendeel. Daar is iets te sê vir die swewende, onwerklike, bedwelmde toestand waarin ek op 'n parkbank in Chippewa Square sit, soos Tom Hanks in *Forrest Gump,* wat in hierdie einste park verfilm is. Ek begin giggel toe ek aan die bekendste aanhaling uit die fliek dink, daardie een oor sy *mama* wat altyd gesê het die lewe is soos 'n boks tjoklits. *You never know what you're gonna get.*

Wat ek in Savannah kry, benewens 'n voet wat so obseen opswel dat ek 'n paar dae later na 'n mediese sentrum moet gaan (waar 'n x-straal-masjien gelukkig bevestig dat nie een van die magdom klein beentjies in die voet gebreek is nie), is 'n kans om oplaas boiled peanuts te proe. Nog 'n raaiselagtige tradisionele kosverskynsel van die suide waaroor ek amper so nuuskierig was soos oor die fried green tomatoes wat ek in Tennessee geëet het. Anders as die gebraaide groen tamaties, is die gekookte grondboontjies vir my onverwags lekker.

"Vir die eerste keer verstaan ek waarom ons dit in Afrikaans 'n boontjie noem," verduidelik ek vir my Fransman. "Eerder as die Engelse pea-nut of ertjie-neut."

As dit gekook word, opgekikker met 'n speserymengsel wat paprika en rooipeper insluit, smaak dit inderdaad meer soos 'n sagte boontjie as soos 'n krakerige neut.

"In Frans sukkel ons nie met 'n onderskeid tussen boontjies en ertjies nie. Ons noem dit 'n *cacahuète*."

"Wat nog altyd vir my soos 'n kleuter se vloekwoord geklink het." Ek is weer aan die giggel. Beslis bedwelm deur pynpille. "Waar kom julle aan so 'n simpel woord?"

"Hoekom google jy dit nie?"

Ek voel heeltemal te lui om te google, sak net nog 'n bietjie laer af op die parkbank en prop nog 'n paar gekookte cacahuètes in my mond. Miskien sou dit nie naastenby so lekker gesmaak het as ek dit op enige ander plek geëet het nie. Maar hier op 'n parkbank in Chippewa Square, naby die huis in Charlton Street waar die skrywer Flannery O'Connor grootgeword het, proe dit soos Savannah. Dalk is dit goed dat my geswikte enkel my dwing om meer tyd op parkbanke deur te bring as wat ek beplan het. Om gekookte grondboontjies te eet en na die Southern drawl van wandelaars te luister en die son deur die blare van 'n reusagtige magnoliaboom oor my hande te voel streel.

"'Cacahuète'," lees Alain op sy selfoon, "kom van 'n inheemse Amerikaanse stam se woord vir 'n kakaoboontjie."

"A! So julle noem dit ook 'n boontjie." Ek krap die laaste paar boontjies uit die plastiekbakkie waarin ons dit gekoop het. "Ek wonder waar kom die Engelse aan hulle simpel 'peanuts'."

Ja, Forrest, jy kan maar vir jou ma gaan sê soms moet jy ver reis om die lekkerste tjoklits te proe. En soms kan jy net met 'n seer voet op 'n parkbank sit en dan smaak alles vir jou lekker.

24. AS JY NORMAAL WIL AGTERLAAT

Funny how the smell of a Greyhound bus now smells like a fresh start to me, sing die Cowboy Junkies in die liedjie "Leaving Normal". Hierdie verering van 'n langafstand-bus in populêre Amerikaanse musiek het moontlik by Robert Johnson begin. Einste hy wat sy siel glo aan die duiwel verkoop het by daardie kruispad wat ons in Mississippi gaan soek het.

In 1938 skryf Johnson "Me and the Devil Blues" (steeds met die duiwel gepla), waarin hy vra om sommer langs die pad begrawe te word sodat sy *old evil spirit* op 'n Greyhound kan spring om verder te reis. Sedertdien wil al wat 'n musikant is, van Chuck Berry tot John Denver, van country tot rap, skynbaar 'n entjie saamry in die mitiese bus.

Natuurlik ook doodgewone nuuskierige swerwers soos ek en die Fransman.

Teen die tyd dat ons in 'n grys hond se maag klim, is die drie maande op ons visums byna verstreke. Ons het reeds die meeste ander vorms van vervoer in Amerika beproef. In New York het ons in die subway en in die kenmerkende geel taxi's gery, en in ander stede het ons in Ubers rondgerits. In New Jersey het ons 'n kleurvolle kampeerwa gehuur en stukke van die befaamde Route Sixty-Six dwarsoor die kontinent gevolg. Van San Francisco het ons via Atlanta na die suide gevlieg. Ons het selfs op 'n rivierboot met 'n groot draaiende skepwiel op die Mississippi gevaar en in San Francisco se befaamde kabelspoor-trem die steilste bulte aangedurf. En ons het klaar kaartjies bespreek om binnekort per trein van die suide tot in New York te reis, waar ons 'n retoervlug terug na Europa moet haal.

Maar ons twee was nog nie saam in 'n Greyhound nie. En ek weet, sedert my eerste verblyf in die VSA 'n kwarteeu gelede, dat jy nie werklik kan spog dat jy deur hierdie uitgestrekte land gereis het as jy nie in 'n Greyhound-bus was nie. Dis waar jy die ander helfte van Amerika ontmoet, onthou ek van laas, *your tired, your poor, your huddled masses* wat lank gelede deur die Statue of Liberty verwelkom is, dié oor wie Lou Reed gesing het: *I'll piss on 'em, that's what the Statue of Bigotry says*. Die ewig groeiende getal *have nots* van wie almal deesdae eerder wegkyk.

Op so 'n langafstand-bus kan jy nie wegkyk nie.

En dinge het rowwer geword as 'n kwarteeu gelede, besef ek sommer met die intrapslag in Greensboro, North Carolina, waar ons 'n Greyhound kry om tot in Savannah, Georgia, te ry.

Ons twee tel mos nou as seniors vir wie spesiale sitplekke uitgehou word, soos vir gestremdes. In teorie, altans. In werklikheid is dit 'n geval van die vroegste voël wat die vetste wurm (of die lekkerste sitplek) kry. Ons twee winterkuikens staan voor in die bus en kyk uit oor 'n see van stroewe gesigte, die "spesiale plekke" lankal beset deur jong latte wat manspread vir al wat hulle werd is, en nêrens is twee plekke langs mekaar oop nie. Elke passasier beset twee plekke, sommiges omdat hulle te swaarlywig is vir 'n enkele sitplek, die meeste bloot uit gemaksug. Ons wil nie die ouderdomkaart speel nie, daarom vra ons 'n passasier so beleef as moontlik of hy asseblief tog net na die sitplek oorkant die paadjie kan skuif sodat ons twee langs mekaar kan sit.

"No," sê hy, sonder om te blik of te bloos. G'n verskoning of verleentheid nie. Net nee.

Die volgende twee passasiers vir wie ons vra, weier ook botweg. Hulle het vir een sitplek betaal, maar hulle beset twee, omdat hulle kan. En tough shit vir ons.

Ek staan sprakeloos voor sulke onbeskoftheid. Die Blanche DuBois in my wat so graag in die bedagsaamheid van vreemdelinge wil glo, verwelk soos 'n Southern Belle se polsruikertjie. Gelukkig kry 'n meisie agter in die bus ons jammer, of so dog ons, en bied aan om vorentoe te gaan sit.

Die oomblik toe ons op die oop sitplekke in die tweedelaaste ry neersak, besef ek dit was meer as goedhartigheid wat haar laat padgee het. Want agter ons, in die laaste ry, sit die spreekwoordelike stoutste kind in die klas, 'n reusagtige dude wat bulderend met 'n ouer brother oorkant die paadjie gesels, elke frase rojaal gegeur met "motherfucker" en die N-woord wat ek met my bleek vel nie durf uitspreek nie. Ek voel of ek in 'n gangsta rap video vasgevang is.

Binne minute ná die bus vertrek, word dit 'n ander soort fliek, nader aan die broers Coen se rolprent oor ontsnapte bandiete. *Oh brother, where art thou*? Die luidrugtige reus agter ons is blykbaar pas uit die tronk vryge-laat – darem nie 'n ontsnapte voortvlugtige nie, dink ek, want ek soek nou small mercies – en bel 'n hele rits vroue by wie hy ná wie weet hoe lank agter tralies wil gaan kuier. Met suggestiewe en seksistiese aanmerkings wat tussen elke oproep na die brother oorkant die paadjie gemik word.

Dis amper onmoontlik om nié aan flieks te dink wanneer jy in 'n Greyhound beland nie. Hierdie busse is al dekades lank deel van die ge-broke Amerikaanse droom wat Hollywood so graag uitbeeld. In *Breakfast at Tiffany's* is daar 'n Greyhound wat uit New York vertrek, in *Midnight Cowboy* sterf Dustin Hoffman in 'n Greyhound op pad na Miami, in *Sleeping with the Enemy* ontsnap Julia Roberts van haar gewelddadige man deur in 'n Greyhound na Iowa te vlug.

As gevolg van hierdie roemryke reputasie het ons nie verwag dat ons die enigste twee toeriste in die bus sou wees nie. Op drie verskillende roetes wat ons deur die suidelike deelstate van die VSA aanpak, kom ons net één keer 'n ander toeris op die bus teë. Bygesê, ons reis in die winter, teen die einde van 'n pandemie. (Ons het gedog ons sou verplig wees om maskers te dra, maar in die suidelike deelstate glo baie mense steeds dat Covid-19 bloot 'n komplot is om hulle vryheid te beperk, en maskers word meer wantrou as vuurwapens.) In die somer, of wanneer die pandemie ook al amptelik verby is, sal daar seker weer buitelandse rugsakreisigers en avontuursoekers op hierdie roetes wees.

Ons kan ons enkele medetoeris egter nie miskyk nie. Die Asiatiese jongman se netjies gestrykte ontwerpersklere laat hom dadelik tussen sy verlepte medepassasiers uitstaan, selfs meer as sy verdwaasde bomskok-uitdrukking. Vermoedelik is die busrit rowwer as wat hy gedog het dit sou wees.

Ná 'n bedwelmde medepassasier in die middel van die nag deur die be-stuurder uit die bus gedwing is en in stikdonker verlatenheid langs die pad agtergelaat is, druk die toeris sy oorfone dieper in sy ore en vermy enige verdere oogkontak met enigeen. Dalk het hy besluit om vir die res van sy trip net na al daardie aanloklike liedjies oor Greyhound-ervarings te luister eerder as om die nare werklikheid binne-in 'n Greyhound te konfronteer.

Ons eerste busrit laat my ook nogal bomskokkerig voel. Ek probeer die gevloek op die agterste sitplek ignoreer en staar verbete by die venster uit, prewel later uit wanhoop outydse Afrikaanse gedigte wat ek gedog het ek het lankal vergeet.

Dis die veld, dis die lug, en 'n voël draai bowe in eensame vlug . . .

Alain kyk al hoe skewer na my, maar ek vind die versreëls verbasend gepas vir sommige dele van die Amerikaanse Carolinas.

Intussen praat die bevryde tronkvoël so hard – dalk 'n tronkgewoonte, hoe sal ek nou weet – dat die busbestuurder oor die interkom waarsku: "As die ou daar agter nie onmiddellik sagter praat nie, gaan hy net hier langs die pad afgelaai word."

"Ag, dis net 'n leë dreigement," fluister ek, "jy kan mos nie 'n passasier in die middel van nêrens aflaai nie."

Later sou ons besef dat hierdie dreigement elke busbestuurder se beste wapen is, dalk die enigste wapen wat soms afgevuur kan word. Die dude agter ons weet dit blykbaar reeds, want hy slaan dadelik oor na 'n dramatiese verhoogfluisterstem om sy amoreuse afsprake te maak. Steeds erg hinderlik vir ons wat naby hom sit, maar dit pla minstens nie die baas voor in die bus nie.

"Jy wou mos in die grys hond gery het," fluister Alain.

(Vir die res van die rit fluister ons soos skoolkinders agter in die klas wat bang is dat die onderwyser hulle gaan uitjaag.)

"Wou jy nie?"

"Ek is mal daaroor," grinnik hy. "Dit laat my soos die normaalste ou op aarde voel."

Teen die tyd dat ons in Savannah opdaag, vermoed ons albei dat die grys hond waarskynlik familie van die alombekende swart hond is. Elke passasier wat deur die dag in- en uitgeklim het, is nie noodwendig 'n depressielyer nie, maar min van hulle lyk heeltemal geestesgesond. Ná ons die Greyhound op nog twee roetes aangedurf het – onder meer ook vir 'n nagrit, want jy't nog nie rêrig die Greyhound gery as jy nie 'n nag daarin deurgebring het nie, sê hulle wat weet – ná ons deur 'n onverwagse sneeustorm in Atlanta se terminus vasgekeer is saam met honderde werklik vreemde karakters wie se busritte weens die weer gekanselleer is, kan ek met redelike sekerheid verklaar dat meer as die helfte van die passasiers 'n skroef los het.

Toegegee, meer as die helfte van die mensdom sukkel moontlik met sielkundige probleme, maar die meeste van ons kan dit taamlik goed wegsteek. Die Greyhound se passasiers het dalk net nie genoeg geld of bystand om hulle dreigende waansin te verbloem nie.

Met ons eerste rit kom sit 'n man op die sitplek voor myne en draai sy hele lyf om sodat hy bo-oor die rugleuning na my kan staar, met die soort maniese uitdrukking wat ek laas gesien het toe 'n familielid in 'n inrigting vir sielsiekes opgeneem is. Ek is te lafhartig om sulke onstabiliteit te konfronteer, lig net my boek al hoe hoër om 'n skans tussen my en die staarder te vorm. Dis nie die eerste keer in my lewe dat ek agter 'n boek wegkruip nie, en ek weet dit sal nie die laaste keer wees nie.

Toe hy eindelik moeg raak om na die omslag van my boek te staar, rig hy sy maniese blik op 'n jong vrou oorkant die paadjie.

"Waarna kyk jy?" vra sy ná 'n halfuur, raadop.

Blykbaar net waarvoor hy gewag het om haar te begin beledig. Hy kyk nie na háár nie, skel hy, wat laat haar dink sy is iets om na te kyk, sy is so *fucking ugly* dat hy nie na haar sal kyk nie al betaal jy hom! En so dreun hy voort tot 'n butch ouer vrou drie sitplekke agtertoe aanbied om met die jong vrou plekke te ruil. Ek wil dadelik weer in *the kindness of strangers* glo, maar toe sien ek die ouer vrou is lus vir 'n staarkompetisie, en daar is net mooi niks bedagsaam in daai kyk van haar nie. Sy gluur na die staarder met 'n uitdrukking wat sê *anything you can do I can do better. Arsehole.*

Hy kyk eerste weg – en vir die res van die rit gedra hy hom beter.

'n Entjie vorentoe sit 'n middeljarige vrou met 'n swaar Tennessee-aksent en 'n stem wat jou laat glo jy het saam met Dolly Parton in 'n bus beland. Sy vertel haar lewensverhaal vir die vreemdeling langs haar, hard genoeg dat almal haar kan hoor. Sy woon deesdae in die koue noorde van die land saam met *Mama* en sy is op pad na 'n dirty weekend saam met haar gewese baas in Florida. Die ou is getroud, deel sy almal mee, en *Mama* weet wat sy die naweek gaan doen. Al waaroor *Mama* blykbaar besorg is, is dat haar skunnige dogter darem warm kos sal kry om te eet tydens die drie dae wat sy op die bus moet deurbring om in Florida uit te kom. Ná elke halte waar passasiers iets kan koop om te eet, bel sy vir *Mama* om terug-voering te gee, met die klem op "voer". Dit word 'n soort sit-down comedy wat selfs 'n paar van die suurste medepassasiers laat grinnik.

By 'n godverlate halte iewers in Georgia klim Priscilla Queen of the Desert ook op die bus en gaan sit naby Dolly Parton. Nou begin sommige van die manlike passasiers openlik kriewelrig raak. Priscilla is vermoe-delik 'n fopdosser, met 'n helderpienk pruik en 'n jassie van nagemaakte luiperdpels, hemelhoë platformskoene en die langste vals wimpers wat ek nog ooit gesien het. Dit lyk asof daar twee enorme langbeenspinnekoppe op haar ooglede sit, wat dit moeilik maak om haar oë behoorlik oop te hou, en die mans in die bus word een vir een met hierdie slaperige come-to-bed eyes bekyk.

Op 'n ander roete stap drie lummels in 'n ry by die bus in, een met 'n swastika op sy nek getatoeëer, sy twee makkers met prentjies van Confe-derate-vlae op hulle voorarms. Ek en die Fransman loer benoud na me-kaar, want die oorgrote meerderheid van die passasiers is swart, soos op al die Greyhound-busse wat ons ry, en hierdie rassistiese driemanskap se teenwoordigheid kan dalk moeilikheid veroorsaak. Die enigste ander wit ou in die bus spring op en skarrel agtertoe om nader aan die drie nuwe-linge te gaan sit. As daar 'n bakleiery kom, wil hy saam met hulle baklei.

En toe gebeur daar niks.

Die swart passasiers ignoreer die rassistiese tatoeëermerke, die drie-manskap ignoreer die swart passasiers, en almal ry gedwee verder want almal wil iewers uitkom. In die sogenaamde land van *the brave and the free* spog almal met hulle politieke oortuigings op hulle lywe, hulle klere, hulle karre en hulle grasperke, maar die meeste is blawwers eerder as byters. So 'n bus is bloot 'n stukkie Americana op wiele, en die blawwers gedra hulle meestal.

Meestal.

As jy dink aan al die Greyhound-roetes wat soos 'n digte web oor die land gespin is, en al die duisende mense wat elke dag na honderde be-stemmings vervoer word, voel dit soos 'n wonderwerk dat die meeste passasiers veilig opdaag waar hulle wil wees. Die ergste padongeluk was sewentig jaar gelede, toe twee Greyhound-busse naby Waco, Texas, in 'n kop-aan-kop-botsing betrokke was, wat albei brandstoftenks laat ontplof het en die helfte van die sestigtal mense in albei busse se dood veroorsaak het. Dis nogtans verstommend dat die helfte oorleef het.

Wat my meer bekommer as padongelukke, is die moontlikheid van geweld. Veral hier in die suide, waar vuurwapens makliker as alkohol in 'n supermark gekoop kan word. En nog meer toe ek eers al ons onstabiele medepassasiers sien. Maar ek het my huiswerk gedoen voor ek ons kaartjies gekoop het, want om avontuurlustig te wees is nie dieselfde as om aspris moeilikheid te soek nie, en ek kon skaars glo hoe min skietvoorvalle daar al op die busroetes was. Dis skynbaar gevaarliker om in 'n Amerikaanse skool te sit, as jy nie deur 'n gek met 'n geweer afgemaai wil word nie, as om in 'n Greyhound te sit.

Op presies dieselfde dag as wat ons in die Greyhound na Savannah reis, is daar egter vir die eerste keer in jare 'n "insident" met 'n vuurwapen. Dis op 'n ander roete, tussen Los Angeles en San Francisco, en gelukkig hoor ek eers weke later daarvan, anders sou ek seker ons terugrit gekanselleer het. 'n Man wat glo van die begin af verdag opgetree het, selfs vir 'n paar passasiers sy vuurwapen gewys het, het skielik wild begin skiet. Nadat vier mense gewond en een doodgeskiet is, het hy sonder sy vuurwapen uit die bus gevlug en in die naaste Walmart gaan skuil, waar hy in 'n bakleiery betrokke geraak het, al sy klere uitgetrek het, en kaalgat gearresteer is.

"Miskien word mense se onderliggende waansin losgeskud deur 'n rit in 'n Greyhound," bespiegel ek toe ons oplaas veilig terug is in North Carolina.

"Of dalk word waansinniges aangetrek deur die Greyhound," sê my reismaat, "omdat dit die goedkoopste manier is om van jouself te probeer vlug?"

"Gelukkig is ons oud genoeg om te weet ons kan nie van onsself vlug nie."

"Nou waarom dink jy wou ons in die Greyhound ry?"

"Waarom nie?" Dis die beste antwoord waaraan ek kan dink. As jy gefassineer is deur *la comédie humaine*, soos Balzac ons menslike toestand genoem het, kan jy beswaarlik 'n beter leerskool as 'n Greyhound-bus kry. Of soos die Cowboy Junkies in daardie liedjie oor die grys hond sing: *The last time I passed through satisfaction I didn't recognize a single soul there / Now I'm leaving normal and I'm heading for who knows where.*

DEEL III

TUIS IN AFRIKA – EN TERUG IN EUROPA

25. HUISLOOS BETEKEN NIE TUISLOOS NIE

Hoe weet jy dat jy tuis is ná 'n lang afwesigheid? Wat beteken die begrip "tuiste" vir iemand soos ek wat al meer as die helfte van my volwasse lewe ver van my geboorteland af woon? Dis die vrae wat my wakker hou op ons nagvlug van Parys na Kaapstad.

Wel, om eerlik te wees, die ongemak van 'n lang vlug in toeristeklas in 'n propvol vliegtuig is reeds genoeg om my wakker te hou. Te min ruimte vir my bene, nie genoeg kussings om rugpyn en 'n skewe nek te verhoed nie, 'n medepassasier wat bo-oor my probeer klim om by die toilet uit te kom, en dan praat ons nie eens van die ewige aankondigings oor turbulence nie, telkens gevolg deur die klikgeluide van tientalle sitplekgordels nes ek wil insluimer. Maar bo en behalwe hierdie praktiese probleme, wroeg ek op dié vlug ook oor allerhande filosofiese vrae.

Ná ons omswerwinge in Amerika het ons skaars 'n week in Frankryk deurgebring, net genoeg tyd om ons kinders vinnig te sien en ons tas vol winterklere om te ruil met die tas vol somerklere wat ons by my skoonsus se huis in die buitewyke van Lille gelos het. Aangesien ek laas jaar reeds ingestem het om die laaste naweek in Februarie aan 'n boekfees op Stilbaai deel te neem – lank voordat ek geweet het waar in die wye wêreld ons in Februarie sou wees – moes ons die Suid-Afrikaanse been van ons swerfjaar 'n bietjie vroeër aanpak as wat ons sou verkies het.

Maar ná ses maande van swerf is ons planne so gereeld omvergegooi deur enigiets van 'n nuwe vlaag Covid-19 tot sneeustorms dat ons so buigbaar soos rubber geword het. Inskiklik, toegeeflik, aanpasbaar. Dalk is dit die derde eienskap in daardie leuse vir ons swerfjaar waaroor ek laas bespiegel het: Vryheid, Dankbaarheid en Aanpasbaarheid?

Ek leun vooroor om verby ander passasiers deur die kajuitvenster te kyk, om 'n eerste blik op Tafelberg te kry, klein soos 'n poskaartprentjie, bedek met die wolkekleed wat die Suidoos altyd oor dié tafel gooi. En terwyl die vliegtuig sak en die berg groter word, gebeur daar iets in my binneste wat ek nie kan verklaar nie. Ek dink aan Fernando Pessoa se bewering dat sy enigste tuisland die Portugese taal is. Dis 'n uitdrukking van hartstog waarmee ek gewoonlik saamstem, want ek het uit ervaring geleer dat ek op talle plekke tuis genoeg kan voel om my tentpenne daar in te kap – net figuurlik, natuurlik, want ek hou mos nie van tente en kampeer nie – solank ek in my moedertaal kan dink en lees en skryf en praat. Al praat ek meestal net met myself.

Ek onthou ook James Baldwin se woorde oor "tuis" wat miskien nie 'n plek is nie, eerder 'n onveranderbare toestand, want in die afgelope maande van swerf het ek gereeld oor hierdie toestand getob.

En tog, die oomblik toe die vliegtuig land, voel ek tuis op 'n ander manier as op enige ander plek op aarde. Ek is aan die agterkant van daardie berg gebore, ek het jare lank teen die voorste hange gewoon, gewerk in kantore met 'n uitsig op die berg en naweke op paadjies in die berg gaan stap. Dis my geboortegrond, die omgewing wat my gevorm het, die stuk aarde waar my wortels dieper vasgegroei is as elders.

Ons kan vele tuistes in die loop van ons lewe hê, maar ons het almal net een komvandaan.

"Komvandaan" is 'n lieflike Afrikaanse woord wat deesdae heeltemal te veel gebruik word. Te veel komvandaans is soos te veel verkleinwoordjies, te veel vloekwoorde, te veel byderwetse sleng, te veel van enige soort woord, eintlik. Maar wanneer ek in die Kaap kom, ruik ek my komvandaan. Sien en hoor en voel en proe ek waar ek vandaan kom.

Dié keer is die aanslag op al my sintuie selfs groter as gewoonlik omdat ek so lanklaas hier was. In die goeie ou v.C.-dae (voor Covid), toe ek 'n paar keer 'n jaar na Suid-Afrika kon reis, het die verlange na die bekende klanke en reuke en smake nooit té erg geraak nie. Maar in die afgelope twee jaar van inperking en afsondering kon ek net een keer vinnig na Mzansi vlieg, en dit was so 'n droewige, spannende besoek – om afskeid te neem van my pa in die Covid-vleuel van 'n hospitaal – dat dit onmoontlik my verlange kon stil. Boonop moes ek myself byna heeltyd isoleer, om seker te maak ek slaag die verpligte Covid-toetse wat my sou toelaat om terug na my geliefdes in Frankryk te vlieg.

Nou is ek oplaas weer in my geboorteland, vir my langste besoek ooit. Voorheen kon my man en kinders net vir kort vakansies saamkom, vanweë werk en skool in Frankryk, en wanneer ek op my eie gereis het, kon ek nooit lank bly nie, want die kinders het hulle ma by die huis nodig. Nou is die kinders uit die huis, my man saam met my, en ons kan drie maande lank my geboortegrond verken.

'n Vreugdevolle vooruitsig – maar my pa is nie daar om ons te verwelkom nie. Vroeër jare sou Pa altyd met 'n breë grinnik en 'n pet op die kop vir sy kinders en kleinkinders in die aankomssaal wag. Of anders het ons 'n motor op die lughawe gehuur en reguit na Aurora in die Sandveld gery, waar Pa op sy stoep sou sit om die stofwolk van ons huurkar op die grondpad van ver af te sien nader kom.

En plotseling tref dit my, soos die finale hamerslag by 'n veiling, dat Pa dood is. Hy het 'n jaar gelede al gesterf, maar vanweë die vervloekte pandemie kon ek nie by sy begrafnis wees nie, en dalk het ek onbewustelik verwag om hom te sien as ek weer in Suid-Afrika kom. Hoe onredelik dit ook al klink. Die hart luister mos nie na rede nie.

Nou staan ek in die aankomssaal van Kaapstad Internasionale Lughawe met trane wat oor my wange stroom, want Pa is nie hier nie. Pa sal nooit weer hier wees nie. Een van die pligte wat ek moet vervul terwyl ek die land vir my lewensmaat wys, is om my pa se as in die gedenkmuur agter die kerk op Aurora te gaan bêre, langs die nissie waar my ma se as al meer as twintig jaar lê.

Ek vee my trane af en sluk my hartseer weg en lei my man na 'n winkel wat biltong en droëwors verkoop, want ons moet dadelik 'n huurkar optel om Stilbaai toe te ry, en 'n Suid-Afrikaanse road trip sonder padkos is ondenkbaar. Terwyl ek aan die droëwors kou, besef ek dat die kossmake van my kleintyd ook 'n kuur vir verdrietigheid kan wees. Ek word toegevou in 'n kombers van nostalgie op 'n pad wat in my vroegste herinneringe ingeprent is. My pa se ouers en hulle voorgeslagte kom almal van Riversdal en Stilbaai se omgewing, en ons het op Stilbaai vakansie gehou van so ver terug soos ek kan onthou.

Die droëwors is net genoeg om die ergste honger te stil tot ons anderkant Sir Lowryspas by Houw Hoek Hotel afdraai vir 'n middagete van geroosterde kaastoebroodjies en tjips.

"Toasted cheese, liefie," verduidelik ek, "is die plaaslike niggie van die

Franse *croque madame* en *croque monsieur*. Maar minder pretensieus, met 'n smaak wat ek nog nooit in 'n fênsie madame-broodjie kon vind nie."

Hy glimlag net terwyl hy kyk hoe ek aan my toasted cheese smul. Hy weet jy kan nie stry teen die nostalgie wat kleintyd se smake oproep nie.

Op Riviersonderend, nog 'n naam waaroor sy Franse tong struikel, hou ons weer stil om vleispasteie en volkoringbeskuit en melktert by die Ou Meul aan te skaf. My Suid-Afrikaanse vriende is altyd verbaas as ek hulle vertel hoe ek in Frankryk na 'n eenvoudige vleispasteitjie verlang. Die Franse het fantastiese soutterte en *tourtes* met manjifieke vulsels, maar 'n doodgewone *pie* vir een mens, die soort wat jy in enige kafee in Suid-Afrika kan koop en dan wag jy dat hulle dit vir jou verhit en eet dit sommer so uit die papiersakkie, dít kry jy nie in Frankryk nie. Dis in elk geval my verskoning om sommer 'n hele verskeidenheid van pasteie te koop, skaapvleis, wildsvleis, hoender, steak and kidney, kos vir die volgende drie dae, asof ons bang is ons gaan honger ly op Stilbaai.

'n Dag later het Alain al die pasteie opgeëet, met my hulp, natuurlik, in 'n poging om my komvandaan te verstaan. Met sy maag meer as met sy kop.

'n Ent anderkant Riversdal op die N2, vóór die vreemde verskynsel van 'n omgedopte visserskuit in die middel van die veld jou waarsku dat jy moet regs draai na Stilbaai, kry jy die onmiskenbare reuk van 'n soort fynbos wat ons altyd sommer net die Stilbaai-bossie genoem het.

"Ruik jy dit?" Ek draai die ruit af en snuif diep.

"Ruik ek wat?"

"Dit!" Tot vandag toe weet ek nie wat die regte botaniese of volksnaam vir hierdie geurige plant is nie. "Sommige van my familielede het gesê dis *soutbos*, ander mense sê dis *renosterbos* of *arnosterbos*." Ek sê die name in Afrikaans sodat hy dit kan herhaal. "Of *bokboegoe*, ook bekend as *wilde-dagga*."

Van dagga weet hy darem – hoewel hy die woord steeds nie kan uit-spreek nie.

Maar wat jy dit ook al wil noem, vir my is dit die reuk van sorgvrye somervakansies. Sodra my neus 'n spoortjie van die geur gekry het, op die agtersitplek van ons beige Opel of ons swart Valiant of ons silwerkleurige

Ford Fairlane, het die vakansiegees my beetgepak. Die karre het deur die jare verander, maar die opgewondenheid oor die komende vakansie het dieselfde gebly. Asof ek die hele skooljaar lank half aan die slaap was, en skielik word al my sintuie wakker geskud om te verseker dat ek vir die volgende paar weke van vakansie alles meer intens sou beleef as wat op enige ander plek moontlik was.

Twee visuele ervarings is steeds in my geheue verbind aan Stilbaai se bossiereuk. Eers is daar die berg wat Sleeping Beauty genoem word omdat dit soos die profiel van 'n slapende prinses lyk. Jy sien dit beter as jy van Stilbaai af terug in Riversdal se rigting ry, maar ons hou stil sodat ek dit vir my man kan wys.

"Kyk, daar's die voorkop, die fyn neusie, selfs 'n wimper wat boontoe krul."

Jy moet weet presies waar om te kyk as jy die prinses wil sien, en vir sommige verbeeldinglose volwassenes is dit so moeilik soos om kastele of monsters in wolkformasies te sien. Gelukkig het my geliefde genoeg verbeelding.

Nou wag die volgende verrassing wat elke rit na Stilbaai in my jeugjare soos 'n ritueel laat voel het. Ons hele gesin het meegeding om eerste die see te sien, daardie dun blou lint wat eensklaps anderkant die verste fynbosheuwels sigbaar raak voordat dit weer tydelik verdwyn. "Ek sien die see!" As ek hierdie uitroep gehoor het, of nog beter, as ek self die een was wat dit kon uitroep, het my seevakansie amptelik begin.

Die bossies, die berg en die see, dis al wat nodig was om my ontvanklik te maak vir alles wat die volgende weke sou inhou. Ek het hierdie vakansies in verwondering deurgebring, *a bride married to amazement*, soos Mary Oliver dit stel in 'n gedig wat ek eers jare later sou lees: *I don't want to end up simply having visited the world.*

"Ek sien die see!" roep Alain uit.

Ek het so diep weggesak in herinneringe dat ek nie eens omgee dat hy die eerste kyk gekry het nie.

Dis dalk onvermydelik, as jy ná 'n lang afwesigheid terugkeer na jou geboortegrond, dat jy jou soos 'n hond gaan gedra. Grawe-grawe op soek na ou bene om weer bietjie aan te knaag. Dis nie dat jy honger ly nie. Dis net dat niks so lekker smaak soos lank gelede se bene wat jy self begrawe het nie.

So bespiegel ek 'n paar dae later in Stilbaai se begraafplaas, waar ek kort-kort 'n verspotte dansie moet uitvoer om van die krioelende miere op my voete en kuite ontslae te raak terwyl ek na my oupa en ouma Van der Vyver se grafte soek.

Dit klink dalk vreemd dat ek dit nog nooit voorheen gedoen het nie, ek wat so graag in fotogeniese ou begraafplase ronddwaal, maar daar is 'n verskil tussen 'n besoek aan die eeue oue grafte van mense wat lank gelede dood is en 'n soektog in 'n taamlik moderne begraafplaas vol lelike moderne grafstene na die grafte van mense wat ek onthou. Eersgenoemde is 'n estetiese belewenis wat my verbeelding prikkel sonder om my persoonlik aan te raak. Stilbaai se begraafplaas, daarenteen, bied te min wat my esteties bevredig en te veel persoonlike geskiedenis.

Maar ek is hier – in die land en in die begraafplaas – om vir my lewensmaat te wys waar ek en my voormense vandaan kom. Die duine waar ek my jeugdige voetspore in die sand agtergelaat het, die lang strand tot by die Preekstoel (nou net 'n stukkende rots) waar ek kleintyd saam met Pa mossels uitgehaal het, die rivier wat my ouma se familie met 'n pont oorgesteek het lank voordat die brug in die jare vyftig gebou is.

Dit het sekerlik ook met ouderdom te doen.

Tydens vorige vakansies in Suid-Afrika het ek soms so bolangs gegrawe, gesoek na 'n huis of 'n straat uit my kinderjare (meestal sonder sukses omdat alles onherkenbaar verander het), maar ek het nog nooit grafte opgesoek nie. Ek het gedog ek het beter dinge om te doen. En daar sal mos nog tyd wees, eendag, vir sulke treurige dinge.

Nou weet ek die beste tyd om enigiets te doen, is nóú, want môre is onvoorspelbaar en onvoorstelbaar. Dis 'n les wat die Covid-pandemie vir my en die res van die mensdom geleer het, en hoewel dit lyk asof die mensdom verstommend vinnig besig is om dit te vergeet, wil ek daaraan vasklou.

En uiteindelik besef ek dat dit nie noodwendig 'n treurige gedoente is om familiegrafte te besoek nie. Inteendeel, dit kan jou selfs triomfantelik laat voel as jy oplaas die grafte vind, glad nie waar jy hulle onthou nie, want jou geheue is selfs meer onbetroubaar as wat jy vermoed het.

Nie eens die miljoene miere wat die ganse begraafplaas gekoloniseer het, kan my keer om 'n rukkie by my oupa en ouma se grafte stil te staan nie, om 'n paar blomme in 'n houer te rangskik, om my kinderdae te onthou. Die res van die dag dra ek Stilbaai se begraafplaasmiere saam met my, in my skoene, onder my klere, in die gehuurde motor, tot ek laataand in 'n huis oorkant die rivier die laaste klompie versigtig uit die bed vee.

"Siestog," sê ek vir my man, "hulle het dit tot hier gemaak."

"Ons ook," sê hy vir my. "Wie sou dit nou ses maande gelede kon dink?"

Die begraafplaasbesoek is die perfekte proloog vir die res van ons platelandse reis na dinge wat verbygaan – maar ook, natuurlik, na nuwe avonture. Eintlik word enigiets 'n avontuur as jy dit reg benader, besef ek toe my vriendin Elna my help om my oupa en ouma se huis op Stilbaai te probeer vind. Daar is net een huis in dié stukkie straat wat nog nie in 'n sakeonderneming omskep is nie, en hoewel hierdie huis inderdaad bekend lyk, sien ek nie die garage wat ek langs die huis onthou nie. Wat ek sien, is die massiewe stam van 'n afgesaagde boom presies daar waar die oprit na die garage sou gewees het.

"'n Garage kan seker afgebreek word," sê ek vir Elna, "maar só 'n enorme boom kon tog nie hier gegroei het in minder as vier dekades van die huis verkoop is nie?"

Of kon dit?

"As ek die agterplaas sien, sal ek weet. Ek onthou Oupa se groentetuin met die watertenk beter as die huis. Ons kleinkinders het gegril vir Stilbaai se brakwater en net reënwater uit die tenk gedrink."

"Nou maar kom ons gaan bekyk die agterplase van die ry winkels," stel Elna voor.

Ek wil nog protesteer dat ons nie aangetrek is vir so 'n speurtog nie, want ons het pas in die rivier af gedryf met ons sarongs om ons koppe gedraai, en nou is die droë sarongs soos handdoeke bo-oor ons klam swembroeke vasgebind. (Ons het die Fransman by die huis gelos omdat hy soos gewoonlik nie lus was vir koue water nie.) Op pad terug van die rivier het ons op die ingewing van die oomblik besluit om gou verby die huis te ry wat moontlik my grootouers se huis was. Niks gesê van uit die kar klim en deur winkels stap nie.

Maar Elna is al amper in die winkel, dus skarrel ek dapper agterna en probeer die verbaasde klante se kyke ignoreer. Twee voortvarende tannie-Maria-speurders in swemklere en plakkies op soek na leidrade, weliswaar nie om 'n moord op te los nie, maar om 'n huis van lank gelede te vind.

Helaas, die agterplase lyk almal ewe onherkenbaar. G'n teken van 'n groentetuin of 'n outydse watertenk nie. Ons moet dus die saak voorlopig sluit, cold case verklaar, tot ek weer by my foto-albums in 'n skeepshouer in Frankryk uitkom en 'n kiekie van Oupa en Ouma se huis vind.

Volgende keer bring ek 'n foto saam, neem ek my voor.

"As jy eers begin krap het waar dit jeuk, kan jy mos nie sommer ophou krap nie," sê ek vir Alain.

Hy kyk verbaas na my. "Maar jy het nie eens geweet jy jeuk voor ons op Stilbaai beland het nie."

"Wel, nou jéúk ek. En dis nie die begraafplaasmiere nie," sê ek voordat hy verder kan stry.

In 'n poging om die jeuk te laat bedaar, gaan koop ons lamstjops by die slagter op Droëvlakte anderkant Stilbaai. Ouma en Oupa het beweer die skaap- en lamsvleis in hierdie omgewing het 'n unieke smaak omdat die slagdiere heeldag tussen die Stilbaai-bossies wei. Hulle smaak so lekker want hulle eet so lekker, het ons familie geglo, lank voordat slim reklame-mense dié slagspreuk uitgedink het om Farmer Brown-hoenders te ver-kwansel.

"Dis seker ook 'n manier om my grootouers te huldig," bespiegel ek terwyl die Fransman aan 'n gebraaide lamstjop smul.

Ná die braaivleis eet ons dik snye potbrood en handgemaakte kaas van Kasselshoop, want Kasselshoop behoort aan Stilbaai se Kasselmans, en my ouma was altyd trots op haar Kasselman-bloed.

"As jou soektog na jou verlede gaan aanhou om sulke lekker kos op te lewer," verklaar my man, "sal ek aanhou om jou te help soek."

Ek vat nog 'n hap van die sagte potbrood en wonder wat ek hom vol-gende kan laat proe.

26. ONS RY GRUISPAD EN KOU KLIPPE

As 'n Europeër in Afrika beland, wil hy wilde diere sien. Al die ander dinge wat ek vir my Fransman wil wys, van kunswerke en kosmarkte tot geskiedkundige geboue en verruklike natuurtonele, kan hy ook in Europa sien. Maar olifante en leeus?

Dis waarom ons van Stilbaai af kuslangs na die Oos-Kaap kruie, in die rigting van die Addo-olifantpark. Dis een van te veel plekke in my eie land waar ek nog nie voorheen was nie – en waar ek moontlik nooit sou uitgekom het as ek nie saam met die Fransman gereis het nie.

Enige Afrika-dier maak hom kinderlik opgewonde, selfs dié waaroor ek lankal blasé geraak het, soos die troppe bobbejane wat ons langs verskeie bergpaaie teëkom. En hierdie verwondering maak my op my beurt van nuuts af verwonderd. Dit herinner my aan toe ek die eerste keer ma geword het en weer deur die oë van 'n kleuter na wolke en bome en klippe leer kyk het.

Soos gewoonlik kies ons ompaaie en kleiner paaie, en in Suid-Afrika beteken dit dikwels grondpaaie, gruispaaie, sandpaaie, die soort waarvoor jy eintlik 'n vierwielaangedrewe voertuig nodig het. Maar die Fransman beweer om op 'n glyerige grondpad te bestuur is min of meer dieselfde as om op 'n gladde sneeupad te bestuur. Hoewel daar byna geen grondpaaie in Frankryk oor is nie, het hy genoeg ervaring van sneeupaaie.

"Bof," sê hy. "Ná daai ysstorm wat ons in 'n gehuurde karretjie in Amerika moes aandurf, gaan ons mos nie vir 'n grondpad skrik nie!"

"Praat vir jouself," sê ek, want die grondpaaie wat ons tussen Plettenbergbaai en Jeffreysbaai in ons gehuurde Toyota Yaris ry, laat my voel asof my binnegoed losgeskud word. Asof my niere en my lewer en my hart in 'n rukkerige wasmasjien gepak is. Maar die landskap waardeur hierdie grondpaaie ons lei, is so betowerend dat ek bereid is om my binnegoed prys te gee.

Ons kom so skud-skud op Kaap St. Francis aan en ry reguit na die Seal Point-vuurtoring – het enigiemand gedog ek sou so 'n versoeking kon weerstaan? – op 'n stukkie land wat soos 'n astrante tong vir die see uitgesteek word. Tot my vreugde kan ons die trap tot heel bo klim, waar ons beloon word met 'n uitsig van 180 grade oor blou see en wit branders, blou lug en wit wolke, so ver soos die oog kan sien. Selfs die Fransman, wat nooit so gretig soos ek in vuurtorings opklim nie omdat hy met hoogtevrees sukkel, erken hy is bly hy het dit dié keer gedoen.

"Gelukkig het ons nie dieselfde vrese en fobies nie," besin ek terwyl ons die uitsig bewonder. "As ek ook bang was vir hoogtes en koue water, sou ons nooit in 'n vuurtoring opgeklim het of in die see geswem het nie."

"En as ek ook bang was vir grondpaaie en sneeupaaie, sou ons die helfte van die pret gemis het."

Dis nie altyd pret nie, besluit ek 'n paar dae later toe ons huurkarretjie se een agterband pap word in die Addo-olifantpark, langs 'n watergat waar dosyne olifante ongemaklik naby die motor staan. Heeltemal te naby om uit te klim om die band om te ruil, soos Alain ewe galant aanbied om te doen.

Ek skud my kop verslae en kry die aakligste déjà vu-gevoel van my lewe. In my kinderjare het ons gesinsmotor in één onvergeetlike naweek in die Krugerwildtuin twéé pap bande gekry. Die eerste keer was ons baie ver van die naaste kamp en Pa moes noodgedwonge uitklim om die band om te ruil terwyl Ma en ons kinders die omgewing met 'n verkyker bespied om te probeer keer dat Pa deur 'n leeu bespring word. Die tweede keer was daar natuurlik nie meer 'n spaarwiel wat omgeruil kon word nie en aangesien dit lank voor die era van selfone was, moes ons maar in die motor sit en wag tot 'n barmhartige Samaritaan die kamppersoneel gaan inlig. Die kar moes terug na die kamp gesleep word, waar ons toe boonop dae lank vir 'n nuwe band moes wag en gevolglik heelwat langer as die beplande naweek in die wildtuin deurgebring het.

En nou is ek vir die eerste keer in dekades weer in 'n Suid-Afrikaanse wildreservaat en ek wonder of ek gedoem is om hierdie ervaring oor en oor te beleef. Daar is blykbaar nie leeus in dié park nie, maar om deur 'n olifant platgetrap te word is net so 'n nare vooruitsig soos om deur 'n leeu opgevreet te word.

Ons enigste troos – terwyl die son begin sak en ons weet die kamp se hekke gaan binnekort toemaak vir die nag – is dat ons naby die kamp is. Skaars tien minute se ry, as ons op al vier bande kon ry. Al wat ons nou kan doen, is om stadig, baie stadig, op drie wiele en een wielnaaf kamp toe te beweeg. Ons sou vinniger kon stap, maar dan sou ons die olifante en ander wilde diere moes trotseer.

Die oomblik toe ons veilig in die kamp is en die hek agter ons toegemaak word, begin ons hulpeloos lag. Die band is vermoedelik stukkend gesteek deur 'n pendoringtak wat soos 'n slagyster op die grondpad gelê het, maar dis darem 'n meer avontuurlike storie om te vertel as die een oor die keer toe ons teen 'n sypaadjie in Lausanne vasgery het. En ná al die derduisende kilometers wat ons die afgelope ses maande op drie vastelande gery het, is twee pap bande rêrig nie 'n slegte rekord nie.

Die band is onherstelbaar beskadig, maar die twee petroljoggies by die kamp se klein diensstasie help ons vinnig om dit met die spaarwiel te vervang.

"Watse taal praat hy?" vra die vroulike joggie vir my, in Afrikaans, terwyl Alain en haar kollega die spaarwiel uit die bagasiebak haal.

Toe ek sê dis Frans, slaan sy haar hande saam en vra verbaas of hy dan glad nie my taal praat nie. Hy ken die lekkerste vloekwoorde, verseker ek haar, wat haar genoeg amuseer om vir Alain te gaan vra of dit waar is dat hy 'n paar Afrikaanse woorde ken. Gelukkig sien hy die vonkel in haar oë en stel haar nie teleur met "die babatjie slaap" (sy eerste Afrikaanse sin) of iets so voorspelbaar soos "ek is lief vir jou" nie.

"Ja," sê die Fransman, "my gunsteling is 'fokkof'."

Sy ontplof van die lag en gaan roep twee kollegas, een selfs uit die kantoor, om te kom kyk na hierdie rare gedoente. 'n Fransman wat in Afrikaans vloek is vir hulle so opwindend soos wat 'n trop olifante vir die Fransman is.

Alain grynslag toe ons weer in die kar klim. "Bly as ek iets kan teruggee in ruil vir alles wat ek in dié land kry."

Ná ons genoeg olifante van naby gesien het om selfs die Fransman effens verveeld na olifante te laat kyk, ry ons met die spaarwiel na Cradock, waar ons 'n nuwe band moet koop. Maar ons kry dit steeds nie reg om die kortste, maklikste pad te kies nie. Ons word verlei deur 'n ompad wat ons na die dorpie Paterson vat, bloot omdat een van my voorsate aan moederskant 'n Paterson van Inverness in Skotland was. Geen skakel, sover ek weet, tussen die dorpie en my Skotse oeroupa nie.

"Maar mens weet nooit," sê ek toe ons voor 'n poskantoortjie in die hoofstraat van Paterson stilhou.

Dis die enigste plek waar die naam van die dorpie mooi duidelik teen 'n muur geverf is, en ek wil 'n foto vir die kinders neem, net ingeval een van hulle dalk in my familiegeskiedenis belangstel. Alain laat my teen die poskantoormuur poseer en ek probeer om nie so selfvoldaan te lyk soos 'n toeris wat 'n selfie voor die Eiffeltoring neem nie. Maar terwyl ek so kamma nonchalant voor Paterson se poskantoor na die kamera staan en kyk, hou 'n polisievangwa langs ons stil en 'n kwaai polisieman wil weet waarom ons die poskantoor afneem. Weet ons nie dis onwettig om staatsgeboue af te neem nie?

Ek wil eers verontwaardig raak. As ons twee slinkse spioene was wat staatsgeboue bespied, sou ons tog seker 'n beter teiken gekies het as hierdie verwaarloosde plattelandse poskantoortjie? Maar om die vrede (en die kiekie) te bewaar, praat ek liewers mooi, verduidelik dat ons eintlik net die naam teen die muur wil afneem, nie die hele gebou nie.

"Ek is 'n afstammeling van 'n Skotse Paterson," sê ek vir die fronsende middeljarige polisieman, "en ons het al die pad van Frankryk af gekom om hierdie foto te neem."

En Alain smeek sommer 'n stukkie saam, met 'n paar Franse woorde ingegooi, want ons dog die polisieman gaan ons beveel om die foto uit te wis. Maar ons het beslis te veel spioenasieflieks gekyk. Hy skud net sy kop en beduie ons moet padgee, en toe ons wegry en vir hom waai, glimlag hy sowaar.

Toe ek weke later dapper genoeg raak om die ongeoorloofde foto aanlyn te wys, ter illustrasie van 'n reisrubriek wat ek langs die pad geskryf het, kontak 'n behulpsame inwoner van Paterson my en vertel my die geskiedenis van die dorp en sy naam. Dit het net mooi niks met my Paterson-voorvader te doen nie, weet ek nou vir seker. Maar as ons nie op Paterson stilgehou het nie, sou ek steeds nie geweet het nie.

Al wat Alain op Cradock wil doen, behalwe om 'n nuwe spaarwiel te koop, is om saam met Tony en Diane te eet. Tony is 'n bekroonde kos-skrywer en uitstekende kok, en hulle is albei bedrewe joernaliste wat weet hoe om 'n sappige storie oor 'n behoorlike bord kos te vertel. Ek sien net so daarna uit om saam met hulle te kuier, maar ek het nog 'n rede om Cradock toe te kom.

Ek wil Olive Schreiner se huis besoek, maar eers moet ek vir die Frans-man verduidelik wie Olive Schreiner was, want soos die meeste van sy landgenote ken hy nie haar werk nie. Anders as die meeste van hulle het hy darem al haar naam gesien, want 'n pragtige hardeband-uitgawe van *The Story of an African Farm*, met 'n middernagblou omslag en goue letters, het jare lank op my Franse bedkassie gelê. Miskien het hy dit ver-geet, want dit was in ons vorige lewe, toe ons nog bedkassies gehad het, en daardie lewe voel elke dag verder weg van ons.

Schreiner was nog in haar twintigs toe haar baanbrekende bildungs-roman in 1883 in Brittanje verskyn het, die eerste Suid-Afrikaanse literêre werk wat wyd in die Engelssprekende wêreld gelees is. Ironies dat 'n roman met so 'n sterk feministiese aanslag aanvanklik onder die manlike skuil-naam Ralph Iron gepubliseer is, vertel ek vir die Fransman. Sy het gevolg in die voetspore van beroemde voorgangers soos Mary Ann Evans, wat 'n dekade vroeër *Middlemarch* onder die skuilnaam George Eliot geskryf het, en Amantine Lucile Aurore Dupin de Francueil, wat 'n verstommende aan-tal boeke as George Sand gepubliseer het. Maar anders as die twee Georges het Schreiner haar eie naam teruggevat vir verdere boeke soos *Woman and Labour,* die "feministiese bybel" wat in 1911 verskyn het. Daarom ken ons haar vandag as Olive Schreiner – terwyl min mense weet wie Mary Ann Evans of die Franse Amantine-met-die-baie-name was.

Schreiner House is die Victoriaanse huis op Cradock waarin die skry-wer tussen die ouderdom van twaalf en vyftien gewoon het. Deesdae is dit 'n beskeie maar goedversorgde museum wat selfs 'n Fransman wat glad nie haar werk ken nie kan boei. Verskeie aanhalings uit haar boeke en briewe is teen die mure van die huis vergroot, sommige in haar eie handskrif.

South Africa is like a great, fascinating woman; lees ons, *those who see her for the first time wonder at the power she exercises, and those who come close to*

her fall under it and never leave her for anything smaller, because she liberates
them.

Ek verstáán hierdie woorde, omdat ek hier gebore is en nooit werklik die land verlaat het nie, al woon ek al dekades in 'n ander land. Maar ek wonder steeds of my man, wat die land nou vir die eerste keer werklik leer ken, die bevrydende mag van hierdie stuk aarde kan begryp.

"Ek was bang dat ons reis na die binneland jou sou afskrik," bieg ek, 'n bietjie beskaamd.

Hy kyk onbegrypend na my. Tot dusver het hy my vriende en familie hoor kla en spot oor paaie vol potholes en die verval van plattelandse dorpe, oor onbevoegde munisipaliteite en vullis wat nie verwyder word nie, maar hy het nog min hiervan self belewe. Ons het die Wes-Kaap en Suid-Kaap verken, stede en dorpe waar jy jou soms amper kan verbeel jy is in Europa. Nou is ons op Cradock, wat deesdae Nxuba genoem word, met 'n tongklapklank wat vir die Fransman selfs moeiliker is om na te maak as die growwe g en die rollende r van sy vrou se taal. Hier moet ons selfs in die hoofstraat van die dorp vir sinkgate uitswenk.

"Hier in die Oos-Kaap is alles wilder en meer vervalle," verduidelik ek. "Minder Europees. Ek was bang . . ."

"As ek in Europa wou gewees het," sê hy, "sou ek mos nie na die suid-punt van Afrika gereis het nie."

"Ja, maar soms wíl mens op 'n rowwe plek wees – en dan's dit nogtans 'n helse skok as jy daar uitkom. Soos daai arme Asiatiese toeris in die Greyhound?"

Die herinnering laat hom glimlag. "Só naïef is ek darem nie. Onthou, ek belewe die land al jare lank deur jou oë."

"Ek hoop so." Maar ek is steeds nie oortuig nie.

Die volgende dag vat ons nog 'n beproewende bergpad na Nieu-Bethesda, onder in 'n vrugbare vallei, nog 'n plek wat ek al soveel keer in my verbeelding besoek het dat ek beswaarlik kan glo ek was nog nooit in lewende lywe daar nie. Weer eens om hulde te betoon aan 'n besonderse vrou, en soos met Olive Schreiner moet ek eers vir die Fransman verdui-delik wie Miss Helen Martins van Die Uilhuis was.

Haar afgesonderde lewe en die obsessiewe manier waarop sy haar eenvoudige tuiste in 'n kunswerk omskep het, herinner hom aan Le Facteur Cheval van die dorpie Hauterives in Frankryk. Hierdie posbode (*facteur*) met die van Cheval (wat "perd" beteken) het van 1879 af op sy daaglikse posroete klippe opgetel en huis toe gedra. Klippe waarmee hy meer as drie dekades lank aan 'n fantastiese klein kasteeltjie gebou het, 'n kunswerk gebore uit drome en frustrasie, met vreemde standbeelde wat sy bure laat vermoed het hy is die kluts kwyt. Ná sy dood is sy skepping, Le Palais Idéal (Die Ideale Paleis), tot nasionale monument verklaar, 'n manjifieke voorbeeld van *art brut,* en deesdae is Hauterives se vernaamste bron van inkomste die derduisende toeriste wat die posman se paleis kom bewonder.

Miss Helen se fabelagtige huis het Nieu-Bethesda ook op die toeriste-kaart geplaas. Die verskil is dat jy op verskeie groot teerpaaie na die Franse posman se paleis kan ry, terwyl jy die kurwes van stamperige bergpaadjies moet aandurf om Miss Helen se huis te bereik. Nieu-Bethesda is steeds nie die soort plek waar jy toevallig verbyry en bloot uit nuuskierigheid stilhou nie.

Ons ry dus doelgerig daarheen, ek om Die Uilhuis te sien en die Frans-man om roomys te eet. Op Cradock het Tony ons vertel van die fantastie-se knoffelroomys wat die jong sjef Barbara Weitz maak, en ek het dadelik geweet dít sal die Fransman na die afgesonderde dorpie lok. Ek moet nog die roomys sien wat hy kan weerstaan. En knoffel, nou ja, hy's Frans, wat kan ek sê?

Die restaurant Stirlings, skuins oorkant Die Uilhuis, is genoem na Bar-bara se lewensmaat se oupa wat lank gelede die algemene handelaar op die dorp was. Dis 'n stylvolle, sober ruimte waar die sjef elke maand 'n nuwe spyskaart-met-'n-storie gebaseer op plaaslike produkte skep. Ons plan is om net gou by Stirlings in te glip vir die roomys, maar toe ons die spyskaart sien, weet ons dat ons nie net roomys gaan eet nie.

Uiteindelik eet ons soos honger ruspes dwarsdeur die sesgang-spys-kaart. Die Fransman proe vir die eerste keer spekboomblare, en kruie soos wilde-als, balderjan en kankerbos, en heuning so donker en dik soos melasse. Elke gereg word op so 'n unieke manier voorgesit – wilde Kaapse appelliefies en spekboom-pesto op 'n stuk hout uit die omgewing, springbok-carpaccio op 'n gladde klip wat miljoene jare oud is, groente-

207

sop met 'n mosbolletjie op 'n geërfde bord van porselein, moerkoffie in 'n blikbekertjie met mebos langsaan – dat die ganse maal 'n meesleurende storie word.

"Wat kom volgende?" vra die Fransman ná elke hap, daardie vraag wat alle stories voortdryf.

"Fluit-fluit, die storie is uit," sug ek toe ons oplaas die ete afsluit met die knoffelroomys waarvoor ons gekom het. Die knoffelsmaak is subtiel, die geur 'n suspisie eerder as 'n reuk, die roomys selfs romeriger as wat ons sou kon droom. Jy hoef nie Frans te wees om dit te waardeer nie.

Maar die volgende dag, in die Vallei van Verlatenheid, gaan die storie weer voort. Hierdie reusagtige bergkom naby Graaff-Reinet wou ek ook lankal besoek – net omdat die naam so liries en verdrietig klink, soos iets uit die Bybel – en nou is ek hier om vir my lewensmaat nog 'n plek te wys waar ek miskien nooit op my eie sou uitkom nie. Ons wag tot sonsondergang, wanneer die rotsformasies roosagtig gekleur word en die ganse omgewing 'n goue gloed kry. Ons staan in stilte en staar, ons soek nie eens na woorde nie, ons wens net ons oë was groter om beter te sien. Dis vir my meer aangrypend as die Grand Canyon in Amerika, maar ek sê dit nie hardop nie, want ek weet ek kan nie objektief na hierdie land se natuurskoon kyk nie.

Laataand sit ons op die stoep voor ons buitekamer in Graaff-Reinet se geskiedkundige Drostdy Hotel, waar ons onsself vir twee nagte bederf, en kyk op na die Suiderkruis in die gitswart lug, en ek hoor hoe my Frans-man "Vallei van Verlatenheid" fluister. Asof hy wil seker maak dat hy dit nooit vergeet nie.

"Dit was selfs beter as die Grand Canyon," sê hy.

Ek glimlag in die donker. Ek was verniet bang. Olive Schreiner was reg. Hierdie land het die Fransman ook oorrompel.

27. SAAM MET SPRINKANE DEUR DIE KAROO

Die rede waarom my Fransman nog nooit in die Karoo was nie, is dat ek altyd gesê het ons moet wag tot ons eendag meer tyd het. Want vir die Karoo, so glo ek, het jy tyd nodig. Jy kan nie in 'n dag deur die enorme streek ry, iewers oorslaap, en jouself bluf dat jy die Karoo ervaar het nie. Jy moet die Karoo tyd gun om onder jou vel in te kruip.

Dis seker waar van baie ander plekke in die wêreld, maar dit voel vir my méér waar as ons van die uitgestrekte droë vlaktes en berge en dale van die Karoo praat.

Nou het daardie eendag wat ek vir Alain belowe het, oplaas aangebreek. Ons het steeds nie genóég tyd nie, ek weet nie of enige reisiger ooit genoeg tyd sal hê om die Karoo van binne en buite te leer ken nie, maar ons het meer tyd as ooit voorheen. Ons kan 'n week of drie in die Karoo deurbring, van die Klein-Karoo tot die Groot-Karoo, ons kan op verskillende dorpe oorslaap en op ander dorpe rondstap en koffie drink of eenvoudig op 'n ou hotelstoep sit om na die stilte te luister en die oneindigheid in te staar.

Ons eerste road trip deur die streek begin in die omgewing van Cradock en Graaff-Reinet, van waar ons noordwaarts mik na Richmond, en dan in die rigting van die sonsondergang na Victoria-Wes, Loxton, Carnarvon, Williston, Calvinia en wie weet waar. Dis nie my eerste keer op enige van hierdie dorpe nie, maar dis die eerste keer in my lewe dat ek heelpad vergesel word deur sprinkane. 'n Sprinkaanplaag wat my aan die Ou Testament herinner, tref die Karoo presies toe ons deur die streek ry.

Soos enige natuurverskynsel wat verwoesting saai, soos vloedreëns, orkane en aardbewings, is 'n wolk van sprinkane 'n ontsagwekkende ding om te sien. Ek het in die suburbs grootgeword, baie ver van sprinkaanplae, maar dis deel van die mitologie van my kinderjare. Nie net die legendariese plaag waarmee die Egiptenare in die Bybel gestraf is nie, maar ook die sprinkaanswerms wat soms plaasfamilie se landerye kaal gevreet het. 'n Jaar se arbeid wat binne 'n paar uur vernietig word, groot mans wat snot en trane huil van moedeloosheid, dis die soort stories wat ek van kleins af hoor.

En tog het ek dit nog nooit met my eie oë aanskou nie.

Gedurende hierdie reis deur die Karoo sien ek gelukkig nie landerye wat kaalgevreet is nie, want ons ry deur dor dele waar geen gewasse geplant is nie, net Karoobossies waaraan skape kou. Maar ek sien meer sprinkane as wat ek gedog het op aarde kan bestaan. Die vlieënde volwasse insekte vorm swart wolke op die horison en verduister soms die hemel soos wanneer 'n planeet voor die son inskuif. Die jonger sprinkane wat nog nie kan vlieg nie, word 'n bewegende rooierige tapyt op die teerpad voor ons. Hulle word in hulle duisende doodgery deur motors en vragmotors, maar steeds bly die tapyt beweeg, steeds kom daar nog sprinkane aan om die pad oor te steek. Dit lyk asof hulle vir ewig gaan aanhou aankom. Of tot hulle ook kan vlieg en opstyg om nog 'n dreigende swart wolk voor die son te word.

Ons moet 'n hele paar keer stilhou om dooie sprinkane van die ruitveërs en die voorkant van die motor af te skraap. Dis 'n grillerige gedoente, en 'n week ná ons die Karoo verlaat het, sien ons nog verlore sprinkaanlykies iewers teen die Toyota vassit. Maar Alain dink dis 'n fantastiese ervaring.

"Hoeveel Franse wat deur die Suid-Afrikaanse platteland reis, kan 'n persoonlike storie oor 'n sprinkaanplaag vertel?" vra hy met blink oë.

En ek besef weer eens waarom hy so 'n goeie reismaat is.

Volgens Steinbeck reis ons dikwels nie om te sien nie, maar om te vertel wat ons gesien het. Deesdae is dit eerder om te wýs wat ons gesien het, veral op sosiale media. Die stories word minder, die prentjies al hoe meer. Gelukkig is daar nog ervarings wat jy nie in 'n video'tjie op Instagram kan vasvang nie, belewenisse wat jy lank daarna nog probeer verwoord, al is dit net 'n gesprek tussen jou en die reismaat wat dit saam met jou belewe het.

Die sprinkane van die Karoo sal vir ons so 'n ervaring bly.

Ons eerste oornagplek ná Graaff-Reinet is Richmond, wat al ons vooropgestelde idees oor 'n dorpie in die middel van die Karoo-vlaktes omvergooi. Ek onthou Richmond uit my tienerjare as 'n vaal kol langs die N1, halfpad tussen Colesberg en Beaufort-Wes, wat vir my ook net vaal kolle was terwyl ons van die Transvaal na die Kaapse see gejaag het vir ons jaarlikse vakansie. Soms het ons in 'n motel op een van die vaal dorpe oorgeslaap, en omdat daar absoluut niks was om te doen vir 'n tiener wat oor wêreldstede droom nie, het ek vroegaand met 'n boek in die bed geklim. En vroeg die volgende oggend het ons verder gery, sonder dat 'n enkele gebou of mensgemaakte ding 'n duik in my geheue gemaak het.

Maar soos Dylan in daardie manjifieke strydlied "My Back Pages" sing: *Ah, but I was so much older then, I'm younger than that now.* Noudat ek jonger en meer oop van gemoed is as toe ek 'n tiener was, weet ek dat selfs die vaalste dorpie 'n bekoring kan hê wat 'n haastige reisiger nooit gaan voel nie.

En Richmond het 'n hergeboorte ondergaan sedert ek laas hier was. Ek weet dat 'n gewilde boekfees jaarliks hier gehou word, dat Richmond 'n soort "boekedorp" geword het met verskeie tweedehandsboekwinkels, maar ek het nie verwag om vermaaklike literêre graffiti teen die mure te sien terwyl ons laatmiddag deur die stil strate wandel nie. *'n Goeie boek is een wat met groot verwagting oopgemaak en met groot wins toegemaak word,* lees ons op 'n muur in die hoofstraat.

Ek is nog besig om die woorde vir die Fransman te vertaal toe 'n jongman ons van skuins oorkant die straat nader wink en ons by 'n kunsgalery inlok. Tino Williams is 'n plaaslike inwoner wat by die Modern Art Projects werk, en ek sal hom ewig dankbaar bly dat hy die MAP-galery vir ons gewys het, anders het ons waarskynlik verby gestap, salig onbewus van die skatte wat hier weggesteek word. Want wie verwag nou kuns van internasionale gehalte, deur 'n wye verskeidenheid van bekende kunstenaars, op 'n slaperige agtermiddag in die middel van die Karoo?

Ons voete word onder ons uitgeslaan deur Willem Boshoff se *Word Woes*, 'n hele baksteenmuur vol woorde wat in Afrikaans én Engels bestaan, maar met 'n verskillende betekenis in elke taal, soos die titel van die kunswerk reeds aandui. Vir my en my Fransman wat al dekades lank tussen tale moet rondspring om mekaar te verstaan, klink elke woord op hierdie muur soos 'n towerspreuk, van *bad* en *bye* tot *pad* en *pram*, selfs langer woorde soos *gladder* en *telling*. Hy spreek die woord in Engels uit en ek herhaal dit in Afrikaans, en telkens lag ons, verras en verwonderd.

Tino begelei ons ook na die boekbind-projek langsaan, waar ou aartap-pelsakke en meelsakke omskep word in buiteblaaie vir verleidelike nota-boeke, en ek koop dadelik drie.

"Vir ons reisherinneringe," sê ek verskonend, want ons het mekaar mos belowe ons gaan nie onnodige goeters koop nie.

"Dis so noodsaaklik soos kos," sê Alain.

Ek vat sy hand toe ons verder stap, tot by die stylvolle Richmond Café waar ons melktert en koffie bestel. Toe ek die skilpadjies op die spyskaart sien, bespreek ek sommer ook 'n tafel vir aandete.

"Skilpadjies?" Hy weet nie of hy besorg of opgewonde moet wees nie. Die Franse eet paddas en perde, slakke en hase en wie weet wat nog alles, maar skilpad het hierdie Fransman nog nooit probeer nie.

"Dis die poëtiese naam vir lewer wat in netvet toegedraai is," stel ek hom gou gerus. "Jy sal mal wees daaroor. Vertrou my, liefie."

Die volgende dag verklaar die Fransman dat skilpadjies sy nuwe guns-teling- Suid-Afrikaanse dis is, in elk geval tot hy iets lekkerders proe, wat waarskynlik binnekort sal gebeur.

Ons sit op 'n kafeestoep op Loxton en kyk na al die dooie sprinkane teen ons motor en drink weer eens 'n baie lekker koppie koffie. En ek voel my weer eens verplig om te verduidelik dat die uitstekende koffie en stylvolle eetplekke wat ons oral op die Suid-Afrikaanse platteland aantref, 'n taamlik onlangse verskynsel is. In my kinderjare het ek net kitskoffie en eenvoudige padkafees geken.

Ons val so maklik in die slaggat van nostalgie wanneer ons terugkeer na lank gelede se platteland. Ons betreur ou geboue wat platgestoot is, bome wat afgekap is, groot stukke veld wat toegebou is, heinings en vei-ligheidshekke wat opgerig is. Bure wat mekaar nie meer ken nie. Mense wat vreesbevange en wantrouig geword het.

"Maar daar is ook dinge wat beter geword het," verseker ek my reisge-noot. "Soos koffie."

En ná al die aaklige koffie wat ons op die Amerikaanse platteland moes drink, waardeer ons elke koppie ordentlike koffie net nog meer.

Loxton ken ons eintlik net deur Deon Meyer se speurromans, asook een of twee flieks wat op sy boeke gebaseer en in hierdie omgewing verfilm is. Maar hierdie fiksionele voorkennis laat ons koffie op 'n kafeestoep op Loxton byna soos koffie in New York se Central Park proe. Dieselfde déjà vu-gevoel, op 'n meer beskeie skaal, natuurlik. Watse fliek was dit nou weer? Uit watse boek kom dié toneel?

Ons sou heeldag hier kon sit. Die kerkklok lui 'n slag, 'n skaap blêr in die verte, 'n man kom op 'n perd verby gery. As dit nie vir die enkele motors was wat ons kan sien en hoor nie, sou ons ons kon verbeel ons het teruggereis in die tyd.

Ek krabbel 'n paar lui woorde neer in die meelsak-notaboek wat ek op Richmond gekoop het. Dit voel soos om 'n nuwe skip te water te laat. Mag sy veilig vaar, hierdie boekskip en al die woorde wat ek nog in haar wil skryf. Ek onthou 'n sin van Olive Schreiner wat ek in haar huis op Cradock gelees het en wonder of ek dit nie as motto vir my meelsak-boekskip moet leen nie: *How hard it is to make your thoughts look anything but imbecile fools when you paint them with ink on paper.*

Uiteindelik kry ons dit reg om op te staan en weer in die kar te klim. Ons moet teen oormôre by vriende in Namakwaland wees en daar lê nog 'n lang stuk Karoo-pad voor. Ons ry deur 'n rits dorpe waar ek al voorheen was, Carnarvon, Williston, Calvinia, maar wat die Fransman glad nie ken nie. En ek begin vermoed dat ek ook nie werklik 'n enkele dorp in die Karoo ken nie. My kennis is gebou op herinneringe van lank gelede, en dis nooit 'n betroubare fondament nie.

Die dorpe het inderdaad verander van ek laas daar was, maar die landskap rondom die dorpe bly dieselfde, oop en wyd en leeg. Selfs mooier as wat ek onthou in die genadige laatmiddaglig van die herfs. Want dis sowaar weer herfs, ons tweede herfs in ses maande, eers in die noordelike halfrond en nou hier onder die Suiderkruis.

"Ek kon nog nooit mense se swaeltjie-versoeking verstaan nie," sê ek iewers langs die pad met my oë op die ruwe berge in die verte. "Die smagting na 'n ewige somer, somer in die noorde afgewissel met somer in die suide. Ons het tog winter nodig om somer te waardeer?"

"Maar as 'n ewige herfs moontlik was?" sê-vra Alain.

"Aag, ek weet nie. Herfs is seker maar soos ou begraafplase en vuurtorings. Dit bevredig iets melancholies in my wat ek nie kan wegwens nie."

Nog 'n vreugde van 'n Karoo-reis is die lieflike pleknaam, hoewel ek dikwels sukkel om dit vir my reismaat te vertaal. Die Vallei van Verlatenheid dra net nie dieselfde alliteratiewe eensaamheid oor in enige ander taal nie. Gelukkig is die klank soms so mooi dat vertaling onnodig word. Soos Kamdeboo of Hantam – twee woorde uit die Khoi-taal wat die Fransman bekoor bloot omdat hy dit maklik genoeg kan uitspreek. Kamdeboo beteken "groen holte", en Hantam iets soos "berge waar die bolle groei". Hantam was Calvinia se oorspronklike naam tot die eerste dominee dit in 1851 verander het om die Protestantse kerkhervormer Calvyn te huldig.

"Ek weet nie waarom ek nooit voorheen gekliek het dat Calvinia na Calvyn genoem is nie," sê ek toe ons Calvinia binnery.

Ons hou stil voor 'n hotel in 'n stowwerige straat en ek bestel 'n glas wyn. Nadat ek in Genève rondom Calvyn se kerk gestap het en 'n bier gedrink het wat sy naam dra, voel dit gepas om hier in my geboorteland, op 'n dorp wat ook sy naam dra, 'n glas wyn te drink. Nie nagmaalwyn nie, sommer net wyn vir die pyn, soos ons in my tienerjare gespot het.

"Wyn vir Calvyn," sê ek en lig my glas in 'n heildronk.

"Of suurlemoensap vir 'n ou suurpruim." My Fransman klink sy glas limonade teen myne. Ek bly my aan hom verwonder. Aan hoe hy onder sy depressie uitgereis het, tot hier toe, sonder om te swig voor die vergetelheid wat alkohol kan bring. "Wat kyk jy my so?"

"Ek begin nou eers rêrig besef hoeveel ons gewaag het toe ons hierdie reis aangepak het," erken ek oplaas op 'n hotelstoep in Calvinia. "Ek weet nie hoe jy dit doen nie."

"Ek dog ons doen dit saam?" Hy glimlag om sy verleentheid weg te steek. "Hier sit ons nou. Ons kan nie anders nie. Was dit nie wat Calvyn gesê het nie?"

"Dit was Luther. En hy't gestaan, nie gesit nie."

"Ons kan dit verander," stel hy voor. "Hier reis ons nou. Ons kan nie anders nie."

En so kom ons eerste Karoo-reis tot 'n einde, want ons volgende bestemming is Nieuwoudtville in Namakwaland. Ons beplan nog minstens twee reise deur ander dele van die Karoo, wat weer ander avonture sal bring, maar ons sal nie weer deur sprinkaanwolke ry nie.

Elke road trip is anders. Selfs al ry jy presies dieselfde pad twee keer, sal dit nie dieselfde reis wees nie. Heraklitus het gesê jy gaan nooit twee keer by dieselfde rivier in nie, 'n stelling wat my vroeër in my lewe verwar het, want die Seine bly tog die Seine en die Ryn bly die Ryn, nes die Oranjerivier altyd die Oranjerivier bly.

Maar noudat ek soveel jonger geword het, weet ek dat enige rivier, nes enige reis, nooit ophou verander nie.

28. ALLE PELGRIMS KEER WEER HUIS TOE

Tuis is nie waar jy gebore is nie, skryf die Egiptiese digter en Nobelprys-wenner Naguib Mahfouz; tuis is waar al jou pogings om te ontsnap tot 'n einde kom.

Ja, ek wonder en wroeg steeds oor tuis en huis en wegkom en terug-keer terwyl ons deur die Karoo en die Bokkeveld en Namakwaland en die Sandveld reis.

Op Nieuwoudtville kuier ons by Piet en Desima, stadsmense wat hier op die droë vlaktes baie ver van enige stad vir hulle 'n tuiste geskep het, met honde en hoenders en selfs 'n paar perde op 'n groot erf aan die rand van die dorp. Hulle huis is vol geliefde, deurleefde meubels, Piet kook dat die sous spat en Desima gee jogaklasse en werk aanlyn as prokureur, en hulle mis glad nie die opwinding van die stad nie.

Ons ry saam met hulle na John en Saar se huis in dieselfde omgewing, maar selfs meer afgesonder, ver van die dorpslewe of enige ander mense, op die plaas Katstaartlaagte op die rand van 'n plato met 'n uitsig tot in die ewigheid in. John het die huis met sy eie hande gebou ná hy moeg geraak het vir die akademiese en literêre lewe in Johannesburg, en hulle het dit gevul met John se duisende boeke en die mure behang met Saar se groot, kleurvolle skilderye. Hier kan hulle lees en skilder, *far from the madding crowd*, en boer en tuinmaak en hulle volgende reis beplan. Want hulle bly reisigers, maar dis hulle tuiste dié, die plek waarheen hulle tel-kens terugkeer.

My Fransman weet nie dat John 'n bekende skrywer is nie. Ek moet hom van John Miles vertel, soos ek hom van Olive Schreiner moes vertel voor ons haar huis op Cradock besoek het. Nie dat dit 'n verskil maak aan die hartlikheid waarmee ons verwelkom word nie, maar ek wil hê hy moet weet dat hierdie bebaarde boer in die apartheidsjare een van die stigterslede was van 'n alternatiewe uitgewery wat belangrike boeke gepu-bliseer het waarvoor die hoofstroom-uitgewerye nie kans gesien het nie.

"Hy's ook die skrywer van die enigste Afrikaanse kinderboek wat ooit verbied is," noem ek terloops. Dít imponeer die Fransman amper meer as die alternatiewe uitgewery. "Sy bekendste roman is *Kroniek uit die doofpot*, wat ook in Frans vertaal is. Jy kan dit gerus lees. Dis faction, gegrond op 'n ware verhaal, 'n swart polisieman wat in die jare tagtig vermoor is omdat hy in reg en geregtigheid geglo het. Dit het dertig jaar gelede verskyn. En nou . . ." Die Fransman wag terwyl ek die regte woorde soek. "Jy weet fluitjieblasers en mense wat aandring op reg en geregtigheid word steeds vermoor, nè?"

Hy weet, want ek vertel hom gereeld daarvan. Ek wil hê my Franse lewensmaat moet hierdie land liefkry soos ek dit liefhet, nie soos 'n toeris wat net hierheen kom vir die mooi en die lekker nie. Ek wil hê hy moet die lelik en die sleg onder die oppervlak sien – en steeds wil terugkeer. Dis dalk te veel gevra, maar op John en Saar se stoep kry ek weer hoop. Ons drink rooibostee, gebrou van die bossies wat vlak voor ons voete groei, en John lag toe ek vra of hulle nie die stadslewe mis nie. Inteendeel, sê hy, elke keer as hulle die lang pad stad toe moet vat, kan hy nie wag om huis toe te kom nie.

Dalk is dit al wat nodig is om tuis te voel op 'n plek. 'n Uitsig waarvoor jy nooit moeg kan raak nie, genoeg boeke om vir ewig aan te hou lees, kunswerke waarna jy wil aanhou kyk, 'n paar vriende en geliefdes wat die moeite doen om ver te ry om vir jou te kom kuier. Dís wat ek moet vind, daardie plek waar ek al my lewenslange pogings om te ontsnap gaan laat vaar. Dit hoef nie op my geboortegrond te wees nie, dit kan eintlik enige plek op aarde wees.

En tog, 'n paar dae later sit ek op 'n stoep op Aurora, twee strate van my pa se huis wat nou verkoop is, en raak onverwags oorstelp terwyl ek uitkyk oor die wye, dor vlaktes wat ek so dikwels in my drome sien. Dis anders as die Amerikaanse vlaktes waar ons laas maand nog was, anders as die droë landskap van die Griekse eiland wat ons laas jaar verken het, anders as enigiets wat ons gedurende ses maande se swerf in Europa en Amerika aanskou het. Dit lyk anders, ruik anders, vóél anders. In my kop draai die liriek van Amanda Strydom se "Pelgrimsgebed". *Alle pelgrims keer weer huis toe. Elke swerwer kom weer tuis.*

Aurora is 'n Sandveldse dorpie – naby Velddrif, Dwarskersbos en

Elandsbaai aan die Weskus – waar my ma se as meer as twee dekades ge-lede in 'n gedenkmuur langs die kerk gebêre is. My pa het daardie muur laat bou, omdat Ma nie in die treurige begraafplasie buite die dorp wou lê nie. Haar naam was die eerste op die muur, en maande lank die enig-ste, maar intussen het baie ander name bygekom. Twee-en-twintig jaar se sterftes op 'n klein dorpie het genoeg geselskap vir Ma opgelewer.

Nou wil ek Pa se as ook daar gaan bêre, op die eerste herdenking van sy sterfdag. Vanweë Covid se inperkings kon ek nie laas jaar in Maart by sy begrafnisdiens wees nie. En soos miljoene mense wêreldwyd wat die afgelope twee jaar afskeidsrituele moes ontbeer, het ek ook van nuuts af besef hoe noodsaaklik sulke rituele is.

Dit voel asof ek nog nie rêrig vir Pa gegroet het nie. Ek hoop om dit hierdie week op Aurora te doen, deels deur die eenvoudige ritueel van 'n bietjie aardse oorskot wat in 'n muur toegemessel word, maar hoofsaaklik deur op 'n stoep te sit en staar na die vlaktes waarvoor hy so lief was. Dís waar hy wou doodgaan, op sy stoep, met hierdie uitsig voor hom, nie in 'n hospitaalbed nie. Hy kon ongelukkig nie kies nie, hy is in 'n Kaapse hospitaal dood. Al wat ek kan doen, is om hom terug te bring, op 'n ma-nier, na waar hy wou wees.

Ons reis al 'n maand lank na die kleiner kolletjies op die landkaart, na die ver verlate vlaktes en die kranse wat antwoord gee, na plekke waar ek óf nog nooit voorheen was nie óf so lank gelede dat ek dit nie meer her-ken nie. En omdat ek deur die Fransman se oë kyk, lyk alles in elk geval vir my nuut. Dis 'n vreemde, teenstrydige ervaring, om jou eie land soos 'n toeris te benader en terselfdertyd te voel hoe jou hart al hoe swaarder dra aan alles wat jy onthou. Asof jy 'n dubbele bewussyn present gekry het. Aan die een kant die objektiewe verwondering van die buitestander, aan die ander kant die subjektiewe redelose liefde wat slegs van binne af kan kom.

Maar nou rus ons 'n rukkie op Aurora, so sit-sit op 'n stoep, so staar-staar na die vlaktes, voor ons verder swerf. Ek voel nader aan my pa as ooit sedert sy dood. Ek wens ek kon al ons swerfstories met hom deel, oor 'n paar glase van die rooiwyn waarvoor hy so lief was. En terwyl ek uitkyk oor die goue vlaktes onder 'n wolklose blou lug, besef ek weer dat die Suid-Afrikaanse landskap 'n kunswerk is wat my meer ontroer as selfs die manjifiekste mensgemaakte kuns.

Soos Nature's Valley se uitgestrekte strand op 'n mistige oggend, leeg behalwe vir ons twee wandelaars en 'n vriendelike Labrador wat van nêrens af verskyn om ure lank saam met ons te stap. Selfs toe die misnewels lig, sien ons nie 'n spoor op die sand van enige ander mens wat die hond se eienaar kan wees nie. Daar is blykbaar honde, nes mense, wat so lief is vir stap dat hulle dit stoksielalleen of saam met wildvreemdelinge sal doen.

Of die sober skoonheid van 'n kokerboomwoud naby Nieuwoudtville, die silhoeëtte van die bome wat soos lieflike beeldhouwerke teen die blou lug lyk, die oorverdowende stilte rondom ons.

En die veld rondom Aurora, wat my pa en ma eers laat in hulle lewe leer ken het, na baie omswerwinge, waar hulle ophou strewe het om weg te kom. Elke swerwer het 'n tuiste, inderdaad.

Ek sou graag nog 'n week net hier op die stoep wou sit, maar ons moet begin aanstaltes maak, want ons swerftog het nou ook 'n werktog geword. In my geboorteland, anders as in die ander lande waar ons tot dusver gereis het, moet ek werk om seker te maak dat ons geld nie opraak terwyl ons swerf nie. In Griekeland en Amerika en 'n paar ander plekke waar ek langer as 'n week op dieselfde stoel kon sit, het ek dit darem reggekry om aan my volgende roman te skryf, maar in Suid-Afrika moet ek ook voor mense optree, by boekfeeste en kunstefeeste, in kerksale en restaurante, media-onderhoude toestaan, my boeke bemark, skryfkursusse aanbied. Kortom, al die verpligtinge, as jy jouself 'n skrywer wil noem, wat vir baie van ons veel meer uitputtend en minder aanloklik is as om dae, weke, maande lank in afsondering te sit en wroeg oor woorde en kommas en punte.

Gelukkig het ons genoeg tyd om plig en plesier te meng. Stilbaai se boekfees, waar ons pas ná ons aankoms in die land ure lank saam met ou vriende op stoepe sit en kuier, gee die toon aan vir die res van ons reis. Op pad terug van Aurora na Kaapstad, waar ek aan die Suidoosterfees moet deelneem, ry ons ook so van stoep na stoep.

Op Koringberg haak ons lank vas op die joernaliste Peter en Johan se agterstoep. Ons kyk uit oor 'n koel tuin met katte wat onder kareebome spin en ons ruil stories uit oor die lewe op die Suid-Afrikaanse en die

Franse platteland, wat soms verbasend eenders kan klink. Op Piketberg gaan kyk ons na J.P. Meyer se kunswerke in 'n ateljee in die hoek van sy tuin, waarna ons amper vanselfsprekend na die stoep verskuif. Ons eet vars brood en kaas en olywe en drink vonkelwater wat met boegoe gegeur is – 'n smaak wat die Fransman glad nie ken nie en wat onmiddellik sy nuwe gunstelingdrankie word. Toe ons weer die pad vat, hou ons by die plaaslike koöperasie stil om nog 'n paar bottels van hierdie wonderwater aan te skaf. Op Riebeek-Kasteel sit ons die stoepsittery voort by nog twee kunstenaarsvriende, Emma en Rudolph, onder 'n ou kennisgewing wat teen die muur naby die vleisbraaivuur aangebring is: *Geen stoepsittery. No loitering.*

"Stoepsit," sê ek vir my Fransman, "is onvertaalbaar in Frans. En waarskynlik ook in enige ander taal. Jy sal maar moet leer om dit in Afrikaans te sê."

"*Stupsitt*," sê hy, wat soos die Engelse *stupid* klink.

"Toe maar wat," troos ek, "teen die tyd dat ons terugvlieg na Europa, gaan jy so 'n ervare stoepsitter wees dat jy dalk selfs die woord behoorlik sal kan uitspreek."

Outydse hotelstoepe op die platteland het ook 'n spesiale bekoring. Op die stoep van die Royal Hotel op Riebeek-Kasteel prewel Alain aanmekaar *stupsitt, stupsitt,* terwyl ek aanmekaar *stoepsit, stoepsit* korrigeer, tot 'n motorwag in die straat voor die stoep hom aan ons kom voorstel. Oom Jurie LaMeyer is sy naam, en hy wys na die naamkaartjie op sy bors, nie Meyer nie, *LaMeyer*. Hy het gehoor ons praat Frans, sê hy, en hy herken die taal omdat hy 'n Franse ouma gehad het. Ja, hier in die Swartland waar hy grootgeword het. Hy kan selfs nog 'n paar woorde Frans onthou.

"Sien jy nou," sê ek vir Alain nadat oom Jurie sy lewensverhaal vir ons vertel het, "stoepsit kan tot die lekkerste stories lei."

In Stellenbosch se omgewing sit ons teen sonsondergang op 'n dekstoep op die Spier-landgoed en hou die watervoëls in die dam voor ons deur 'n verkyker dop. Nou wat is die verskil tussen 'n dekstoep en 'n gewone stoep? vra die Fransman. En tussen 'n terras en 'n stoep? En 'n veranda en 'n stoep?

"Wel, 'n stoep sit vas aan 'n huis en moet ten minste aan een kant oop wees. Soms aan twee of drie kante. Gewoonlik is daar 'n dak of 'n prieel of iets aan die bokant om skaduwee te verskaf. Maar ook nie altyd nie. Dit moet op die grondverdieping wees, anders word dit 'n balkon. Behalwe as die balkon baie groot is, dan kan dit seker ook 'n stoep genoem word." Hy lyk al hoe meer verward terwyl ek myself al hoe stywer vasspin in definisies wat nie sin maak nie. "'n Stoep is min of meer wat die Amerikaners 'n *porch* of 'n *veranda* noem, maar nie wat hulle 'n *deck* noem nie. Behalwe soms."

Toe hy begin lag, gee ek op. 'n Stoep is 'n ding wat jy herken as jy dit sien. Selfs 'n Fransman wat lank genoeg in die land reis, sal leer om dit te herken.

Ons volgende road trip deur die Karoo is 'n ompad na Oudtshoorn, waar ek aan die Klein-Karoo Nasionale Kunstefees gaan deelneem. Ons hou op Matjiesfontein stil, want as jy eers die vreugde van hotelstoepe ontdek het, kan jy nie by die befaamde Lord Milner se hotelstoep verbyry nie. Ons eet 'n eenvoudige kroegete van Kaaps-Maleise kerrie op die koel stoep ná ons deur die breë, leë, songebakte hoofstraat gedwaal het en na Olive Schreiner se huisie langs die poskantoor gekyk het. Dié keer hoef ek darem nie weer vir die Fransman te verduidelik wie Olive Schreiner was nie, maar hy wil tog weet wat sy op hierdie afgesonderde dorpie gesoek het.

Ná sy in Engeland gewoon het, waar sy beroemd geword het as die skrywer van *The Story of an African Farm*, het sy twee jaar op Matjiesfontein deurgebring, hoofsaaklik om gesondheidsredes, oor die droë lug goed was vir haar bors. Sy het die mengsel van *civilization and the most wild untamed freedom* aantreklik gevind, vertel ek terwyl ons ons kerrie eet, die spoorwegstasie met gereelde treine hier tussen die kaal berge op die oop vlaktes.

Hy kyk om hom rond, nie 'n motor wat ry nie, nie 'n mens wat raas nie, en knik asof hy verstaan.

Van Matjiesfontein se hotelstoep ry ons na Prins Albert, waar ons so lekker op twee van my universiteitsmaats se lang stoep kuier dat ons aan die dans raak, aangehits deur musiek uit ons jeugjare.

"Is stoepdans ook 'n ding?" vra die Fransman toe hy uitasem gedans is. "Soos stoepsit?"

Ons lag net. Daar is dinge wat jy nie aan 'n buitelander kan verduidelik nie.

Paula en Louis is die soort ou vriende saam met wie jy hel toe en terug sal gaan, maar ek is nogtans verbaas toe Louis aankondig dat hy ons letterlik na Die Hel wil neem. Ek was nog nooit in hierdie nedersetting in Gamkaskloof waar 'n paar families dekades lank afgesny van die buitewêreld geleef het nie. Daar is steeds net een pad wat daarheen lei, en dis die soort pad wat jy verkieslik in 'n vierwielaangedrewe voertuig moet aandurf. Maar Louis het 'n vier-by-vier en hy is vuur en vlam om Die Hel vir die Fransman te gaan wys.

Die gruispad is afgryslik, baie erger as toe hy dit laas gery het, bieg Louis agter die stuurwiel, want swaar reëns het stukke daarvan teen die berg afgespoel en rotsstortings het ander dele versper. Om verby die rotse in die pad te skuur moet ons dit soms so naby die rand van die afgrond waag dat een van die kar se wiele oorhang. Ons prewel en vloek en sing kliphard saam met die rockmusiek wat Louis oor die luidsprekers pomp om ons aandag van die pad af te lei. Nie dat enigiets my kan laat wegkyk van die kranse waar ons sweerlik binnekort gaan afrol nie.

Maar ons kom tog oplaas veilig, swetend van verligting, onder in Die Hel aan. Ons vergeet byna onmiddellik van die nagmerrierit en gee ons oor aan die salige stilte en internetlose afsondering, wat 'n onkoopbare luukse geword het. Ons slaap in een van die verste huurhuisies en braai vleis onder die helderste sterrehemel wat die Fransman nog gesien het.

"Dis die waarde van ou vriende." Ek kyk na die Melkweg wat soos 'n lang satynserp teen die gitswart jas van die nag glinster. "Hulle weet wat jy nodig het voor jy self besef jy het dit nodig."

Ons het hierdie hemelse verblyf in Die Hel nodig gehad voordat ons die skares en die sosiale bedrywigheid en die vele afsprake met vriende en kennisse by die KKNK aandurf. En op pad na Oudtshoorn soek ons sommer nog 'n bietjie rus op die dorpie De Rust, net omdat my ouma Du Plessis aan moederskant op 'n volstruisplaas hier naby gebore is.

"Is jy seker?" vra Alain, gedagtig aan die dorpie Paterson waar ons vergeefs na 'n familieverbintenis gesoek het.

Dié keer is ek seker, maar ek weet nie wat die naam van die plaas was nie. Hulle was bywoners, dis al wat ek weet, en ná die ineenstorting van die volstruisveermark moes die gesin na Oudtshoorn trek. My ouma Tina moes ophou skoolgaan om in 'n winkel te werk. Ons stap dus maar net stadig deur De Rust. Wat ek ook al gehoop het om te vind, vind ek nie hier nie.

Maar in Oudtshoorn het my uitgewer vir ons plek bespreek in 'n gastehuis wat in dieselfde straat is as Langenhoven se tuiste, Arbeidsgenot. Vóór die Fransman kan vra wie Langenhoven was, verduidelik ek gou dat hy 'n geliefde skrywer en kampvegter vir die erkenning van Afrikaans as amptelike taal was. En as jong winkelassistent moes ouma Tina pakkies vir die beroemde skrywer kom aflewer. Sy het nie 'n literêre been in haar lyf gehad nie, maar die besoeke het 'n lewenslange indruk op haar gemaak, iets waaroor sy by haar kinders en selfs haar kleinkinders sou spog.

Ek stap saam met my Fransman na Arbeidsgenot, byna 'n eeu nadat my ouma hier pakkies afgelewer het, omdat dit die naaste is wat ek ooit aan my ouma as jong meisie sal kom.'n Paar jaar later sou sy 'n blosende bruid word, haar wange onnatuurlik pienk ingekleur op 'n geraamde trouportret wat dekades later teen haar kleindogter se slaapkamermuur in Frankryk sou hang. En nou is daardie portret ook in 'n skeepshouer in Frankryk weggepak, saam met al die ander sentimentele besittings waarvan ek nie ontslae kon raak nie. Wat ek miskien selfs meer as voorheen gaan waardeer ná hierdie reis deur my geboorteland, want hoe verder ons reis, hoe stywer vou al die byna vergete familiebande om my hart.

Ná die KKNK-feestelikheid in Oudtshoorn wil ek weer van die sosiale mallemeule afklim, soek ek weer stilte en afsondering. Ons kies 'n derde Karoo-roete vir 'n tydsame terugreis na Kaapstad via Ladismith en Barrydale en Montagu. In my jonger dae wou ouer mense altyd weet of ek van Ladismith se Van der Vyvers is, dan het ek my kop heftig geskud, nee, ek is van Riversdal se Van der Vyvers! Ek het nie besef dat Ladismith en Riversdal minder as 100 kilometer van mekaar af lê nie, bely ek nou teenoor my Fransman. Al die Van der Vyvers in hierdie geweste moes seker iewers in die verlede verbind gewees het.

Toe ons dus op Google Maps 'n *populated place* met die naam Vyversrus naby Ladismith sien, weet hierdie Van der Vyver sy gaan nie rus vir haar siel kry as sy nie die plek gaan soek nie. Terwyl ons soek, dink ek aan ons strandhuisie op Franskraal wat my pa Vyversrus gedoop het, met die naam so ewe spoggerig op 'n roeispaan voor die erf geverf. Al wat ons vind, is nog 'n naambord waarop Vyversrus geverf is, heelwat groter as daardie roeispaan, met twee kameelperde onder die naam geskilder.

"Lyk soos 'n wildplaas," raai ek, maar Google Maps vat ons nie verder as die naambord nie.

Ons draai af van die grootpad, beland op 'n agterpad wat lyk asof dit min of meer in die regte rigting lei, en daarna op nog 'n paar afdraai-paaie wat al hoe kleiner raak, tot 'n grondpaadjie oplaas doodloop voor 'n klompie huisies wat soos verlore speelgoed op 'n verlate vlakte lê. Ons klim uit die kar en ontdek 'n begraafplaas, so beskeie soos die huisies, wat ons te voet verken. G'n Van der Vyvers wat hier rus nie, g'n marmerstene of Bybeltekse nie, net nederige hopies klip, hier en daar 'n naam uitgekerf op 'n kruis wat van plankies aanmekaargetimmer is. Plaaswerkers, ver-moedelik. Die meeste grafte is naamloos.

En tog is dit nie 'n mistroostige plek nie. Die landskap rondom die kliphopies is lieflik, die ooptes van die Karoo, die ruwe voue en diep bloue van die berge, die sagte gedagte van groen in die veld ná onlangse reënbuie, die stapelende wit wolke teen helderblou lug. Ek het nie die Vyversrus gevind wat ek gesoek het nie, maar hierdie vreedsame laaste rusplek troos my op 'n onverklaarbare manier.

Iewers langs die pad het Annemarié van Niekerk vir my 'n eksemplaar geskenk van haar outobiografiese boek, *Om het hart terug te brengen*, wat pas in Nederland gepubliseer is. Dit sou later ook in Afrikaans verskyn, met 'n ander titel, *Onder 'n bloedrooi hemel*, en dit sou my selfs meer aan-gryp toe ek dit die tweede keer in my hart se taal lees. Maar op hierdie reis lees ek dit in Nederlands en die oorspronklike titel spook by my. Dis afgelei van 'n inheemse struik wat ons in Afrikaans as kankerbossie ken, omdat dit tradisioneel gebruik is om kwale en siektes, van depressie tot kanker, te behandel. Die Sotho-woord vir hierdie bossie, *motlepelo*, kan vertaal word as "om die hart terug te bring lewe toe".

Dis 'n metafoor waarmee elke pelgrim kan identifiseer, daardie hart wat letterlik teruggebring word na die plek waar dit die eerste keer begin klop het.

"Soos Chopin," sê my Fransman toe ek die titel vir hom vertaal. Die komponis is in Parys begrawe, maar sy hart is teruggeneem na sy geboorteland, Pole.

Dalk wil elke hart uiteindelik huis toe kom, ongeag wat die kop daarvan dink. Dalk is dit waarom ek nou soek na 'n Vyversrus, wat ek waarskynlik nooit gaan vind nie.

29. WILD IN DIE WILDTUIN

Ons vliegtuig land op die Kruger-Mpumalanga- Internasionale Lughawe, wat nog nie bestaan het toe ek in die jare sewentig teensinnig in die lieflike lowerryke Laeveld kom woon het nie, en ons spring dadelik in 'n gehuurde motor om Wildtuin toe te ry. Toe ek laas jaar genooi is om 'n kursus in skeppende skryfwerk in die Krugerwildtuin aan te bied, het ek sonder aarseling ingestem.

Hoe kan enigiemand 'n uitnodiging weier om in so 'n verruklike omgewing te kom werk? Vir my is dit boonop 'n kans om die speelgrond van my tienerjare vir my lewensmaat te wys, en terselfdertyd vrede te maak met daardie ontevrede tiener wat veel eerder in die stad wou gaan jol as om naweek ná naweek tussen wilde diere rond te hang.

Dis die eerste keer sedert my hoërskooljare meer as vier dekades gelede dat ek weer in die Wildtuin kom – en die eerste keer in my lewe dat ek dit vrywillig doen. Destyds het my ouers my gereeld saamgesleep, hoe graag ek ook al by die huis wou bly om harde rock-musiek te luister (as ek dan nou nie in die stad kon uitkom nie) en my aan adolessente wangedrag skuldig te maak. Ek het vele naweke dikmond deurgebring, my neus in 'n boek, terwyl almal om my in vervoering raak oor leeus of olifante.

Dié keer waardeer ek elke wilde dier, selfs die kleintjies soos die bokkies en die vlakvarke, elke voël en elke insek. Ek kla nie eens oor die muskiete nie. Ek word amper tranerig van nostalgie oor die geur van Peaceful Sleep, wat ek dwarsdeur my laaste twee skooljare kwistig oor my lyf gespuit het om muskiete weg te hou. My slaap was helaas nie altyd vreedsaam nie, maar dit was te wyte aan tienerhormone en kalwerliefde en skommelende emosies eerder as muskiete.

"Maar ek onthou die muskiete as groter en lastiger," vertel ek vir Alain. "En daar was baie méér van hulle."

Hy lig 'n skeptiese wenkbrou. Hy weet nostalgiese stories is altyd halfpad liegstories, nie omdat ons wíl lieg nie, maar omdat nostalgie uit oordrywing en verswyging gebore word.

Die skryfkursus word in die Berg-en-Dal-kamp aangebied, omdat daar konferensiegeriewe en goeie internetverbinding is, en ons word gehuisves in 'n gerieflike rondawel met ons eie badkamer en kombuisie. Daar is selfs personeellede wat die bed kom opmaak en die kombuis opruim. Dit voel alles verbysterend luuks vir 'n lui huisvrou wat al lank in Europa woon en moes leer om alles self te doen. En tog kan selfs die luuksheid nie die wildheid wegvat nie.

Die eerste oggend vergeet ons om die voordeur te sluit, en toe Alain niksvermoedend by die rondawel instap, loop hy vas in 'n enorme bobbejaan wat besig is om die kombuis te plunder. Die Fransman weet niks van bobbejane nie, hy besef nie eens dat die mannetjies aggressief kan word nie, hy swaai net sy arms en bulder sy gunsteling- Afrikaanse vloekwoord: "Fokkof!" En dit werk, want die bobbejaan vlug.

As ék vroualleen ingestap het, vertel 'n gids ons daarna, kon dinge anders uitgedraai het. Dit was die Fransman se instinktiewe alfagedrag wat die manlike bobbejaan verdryf het. My saggeaarde man, wat nog nooit aan homself gedink het as 'n Alpha Male nie, lag net. "Nee, dis oor ek Afrikaans gepraat het. Hy sou nie geskrik het as ek hom in Frans aangespreek het nie."

Saans, wanneer die geure van vleisbraaivure sterker word as die walms Peaceful Sleep, snuif ek die reuk in asof ek nooit genoeg kan kry nie. Ek verorber meer vleis in een week as wat ek gewoonlik in maande eet. Douvoordag soggens snuif ek nog dieper aan die veldgeure wanneer ons vir 'n sonsopkoms-rit gaan voordat ons skryfwerk begin. Selfs die reuk van vars olifantmis is vir my fantasties.

"As ek dít kon sê vir daai tiener van 1975 wat so verveeld was met nóg 'n blerrie olifant, sou sy haar oë vir my gerol het," bieg ek teen die tweede oggend.

En die klanke van die bos bekoor my soos nog nooit voorheen nie. Die skielike roep van 'n visarend terwyl ek saam met 'n tiental skrywers om 'n stoeptafel sit en gesels oor hoe belangrik dit is om te lúister as jy oortuigend wil skryf. Toe luister ons met oorgawe. Die aanhoudende tartlag van 'n hiëna terwyl een van die kursusgangers vir ons 'n impromptu-konsert langs die vleisbraaivuur aanbied. En nie sommer so 'n konsert nie, want

Cintaine Schutte is 'n professionele aktrise, en sy voer 'n uittreksel op uit haar bekroonde eenvrouvertoning, *Die dinge van 'n kind*.

Ek sit en luister na woorde wat ek dekades gelede geskryf het, in 'n roman wat in die wilde wêreld rondom die Wildtuin afspeel, en ek wonder of ek dit ooit weer met so 'n buitengewone klankbaan sal hoor. 'n Vuur wat knetter, 'n hiëna wat lag, takke wat vlak anderkant die kampheining deur die een of ander dier in die donker gekraak word.

Omdat die skryfkursus net 'n dag voor my verjaardag eindig, besluit ons om 'n nag langer aan te bly sodat ek in die bos kan verjaar, met die Groot Vyf as eregaste.

Toe ek as tiener naby die Groot Vyf gewoon het, wou ek nie tussen diere verjaar nie, ek wou garage-partytjies hou en close dance op Procol Harum se "A Whiter Shade of Pale". As jong volwassene in Stellenbosch en Kaapstad het ek elke verjaardag saam met vriende in 'n restaurant of by die see gevier, met Tom Waits of Bruce Springsteen se musiek op die agtergrond. Dis eers ná ek dekades in Europa gewoon het dat ek besef watter voorreg dit is om in die boendoes te verjaar, met die geluide van wilde diere as die enigste klankbaan.

Boonop het Koos en Ingrid, wat ek al sedert my vroeë hoërskooldae in Snor City ken, besluit om my te verras met 'n bos-brunch by 'n piekniekplek genaamd Afsaal, tussen die Malelane-hek en die Skukuzakamp waar ons die nag oorslaap. Koos en Ingrid is die soort ervare kampeerders wat my en Alain skoon verleë laat voel oor hoe amateuragtig ons meestal onwillige pogings om te kampeer nog altyd was. Hulle is die soort kampeerders wat Afrika verken in een van daardie indrukwekkende vierwielaangedrewe voertuie met 'n dak wat in 'n opskiet-tent verander kan word om hoog bokant wilde diere en ander gevare te slaap. Die soort wat al die nodige toerusting en elke moontlike gadget saamneem, alles sorgvuldig ingepak volgens die een of ander meesterplan wat hulle in staat stel om oombliklik enigiets te vind wat hulle langs die pad nodig sou kry, van 'n blikoopmaker tot 'n gestrykte tafeldoek tot 'n klein masjientjie waarmee hulle die heerlikste espresso-koffie in die middel van nêrens kan maak.

Kortom, Koos en Ingrid is die soort kampeerders wat ek en Alain nooit

sal wees nie. Hulle sal nie die helfte van hulle toerusting by die huis ver-
geet nie, en hulle sal nie hopeloos verdwaal sonder 'n GPS nie. Hulle het
waarskynlik 'n outydse kompas tussen al daardie toerusting. En as die
kompas nie werk nie, sal hulle vermoedelik hulle rigting volgens die son
of die sterre kan vind.

Ek is nogtans verstom om te sien wat hulle alles uit hulle kampeerkar
te voorskyn bring vir ons brunch in die bos. Vars eiers vir skuimerige
omelette, gevul met gesmelte kaas en piepklein repies ansjovis, wat in 'n
japtrap op 'n gasstofie opgetower word. Spek wat in 'n ander pan presies
bros genoeg gebraai word. 'n Meelmengsel om flapjacks te maak, 'n bak
vol blink bloubessies en goue appelliefies om saam met die flapjacks te
eet, regte botter en regte heuning. En regte-egte espresso-koffie om die
maal mee af te sluit.

Terwyl ons by 'n houttafeltjie eet, omsirkel 'n groep hiënas die vullis-
dromme 'n paar meter van ons af, en ons hoor hoe trompetter 'n paar van
die honderde olifante wat ons op pad na Afsaal teëgekom het. "Ek voel
soos Karen Blixen in *Out of Africa*," verklaar ek voordat ek verleë begin
lag. "Nee, meer glamorous, meer soos Meryl Streep wat haar so fotogenies
vertolk het in die fliek."

Asof hierdie bos-brunch nie genoeg is om my verjaardag gedenkwaar-
dig te maak nie, vier ons die aand verder fees by The Station, die restau-
rant op Skukuza wat voorheen 'n regte werkende stasie was waar treine
tussen Johannesburg en Mosambiek stilgehou het. Die Fransman suk-
kel om te kies tussen al die disse op die spyskaart wat hy nog nooit in
Frankryk geproe het nie, van roosterkoek en krokodil tot samoesas met
vlakvarkvleis en 'n pastei met 'n vulsel van impala en vlakvark. Krokodil,
besluit hy, hy wil krokodil eet.

Ek trek my neus op. "Ek wil nie diere eet wat my kan eet nie."

Hy trek sy skouers op. "Dis 'n manier om die speelveld gelyk te maak,
n'est-ce pas? Vleis is vleis."

Ek is nie so seker daarvan nie. Ek wil die pastei eet – ek het mos reeds
gebieg oor my swakte vir 'n goeie Suid-Afrikaanse vleispastei – maar ek
wroeg oor die vulsel. Op pad na Skukuza het ons dosyne vlakvarke ge-
sien, wat ons herinner het aan hoe mal ons dogter kleintyd oor Pumba in

die fliek *The Lion King* was. Hoe gaan ek vir hierdie dogter vertel dat ek Pumba se familie as my verjaardagmaal geëet het?

"Sy's vegetaries," sê haar pa, "so bees en skaap is vir haar net so grillerig soos vlakvark of krokodil."

"Maar sy wéét ek eet bees en skaap. En gewone vark. Maar vlákvark?"

"Hou op wroeg en geniet jou Pumba-pastei," is sy raad. "Onthou wat met Daniel in Laos gebeur het."

Ek onthou. Terwyl my seun 'n argitekstudent was, het hy die inwoners van 'n afgeleë bergdorpie in Laos met 'n ekologies-vriendelike bouprojek gaan help, en op die laaste aand het hulle 'n feesmaal gehou om vir hom dankie te sê. Kort voor die ete het hy gehoor dat hulle hondvleis gaan voorsit. Dit was die enigste vleis wat hulle kon bekostig en dit sou on-dankbaar wees om hierdie dankoffer te weier.

'n Dag of wat later, toe hy eindelik weer op 'n dorp met wifi-verbinding kom, bel hy my om te bieg. "Ma, ek moes hond eet." En terwyl ek nog sukkel om hierdie inligting te verwerk, voeg hy by, met 'n verskonende laggie: "Die ergste van alles is dat dit nogal lekker gesmaak het."

Maar hy het nooit weer gesmag na 'n happie hondvleis nie. Dis nie asof sy vriende hulle troeteldiere moet wegsteek as hy kom kuier nie. Hy het hom soos 'n goedgemanierde gas gedra, soos sy ma hom geleer het, en gedoen wat hy moes doen om sy gashere gelukkig te hou.

Dis natuurlik nie dieselfde as my Pumba-pastei nie. Ek hóéf dit nie te eet nie. Daar is selfs 'n vegan-opsie op die spyskaart. Maar wanneer jy in Rome is?

Vleis, soos alles wat ons eet, is ook 'n kulturele en sosiale konsep. In Moslem-lande kan jy nie varkvleis eet nie. In min lande buiten Frankryk gaan jy paddas of slakke eet. As ek dink aan al die kitskos en gemorskos wat ons in Amerika geëet het, omdat ons steeds glo dat die pad na 'n land ook deur jou maag loop, dan kan ek mos nie in die Wildtuin skrik vir vleis wat wilder is as waaraan ek gewoond is nie?

Ná die Fransman sy krokodilvleis en ek my vlakvarkpastei geniet het, stap ons donkernag terug na ons rondawel. Natuurlik verdwaal ons eers weer, stap die hele kamp plat op soek na ons slaapplek, maar ons is al so gewoond aan verdwaal dat dit ons nie meer pla nie. Toe ons oplaas in die bed lê, luister ons na 'n jakkals wat in die verte huil, en 'n uil wat na sy maat roep, heelwat nader.

"Dit was nou 'n verjaardag wat ek nooit sal vergeet nie," sug my bedmaat.

"Dit was eintlik mý verjaardag." Dis te donker om hom te sien, maar ek hoor hom sag lag. Ek het gehoop hierdie reis sou ons nader aan mekaar bring. Maar ek wil nou ook nie hê ons moet een van daardie paartjies word wat so vasgesweis is aan mekaar dat hulle selfs 'n Facebook-profiel deel nie. "Maar ek is bly dat jy dit saam met my gaan onthou."

Ek het stééds nie die vaagste benul waar ek teen my volgende verjaardag gaan wees nie. Dit bly 'n angswekkende gedagte, al probeer ek elke dag vrede maak met die onsekerheid van hierdie swerwery. Snags in die bed vang dit my. In al die verskillende beddens op al die verskillende plekke waar ons die afgelope nege maande gereis het. Maar wáár ek ook al my volgende verjaardag gaan vier, wát ek ook al gaan doen, dit kan beswaarlik meer gedenkwaardig as hierdie wilde bosverjaardag wees. Dis 'n gedagte wat help om die angs te verdryf, al is dit net tot ek môreaand weer in 'n onbekende bed lê.

30. DIE DINGE VAN 'N KIND VAN LANK GELEDE

Sedert ons begin swerf het, wens ek meer as ooit voorheen daar was 'n lekker Afrikaanse woord vir "serendipity". "Gelukkige toeval" is seker 'n gepaste omskrywing, maar dis tog so prosaïes. Dit kort die klokkespel van klank wat ek altyd in *se-ren-dip-ity* hoor, asof 'n beiaardier al hoe swaarder aan die kloktou hang tot op *dip* en dan skietgee vir die vrolike geklingel van *ipity*.

Ek wens daar was 'n enkele Afrikaanse woord wat net so musikaal klink, 'n woord wat ek soos 'n banier kan rondswaai terwyl ons reis.

"Soos die Middeleeuse Kruisvaarders met die rooi kruise op hulle baniere," sê ek vir my reisgenoot. "Ek soek 'n groot woord in rooi letters om myself te herinner dat hierdie pelgrimstog nie moontlik sou gewees het sonder gelukkige toeval nie."

Vandeesweek kan ek uiteindelik vir my Fransman die Laeveldse omgewing van my tienerjare wys, skaars 'n week voordat kykNET die nuwe TV-reeks *Dinge van 'n kind* begin wys. Nie so beplan nie, blote toeval, daarom kan ek nou na 'n voorskou van al tien episodes kyk, en danksy die Engelse onderskrifte kan my man saam met my kyk. En nou is allerhande dinge van die kind wat ek was weer losgekrap op die modderige bodem van my geheue.

Dinge wat in elk geval net 'n ligte aanraking nodig gehad het om weer boontoe te dryf. Ek moes onlangs op daardie einste bodem gaan rondkrap om jeugmemoires in die vorm van 'n brief aan my dogter te skryf. En terwyl ek die Laeveld, nou bekend as Mpumalanga, saam met my dogter se pa herontdek, is ek gevra om op Moedersdag met ma's en dogters (en pa's en metgeselle en wie ook al wil luister) oor *'n Baie lang brief aan my dogter* te gesels.

Die praatjie word gehou op die dorp waar ek my laaste twee skooljare in die meisieskoshuis deurgebring het, nou bekend as Mbombela, maar in die jare sewentig was dit Nelspruit. Nes Maputo in daardie jare Lourenço Marques was, waar L.M. Radio soos 'n vuurtoring in die donker vir opstandige tieners geskyn het. L.M. in Mosambiek was 'n plek waar jy flieks kon sien en boeke kon lees en musiek kon luister wat in ons Christelik-Nasionale vaderland verbode was. Dit was al wat nodig was om L.M. vir baie van ons onweerstaanbaar aanloklik te maak.

Nelspruit/Mbombela is nie die fiktiewe Swartstroom in *Dinge van 'n kind* nie, maar ek het die dorp as 'n fondament gebruik waarop ek 'n plek in my verbeelding kon bou. Met 'n bietjie van Witrivier bygelas (Witrivier, Swartrivier, Swartstroom, dis mos maar hoe denkbeeldige plekke deur vrye assosiasie name kry), asook ander dorpe in die omgewing. Malelane met die uitgestrekte suikerrietplantasies waardeur ek skaars 'n week gelede moes ry om by die Krugerwildtuin uit te kom, Sabie, Hoedspruit, Komatipoort en bowenal Hazyview waar ek as tiener twee jaar op twee verskillende piesangplase gewoon het.

Teen die einde van laas jaar, terwyl ons reeds aan die swerf was, het 'n vreemde eer my te beurt geval. Die Hoërskool Nelspruit, waar ek gedurende my twee Laeveldse jare 'n bra onvoorbeeldige leerling en koshuisbrak was, het 'n erepenning aan my toegeken vir "uitmuntende prestasies in die letterkunde". 'n Medalje in 'n houtboksie is met die jaarlikse prysuitdeling in die skoolsaal aan my oorhandig – virtueel, aangesien ek nie daar kon wees nie – en my naam is op die ererol van presterende oudleerders in die voorportaal van die skool aangebring. Dis eers toe hulle my adres vra sodat hulle die erepenning vir my kan pos dat die volle ironie van die toekenning my getref het.

Ek het ongelukkig nie 'n vaste adres nie, moes ek hulle laat weet. Ek het so half verwag dat hulle die toekenning sou terugtrek. Huidige leerders moet seker nie aangemoedig word om na dakloosheid te strewe nie.

Boonop was ek nie 'n hoofmeisie of 'n prefek of 'n koshuisprefek of selfs 'n klaskaptein nie. Nie eens 'n sportkaptein nie. Ek is nie as voorbeeldige leierskapmateriaal beskou nie. Ek was 'n dromer wat nie kon wag om weg te kom uit die skool en boeke te begin skryf en die wye wêreld te ontdek nie.

"Wel, jy's steeds besig om die wêreld te ontdek," was die Fransman se kommentaar. "Soos jou huidige adreslose toestand bewys."

Hy reken ek verdien 'n erepenning omdat ek gedoen het waaroor ek gedroom het, om te skryf en te reis, al was ek nie die soort leerder waarop my skool destyds trots was nie. Dalk is hy reg, bespiegel ek toe, dalk moet ek ander soos ek aanmoedig om hulle ding te doen. Dis hoe dit gebeur het, toe die skool my vra vir 'n WhatsApp-stemnota wat as bedankings-boodskap by die prysuitdeling gespeel kan word, dat ek die eerbewys amptelik opgedra het aan al die leerders wat nie voorbeeldig genoeg is om prefek of klaskaptein te word nie. Die onsportiewes wat nooit enige soort sportkaptein sal wees nie. Die vraestellers wat sukkel om te konformeer, die antwoordsoekers wat eers uit die eenvormigheid van skool moet ont-snap voordat hulle kan begin blink.

En noudat ek in Mbombela is, kan ek eindelik die erepenning in le-wende lywe ontvang. Gerda Dreyer, een van die departementshoofde, verseker my dat die oorhandiging nie in die skoolsaal hoef te gebeur nie, sy sal dit sommer na ons hotel bring. Dit word 'n ontspanne gekuier langs die swembad, met 'n glas wyn om my moed te gee, wat natuurlik nie in die skoolsaal moontlik sou wees nie. Maar sy oorreed my tog om die skool en koshuis saam met my man te kom besoek. Informeel, belowe sy, ek hoef geen toesprake af te steek nie.

Die volgende dag onderneem ek 'n pelgrimstog terug na die bruin bak-steenmure van Hoërskool Nelspruit. Die skoolfotograaf neem 'n foto van my wat met 'n ietwat verdwaasde uitdrukking staan en staar na die ererol waarop my naam nou pryk. Soos altyd wanneer jy terugdwaal na die dinge van lank gelede, het die meeste dinge onherkenbaar verander. Die ou skoolsaal met rye harde houtstoeltjies het 'n moderne ouditorium met sagte blou sitplekke geword. Die speelgrond waar ons pouses almal onder die genadelose son saamgebondel het, is verdeel in verskillende afdelings vir verskillende grade en versier met afdakkies wat koelte verskaf.

Die Fransman lyk meer geïmponeer as verdwaas. Hoewel hy jare lank 'n onderwyser was in ons vorige lewe, het hy nooit skole met uniforms en sportvelde geken nie. "As die baksteenmure toegegroei was met klimop, sou ek my kon verbeel dis Harry Potter se Hogwarts."

Wat my net weer laat besef hoe ver ons verwysingswêrelde van mekaar verwyder is.

Nadat ek my ou kamer in die meisieskoshuis opgespoor het (altans, ek dink dis my ou kamer, want dis naby die badkamer en reg langs die lawaaierige klok wat die ritme van my dae bepaal het), neem Alain 'n foto van my op 'n kateltjie teen 'n kaal muur. Toe ek die prentjie op WhatsApp deel, merk 'n vriend spottend op dat dit hom herinner aan die beroemde foto van Madiba in sy gewese tronksel op Robbeneiland.

"Dit was miskien nie 'n tronk nie," erken ek teenoor Alain, "maar dit was beslis nie Hogwarts nie."

Die koshuisgange, wat in my dae so kaal soos die kamers was, is dees-dae byna oordadig versier. Die matriekmeisies se gangtema is byvoorbeeld rolprente, met plakkate van verskeie flieks en TV-reekse waaroor ons kinders ook gek is, soos *Stranger Things* en *Peaky Blinders,* en die graadelfs se gangtema is musiek. Miskien sou my aanpassing by die koshuislewe nie so pynlik gewees het as ek daagliks na plakkate van my gunsteling-flieks of geliefde muzieksterre kon kyk nie. Daar is selfs 'n gesellige TV-sitkamer, ondenkbaar in my dae omdat ons nog nie TV in Suid-Afrika gehad het nie. Hierdie vlak van ontbering is iets waaraan ek my kinders – en selfs my man – gereeld moet herinner.

Maar ek het tóé reeds my wegkomkanse in flieks en musiek en boeke gesoek, in fiktiewe stories eerder as die saai werklikheid van my alledaagse skoollewe. Intussen het die skoollewe wat ek so verpes het, net nog 'n fiktiewe storie geword, eers in 'n boek, toe op die verhoog, en nou in 'n TV-reeks, wat hopelik weer wegkomkanse aan ander mense kan bied.

Die heelal is besig om my 'n les te leer, vermoed ek toe ek by 'n klein tafeltjie in die studiesaal gaan sit en probeer onthou hoe ek hierdie verpligte studiesessies gehaat het. Byna 'n halfeeu later voel ek net vervreemding en verligting. Ek is nog nie seker ek begryp die les nie, maar dit het met die reddende mag van fiksie te doen.

My Moedersdagpraatjie is by Le Petit Zest, 'n byderwetse eetplek met 'n Franse invloed wat ook nie in my skooldae bestaan het nie. Ek en my Fransman sit buite by 'n tafeltjie onder 'n sambreel en drink klein koppietjies sterk swart koffie en peusel aan croissants terwyl immergewilde Franse liedjies van Piaf en Françoise Hardy oor die luidsprekers speel. Maar net toe ek my begin verbeel ons is terug in Frankryk, merk ek oorkant die straat 'n lelike baksteentoring op wat enige Franse illusies oom-bliklik kelder.

Natuurlik is daar in Frankryk ook lelike torings en baksteengeboue, maar dié toring het die onmiskenbare onaansienlikheid van my jeugjare se NG Kerk-argitektuur. Ek leun vorentoe, tuur tussen die bome deur wat die uitsig versper, knip my oë 'n hele paar keer. "Kan jy dit glo? Dis die NG kerkgebou waar ek in matriek aangeneem is!"

Die kerk waarheen ek as koshuismeisie twee keer op 'n Sondag moes stap, soggens en saans, in my sedige wit kerkrok en my sweterige nylon-kouse. In Nelspruit se swoel hitte, winter en somer, want winter was meer 'n woord as 'n gevoel, nooit kóúd nie, net minder warm.

"Of all the churches in all the world, she had to come and sit in front of this one." Die Fransman wil my weer amuseer met sy Bogart-nabootsing, maar ek is so stomverbaas dat ek nie eens glimlag nie.

Kan dit blote toeval wees wat my dekades later oorkant hierdie kerk laat beland – om te praat oor 'n boek waarin ek oor daardie gedwonge kerktoeganery skryf? In Frankryk voel my jeugjare soms so ver, in afstand en in tyd, dat ek wonder of ek dit alles gedroom het. Maar hier staan die kerktoring nou voor my soos 'n stywe wysvinger, soos al die dominees en onderwysers en politici se betigtende wysvingers, en plotseling onthou ek presies hoe dit voel om sestien te wees en altyd elders te wil wees.

Maak nie saak wáár nie, net nie hiér nie.

Dekades later weet ek dat ek altyd nuuskierig sal wees oor plekke waar ek nog nie was nie. Maar ek kan darem meestal kies waar ek wil wees. Ek wou in Nelspruit wees om my tienerjare met my Fransman te deel. Die skool, die koshuis en nou, onverwags en onbeplan, ook die kerk. *Je ne regrette rien*, sing Piaf in die agtergrond.

Die volgende dag ry ons na Hazyview se piesang- en mango- en avokado-boorde. Ek weet ek gaan nie een van ons twee gewese piesangplase vind nie, want ek het reeds in die verlede vergeefs gesoek. Die name het ver-ander en orals is hoë heinings en veiligheidshekke opgerig. Maar ek het gehoor daar is één plek wat dieselfde gebly het, vasgevang in 'n soort timewarp uit die sewentigs.

Die Casa do Sol, 'n hotel in die Spaans-Sardoniese styl, soos 'n sardoniese man in my verlede na die nagemaakte Spaanse boustyl in Afrika verwys het, was reeds in my jeugjare 'n kuierplek wat homself nie te ernstig opgeneem het nie. Nou wil ek die man in my hede na die Casa do Sol neem. Wat anders kan ek hom wys wat nog lyk soos ek dit onthou?

Om daar te kom, moet ons op 'n gaar teerpad met sinkgate so groot soos damme ry. Ná byna drie maande in die land het die Fransman geleer om behendig tussen potholes deur te vleg sonder om spoed te verminder, maar dié keer het hy geen ander keuse as om dwarsdeur 'n paar van die gate te ry nie. Die minibusse en vragmotors in die teenoorgestelde baan steek mekaar aanhoudend op blinde hoogtes verby en kom dan in die verkeerde baan – óns baan – reguit op ons afgepyl. Ons weet die potholes kan die bande en die onderkant van die huurkar opfoeter, maar dis beter as 'n kop-teen-kop-botsing. Ek sweet en swets en knyp my oë toe terwyl Alain al hoe bleker om die kiewe en die kneukels word.

Dis die senutergendste stuk pad wat ons nog gery het – en ons het die afgelope nege maande derduisende kilometer gery. Selfs die gruispad met die afgronde na Die Hel voel skielik soos 'n aangename herinnering. Ek huil amper van verligting toe ons oplaas van die hoofpad afdraai. Maar nou volg ons 'n kronkelende grondpad deur oerwoudagtige plantegroei wat ek glad nie herken nie.

"Ek dink ons is op die verkeerde pad," prewel ek ná 'n ruk.

"Enige pad is beter as die een waarop ons pas was," sê Alain.

"Of anders het ek so oud geword dat hier 'n oerwoud gegroei het van ek laas hier was."

"Ha!" Alain grynslag toe die Spaanserige hotelgebou skielik voor ons opdoem. "Ons is nie op die verkeerde pad nie."

"Dit beteken ek het so oud soos 'n oerwoud geword."

"Dis nie so erg nie, liefie."

Ek gee hom 'n skewe kyk. Ek noem hom liefie selfs wanneer ek vies is vir hom, maar hy gebruik die Afrikaanse troetelnaam baie meer spaarsamig. Gewoonlik net wanneer ek rêrig bedruk lyk.

"Jy't self gesê in hierdie subtropiese klimaat groei alles vinniger as in Europa. So 'n oerwoud hier is jonk in vergelyking met 'n Franse woud."

Ek weet nie of dit veronderstel is om my te troos nie.

En selfs hier by Casa do Sol het alles nie onveranderd gebly nie. 'n Entjie van die hotelgebou is 'n koffiewinkel-restaurant bygebou, gelukkig nie in die Spaanse styl nie, vlak langs 'n dam met seekoeie en krokodille. Ons sit op die stoep van die koffiewinkel – dalk eerder 'n dek as 'n stoep, sê ek vir die Fransman wat steeds sukkel om die verskil te snap – en kies die mees tradisioneel Suid-Afrikaanse versnapering wat ons op die spyskaart vind.

"Bobotie-jaffle," sê ek, "nog iets wat jy nog nie geproe het nie."

Hy ken bobotie, dis my staatmakerdis wanneer ons Franse gaste kry wat my land se kos wil proe, maar hoe op aarde verduidelik ek 'n jaffle? Dis nie eens sodanig Suid-Afrikaans nie. Die Australiërs het dit uitgedink, maar ons het dit gegryp en ons eie gemaak. Iets tussen 'n toasted cheese en 'n waffle en 'n pie.

"Is dit soos 'n stoep?" vra die Fransman. "Iets wat jy moet ervaar voordat jy dit herken?"

"Ja!" sê ek. "'n Jaffle is soos 'n stoep. Proe dit, dan praat ons verder."

Terwyl ons ons jaffles eet, langs 'n dam in 'n oerwoudagtige groen landskap wat my aan niks in Europa herinner nie, verbeel ek my ek sien 'n tienermeisie op die oorkantse oewer staan. En dit lyk asof sy vir my wuif. *Not drowning, just waving.*

"Vir wie waai jy?" My man kyk uit oor die dam, maar dit lyk nie of hy haar sien nie.

"Vir die kind wat ek lank gelede was."

Hy glimlag vir my. Ons is nooit werklik klaar met die dinge van ons kindertyd nie, maar soms is ons gelukkig genoeg om terug te kyk en iets daarvan met 'n geliefde te deel. Soms kan ons dit selfs regkry om vir onsself te waai.

31. DEUR ALICE SE SPIEËL

Dit het alles net te vinnig gebeur. Die een oomblik is ons nog in Suid-Afrika, waar ons aanmekaar agter maskers versmoor, waar ons temperatuur gemeet word elke keer as ons in 'n restaurant wil eet, waar ons vorms moet invul en sertifikate moet wys voordat ons 'n toneelstuk kan kyk in 'n teater wat net halfvol mag wees om sosiale afstand te handhaaf. Die volgende oomblik klim ons in Johannesburg in 'n Swiss Air-vliegtuig, ná ons op die O.R. Tambo-lughawe ook gemasker in rye moes staan om verby die sekuriteitstoestelle en die paspoortbeamptes te skuifel, en skielik is daar geen masker in sig nie.

In Switserland, nes in die meeste ander lande in Europa, is alle Covid-19-reëls skynbaar oornag afgeskaf. En in die Swiss Air-vliegtuig gedra die passasiers hulle asof ons reeds in Switserland is, al staan die vliegtuig nog op die aanloopbaan in Johannesburg.

Dis soos om deur 'n spieël te stap en 'n parallelle heelal te betree.

In meer as nege maande van rondreis op drie kontinente was ons altyd uitermate versigtig, want om aan die stertkant van 'n pandemie 'n swerwer te word, verg enorme selfdissipline. Ons het elke land se reëls noukeurig nagekom, ons inentingsertifikate op datum gehou, soveel Covid-toetse ondergaan dat ons neusgate permanent sensitief gevoel het van al die toetsstokkies wat daarin opgedruk is. Die reëls en regulasies het voortdurend verander, van een land na 'n ander, selfs van een week na die volgende, want die pandemie het in golwe oor die mensdom bly spoel. Op sommige plekke het die golf teruggetrek en kon ons ons maskers bêre, tot 'n nuwe variant weer by 'n volgende bestemming uitbreek. Ná die betreklike vryheid van die laaste ruk in Amerika is ons weer deur 'n nuwe golf in Suid-Afrika getref.

Hierdie onsekerheid het so 'n vanselfsprekende deel van ons swerftog geword dat ek dit nie eens meer genoem het in my aantekeninge nie. Iemand wat my reisnotas oor 'n paar jaar lees, sal maklik kan vergeet van die verdomde maskers wat ons in openbare geboue en vervoermiddels moes dra. Die meeste van ons wíl waarskynlik so gou as moontlik van hierdie traumatiese tydperk vergeet.

Ek het so dikwels gewens ek kon vreemdelinge in 'n museum of op 'n lughawe weer 'n slag sien glimlag. Nie bloot die oë wat bo 'n masker uitloer nie, maar die hele gesig wat oopbreek, mond vol tande, neus wat kreukel, knalrooi lipstiffie of 'n snor wat soos 'n ruspe op 'n bolip bewe, kuiltjies in wange of kepe in die ken, alles wat 'n glimlag voorheen ontbloot het. Voorheen, v.C., voor Covid-19 ons openbare glimlagte kom steel het.

In vriende en familie se huise het ons ongemasker gekuier, maar ek het nogtans gesmag na onbevange omhelsings, na vreeslose fisieke kontak, na die tradisionele Franse soengroet op albei wange. Die einste soenery – twee of drie of vier keer, afhangend van waar in die land jy jou bevind – wat ek in die verlede spottend afgekraak het as 'n onnodig tydrowende gewoonte. Jy daag by 'n sosiale geleentheid op en die helfte van die aand flits verby terwyl jy man en muis soengroet, dan is daar 'n kort verposing waarin jy gou 'n bietjie kan gesels voordat jy weer begin soengroet om *au revoir* te sê.

Maar nou is ons op pad terug na die land waar die soengroet skielik ook terug is (miskien nie heeltemal so geesdriftig soos v.C. nie, rapporteer ons kinders), waar slegs Asiatiese toeriste nog maskers dra (soos v.C.), waar jy onder jou medepassasiers in die metro se oksels vasgedruk gaan word en probeer om nie asem te haal nie (soos v.C.). En ek voel geheel en al onvoorbereid vir hierdie vreemde, bekende, nuwe wêreld.

Elke keer as 'n passasier in die vliegtuig naby my hoes, wil ek onder die sitplek induik.

Uiteindelik is ek omtrent die enigste passasier wat die hele nagvlug lank my masker dra. Saam met enkele Oosterlinge en ooglopend verswakte bejaardes. Hoe ek ook al die gedwonge maskerdraery verpes het, nou kry ek dit net nie reg om my masker af te pluk en vry te voel nie. Dalk is dit 'n vorm van posttraumatiese stres. Dalk net gesonde verstand. Dis in elk geval 'n erg verwarrende gewaarwording.

Terug in Europa voel ek so vervreemd soos Alice wat deur die haas se tonnel tot in Wonderland getuimel het. Verbaas, verdwaas en verwilderd kyk ek om my rond. Niemand dra meer maskers nie, almal bondel weer saam. Jy sou sweer Covid-19 was net 'n uitgerekte nagmerrie en nou's ons almal wakker geskud en alles gaan eenvoudig voort soos voorheen.

Maar ek sukkel nog om wakker te word.

In Lausanne, waar ons 'n paar dae by Daniel en Marie in hulle nuwe ruim woonstel kuier, soek my vingers outomaties na die pak maskers in my handsak elke keer as ek by 'n gebou instap. Selfs buite, by die Saterdagoggend-mark in die middestad waar ongemaskerde menigtes om groentekraampies saamdrom en ongesaniteerde vingers die vars vrugte betas, trap ek verbouereerd rond. Asof ek in 'n groep probeer dans, maar heeltyd uit pas bly.

"Is ek die enigste mens wat skúldig voel om nie meer 'n masker te dra nie?" wonder ek uiteindelik hardop. "Is dit net omdat ek weet dat my vriende in Suid-Afrika steeds gemasker moet lewe?"

"Jy was mos maar nog altyd 'n sucker vir 'n skuldgevoel," sê Alain. "Jy voel skuldig elke keer as jy in Europa te lank onder 'n stort staan. Bloot omdat water skaars is waar jy vandaan kom."

Ondanks sy bravade merk ek op dat hy ook onwillig is om aan trap-relings te vat of hysbakknoppies te druk. Kort-kort pluk hy 'n botteltjie ontsmettingsvloeistof uit sy skouersak om aan sy palms te smeer.

Ek probeer die skuldgevoel afskud deur 'n paar pragtige murgpam-poentjie-blomme op die mark te koop en kondig aan dat ek dit vanaand in Daniel se woonstel met ricotta en kruisementblare wil vul. "Dis somer in Europa, ons kan oranje blomme eet, what's not to like?"

Maar die sorgvrye somergevoel bly my ontwyk.

Die volgende dag wag ons in 'n lang ry op 'n sypaadjie om tuisgemaak-te roomys by 'n gesogte winkeltjie naby die meer te koop. Niemand dink aan sosiale afstand nie, vreemdelinge se laggende monde voel heeltemal te naby, en toe ons oplaas binne voor die toonbank te staan kom, gryp ek blitsig my roomys en vlug buitentoe soos iemand wat aan engtevrees ly. In die straat lek ek bedremmeld aan die roomys, proe skaars die fan-tastiese kombinasie van gesoute karamel en swart sesamsaad waaroor ek normaalweg in vervoering sou raak, want niks voel meer normaal nie.

"Dalk het dit niks met kloustrofobie te doen nie," sê ek omdat my man en my seun my vreemd aankyk. "Dalk ly ek aan 'n nuwe soort fobie wat sielkundiges nog moet identifiseer. 'n Irrasionele angs om maskerloos te lewe?"

Dis seker hoe dit voel as jy ná baie jare in 'n tronk onverwags vrygelaat word. Skielike vryheid kan oorweldigend wees. Die lewe daar buite kan bedreigend en onveilig voel.

In Frankryk voel ek ééers onveilig. Op pad na Mia se woonstel aan die buitewyke van Parys word ons tydens spitsverkeer in 'n trein vasgevang. By elke stasie beur nog passasiers by die deure in, tot almal so styf teen mekaar saamgebondel is dat daar sweerlik nie meer genoeg suurstof vir almal is nie. En by die volgende stasie klim niemand af nie, net nog méér mense wat inkom en almal nóg stywer saampers.

Selfs v.C. het ek en Alain oorvol openbare vervoer verpes. Dis een van vele redes waarom ons dankbaar was om op die platteland te lewe. Nou voel hierdie drukkende, steunende, swetende skare tussen Châtelet-les Halles en Villiers-sur-Marne heeltemal ondraaglik.

"Ons moet so gou moontlik ons eie wiele kry," hyg Alain met die bietjie asem wat hy oor het nadat ons uit die trein ontsnap het.

Ons het die Kangoo laas jaar verkwansel om die VSA en Suid-Afrika in gehuurde motors te verken, maar nou wil ons weer ons eie motor hê. Ons wil openbare vervoer vermy en koers kies na *la France profonde,* "die diep Frankryk", soos die platteland dikwels genoem word. Hier sal ons hopelik minder kloustrofobies voel en vryer kan asemhaal.

En dalk, wie weet, vind ons iewers langs die pad 'n holte vir ons jeukende swerwersvoete. Ná nege maande staan ons brugjaar einde se kant toe. Ons moet die los drade van ons vorige lewe begin optel en by 'n nuwe lewe inborduur. Ons weet steeds nie wáár ons hierdie nuwe lewe gaan aanpak nie, maar ons glo die plek gaan soos die perfekte stoep wees. As ons dit sien, sal ons dit herken.

Ons bring 'n week in Lille deur om ons uitgebreide familie te besoek en terselfdertyd 'n goedkoop maar betroubare plaasvervanger vir die Kangoo op te spoor. Dis min tyd, maar ek weet uit ervaring hoe vinnig jy 'n kar kan koop as jy nie te kieskeurig is nie.

Toe ek 'n kwarteeu gelede in Frankryk kom woon het, het ek drie weke in 'n gehuurde motor rondgerits voordat ek besef het hierdie vorm van

vervoer word hopeloos te duur vir my. Die volgende dag ry ek deur 'n dor-
pie, sien 'n donkergroen Golf met 'n handgeskrewe Te Koop-kennisgewing
in die ruit, en koop die kar op die ingewing van die oomblik.

"Selfs al hou dit net 'n paar maande," het ek vir Alain gesê, "is dit steeds
goedkoper as om nog 'n paar maande lank 'n motor te huur."

Uiteindelik het ek daardie Golf, wat ek letterlik op straat gevind het,
byna tien jaar lank bestuur.

Ek glo nie die stokou Opel Meriva wat ons binne vyf dae in Lille koop,
gaan só lank hou nie.

"Hei, dis darem ook Duits, soos jou Golf was," terg Alain.

Ek het nog altyd goedkoop tweedehandse Duitse motors verkies, om-
dat ek in elk geval nie duur motors van enige aard kon bekostig nie, maar
my Fransman dink steeds ons Renault Kangoo was die beste motor op
aarde.

"*Que sera sera*," sê ek so gelate soos ek kan. "Ons het nie juis 'n keuse
nie, het ons?"

Die ou Opel ruik die ene nat hond, maar alles werk wat moet werk,
en dis groot genoeg vir al ons bagasie sonder om te veel brandstof op te
slurp. Want ons moet mos nou weer al die tasse en slaapsakke en besit-
tings inpak wat ons by die familie in Lille gelos het voordat ons Amerika
en Suid-Afrika gaan verken het – en weens die oorlog in Oekraïne het
brandstof intussen ook heelwat duurder geword as toe ons hierdie swerf-
tog aangepak het.

Ons probeer die reuk van nat hond verdryf met 'n produk wat kamtig
na "nuwe motor" ruik, maar nou ruik die binnekant van die Opel soos
daardie chemiese middels wat jy in toilette spuit. Die enigste raad is om
die ruite wawyd oop te hou terwyl ons ry. Dit voel amper asof ons in 'n
sportmotor met 'n afslaankap ry, met die warm wind in ons hare, soos die
arme Lucy Jordan in daardie liedjie nooit reggekry het nie.

"Sy was simpel genoeg om deur Parys te wil ry," sê Alain. "Sy't nie ge-
weet die Franse platteland is baie mooier as Parys nie."

Ek verkyk my inderdaad aan die geilgroen somerse landskap rondom
ons. "Ek het vergeet hoeveel kleure groen jy in Europa kry," sug ek oplaas.

Ons ry deur die een skilderagtige dorpie na die ander. In die Savojestreek naby die Switserse grens kuier ons 'n paar dae by Hugo, en vir die eerste keer is ek bly dat ons vier volwasse kinders elk in 'n ander deel van die land woon. Of in Daniel se geval selfs oorkant die grens in Switserland. Dit gee ons 'n verskoning om plekke te besoek wat ons andersins dalk nooit sou ontdek nie. Van Savoje toer ons deur Auvergne, Lozère, Corrèze, op pad na Dordogne waar ons 'n maand lank in 'n geleende kliphuisie gaan bly. Ons sien mans van alle ouderdomme wat op dorpspleine *boules* speel; mense wat by straatkafees sit en rook; 'n vrou wat met 'n baguette onder die arm op 'n fiets ry, deur 'n keisteenstraat met eeue oue huise, 'n prentjie wat soos 'n kitsch advertensie vir *la belle France* lyk.

En niemand dra meer maskers nie.

Langs die ingang van die meeste winkels staan die bottel met ontsmettingsvloeistof steeds, meer soos 'n relikwie uit 'n vergange era as 'n verbruikersitem, gewoonlik leeg of verstop as ek 'n paar druppels op my hande probeer uitpers. Ek probeer nogtans elke enkele keer. Mag van gewoonte, noem dit wat jy wil, maar ek kan nie meer 'n trollie stoot of 'n mandjie optel as my hande nie ontsmet is nie.

Ander relikwieë van die pandemie is plakkers van maskers op winkelvensters, aanwysings vir hoe om jou hande behoorlik te was in openbare kleedkamers, merke wat op vloere in openbare geboue geverf is om sosiale afstand te handhaaf. Ons hoop, soos almal om ons, dat hierdie aandenkings oor 'n dekade of wat so nutteloos sal wees soos die leë telefoonhokkies wat jy soms nog op die platteland aantref.

"Intussen is dit seker beter om dit te bewaar," sê Alain, "net ingeval die volgende pandemie gouer kom as wat ons dink."

Intussen is dit ook verkiesingstyd in Frankryk, moontlik een van die redes waarom alle Covid-regulasies oornag afgeskaf is. President Macron is pas herverkies vir 'n tweede termyn en nou word plaaslike verteenwoordigers landwyd gekies. Plakkate van Mélenchon en Le Pen, wat onderskeidelik die linkse en regse vleuels van die Franse politiek verteenwoordig, pryk oral langs die pad. Die lewe gaan voort, dis die boodskap wat van Parys tot Périgord uitgespel word, en politieke mag is belangriker as enige pandemie.

En ek voel al hoe meer soos Alice in Wonderland terwyl ons die diep platteland in 'n ou motor met oop ruite verken. Wonderland soos in 'n wonderlike plek, maar ook Wonderland omdat ek aanhoudend wonder en wroeg, tob en bespiegel oor hierdie vreemde, bekende post-Covid-wêreld in Europa.

32. DEUR DIE OË VAN ANDER SKRYWERS

Ons wil aanhou reis, maar in kleiner kringe, soos posduiwe wat in al hoe kleiner sirkels vlieg voordat hulle eindelik op die regte plek land. Ons soek steeds na daardie plek waar ons albei, ek én die Fransman, tuis genoeg gaan voel om op te hou swerf, waar ons al ons pogings om weg te kom kan laat vaar. Ná baie maande op die pad begin ons glo dat ons dit dalk tog in Frankryk gaan vind, hierdie land waar hy gebore is en waar ek al meer as twee dekades lewe, maar wat steeds soms vir albei van ons onbekend en onverstaanbaar voel.

Ons pas afgelope reis in Suid-Afrika het my weer gewys hoe moeilik dit is om selfs jou geboorteland behoorlik te ken. In enige ander land moet jy soveel harder probeer om selfs net 'n klein stukkie raak te vat.

Maar eers moet ons weer 'n vinnige draai gaan gooi op 'n Griekse eiland waar ek 'n kursus in skeppende skryfwerk aanbied. Dis 'n intensiewe werkswinkel met 'n klein groepie romanskrywers, reeds vóór Covid gereël en intussen verskeie kere uitgestel terwyl ons wag vir beter dae. Noudat dit lyk asof beter dae oplaas aangebreek het en Europese lande al die pandemie-reëls afgeskaf het, gryp ons die kans aan om dit te doen. Wie weet wanneer die volgende vlaag van die volgende pandemie weer toeslaan?

Carpe diem het die afgelope twee jaar waarlik 'n wêreldwye wagwoord geword. *Make hay while the sun shines* het nuwe betekenis vir die ganse mensdom gekry. En in my moedertaal is daar natuurlik ook 'n Calvinistiese weergawe: *Werk want die nag kom nader.*

Dié keer vlieg ons van Frankryk na Lesbos en terug, want ons het net 'n week tyd voordat ander verpligtinge wag. Maar dis 'n kans om weer in die Blou Huis in Molyvos/Mithymna te slaap – 'n bekende bed ná maande van onbekende beddens – en toe ons die eerste oggend wakker word in daardie hoë bed met die see-uitsig, besef ek dat ek vir die eerste keer weer veilig voel in Europa. Dalk net omdat dit 'n eiland is, afgesonder, omring deur see, minder vatbaar vir virusse wat van buite af kom.

"Maar dis méér as net veiligheid teen peste en plae." Ek probeer dit uit-pluis terwyl ek in die bed sit en 'n Griekse sesamsaadkoekie soos 'n homp boerbeskuit in my koffie dompel. Dit het ook met die eiland se spesifieke ligging te doen. Dis deel van Griekeland, maar nader aan Turkye as aan die Griekse vasteland. Dis 'n liminale ruimte, op die drumpel tussen wes en oos, Christelike Europa en Moslem-Midde-Ooste, nóg hier nóg daar. Of juis hier én daar. "Dis 'n tussenin-plek waar die gewone reëls nie geld nie."

Alain sit langs my in die bed, sy oë op die see en die lug wat 'n wasige vroegoggend-sluier dra, geen duidelike grens tussen die elemente nie. "En in hierdie tussenin-jaar van ons lewe het ons dalk 'n behoefte aan tussenin-plekke?"

Ek werk die hele week hard, maar soos altyd in die kasteelstadjie Molyvos speel ek net so hard. Bedags sit ek ure lank by 'n tafel om deel-nemers se skryfwerk te bespreek, en saans sit ek op straat om van enige soort werk te vergeet. Soms letterlik plat op die straatoppervlak, op kus-sings eerder as stoele, in die keisteenstegie langs die Symposion-kroeg wat terselfdertyd ook 'n boek- en musiekwinkeltjie is. En dié keer aarsel my koulike reismaat nie té lank voordat hy die Egeïese See aandurf nie. Hy het sy les geleer toe ons laas jaar hier was. Teen die derde dag dryf ons laatmiddag saam in die deurskynende water en ek herinner hom aan wat Nikos Kazantzakis in *Zorba the Greek* oor geluk geskryf het, oor hoe moeilik dit is om bewus te wees van geluk terwyl ons dit ervaar: *Only when the happiness is past and we look back on it do we suddenly realise – sometimes with astonishment – how happy we had been.*

"Maar ons twee raak tog bietjie beter met hierdie ding," reken hy. "Om geluk te herken is bietjie soos om 'n voël te herken voor hy wegvlieg. Ons oefen darem al amper tien maande lank."

En op ons laaste dag, ná die skryfwerkswinkel afgehandel is, vang ons die spreekwoordelike blou voël van geluk vir 'n paar ekstatiese oomblikke saam met 'n dansende Griek en 'n dolfyn. Aangesien dit ons jaar is om dinge te doen wat ons nog nie voorheen gedoen het nie en dalk nooit weer kans sal kry om te doen nie, bespreek ons 'n uitstappie op 'n plaaslike inwoner se motorbootjie om die kus van die eiland te verken en by 'n paar kleiner, onbewoonde eilandjies uit te kom. Stratis is 'n seningrige, sonbruin gryskop wat 'n beskeie bestaan uit sy boot maak en verder self-versorgend en bewus van sy eie geluk probeer lewe. Kweek sy eie groente, vang sy eie vis. Sy boot se Engelse naam (vir die toeriste, seker) is Escape – en ná drie uur op die oop see voel die naam vir ons volmaak gepas.

Maar dis eers toe ons amper terug in Molyvos se hawe is dat die ervaring 'n onvergeetlike hoogtepunt bereik, danksy 'n speelse dolfyn wat onverwags rondom die bootjie begin dans. Stratis raak besete van vreugde, los die boot se stuur, hardloop na die agterdek en gil uit volle bors terwyl hy 'n spontane pas de deux saam met die dolfyn begin dans. Die stuurmanlose bootjie tol al in die rondte en trek woeste skuimkringe op die water, Stratis skreeu met uitgestrekte arms en die dolfyn dans soos 'n prima ballerina. Die mense wat by kafees in die hawe sit, is te ver om die dolfyn te sien; hulle sien net die boot wat skynbaar buite beheer rondtol en die dansende figuur op die dek.

Ná die dolfyn ons met 'n laaste sierlike sprong groet en onder die water verdwyn, vaar ons sedig terug tot in die hawe, waar Stratis met vrolike uitroepe van alle kante verwelkom word. *Jou mal man!* En ons besef dis nie eens nodig om te verduidelik dat 'n dolfyn ons meegevoer het nie. As 'n Griek op die dek van sy boot wil dans terwyl die boot tiekiedraai, het hy blykbaar nie 'n verskoning nodig nie. Soos Kazantzakis ook beweer het: *A man needs a little madness or else – he never dares cut the rope and be free.*

As reisende skrywer – of lesende reisiger – is my kop altyd vol woorde van skrywers wat plekke en ervarings langs die pad as't ware oopgeskryf het vir my. Soos familie en vriende my soms letterlik huisves, so huisves hierdie skrywers my figuurlik. Ek klop by hulle aan vir raad, hulle woorde sus en troos my, laat my tuis voel op plekke wat ek nie ken nie. Ek slaan my oë af na hulle boeke en ek weet waar my hulp vandaan sal kom.

Op ons laaste dag sit ons ook op die strand van Efthalou, van waar ons Turkye oorkant die water kan sien, so naby soos Robbeneiland soms op 'n helder dag van Kaapstad af lyk, en ek dink onvermydelik aan my gunsteling- Turkse skrywer. Ek hoef nie eens in Orhan Pamuk se land te wees nie, ek kan bloot na sy land kyk, dan spoel sy woorde oor my: *Life is short, and we should respect every moment of it.*

"Hy sê nie ons moet elke oomblik geniét nie," vermaan ek myself en my reisgenoot. "Hy sê nie eens ons moet dit waardeer nie, hy sê bloot ons moet dit respekteer, en daarmee sê hy eintlik soveel meer."

Ek hou van die idee van respek, van selfs die slegste oomblikke wat respek verdien, want dis die slegste oomblikke wat die beste oomblikke nog beter laat voel. As ons twee nie soveel slegte oomblikke belewe het voordat ons begin swerf het nie, sou hierdie reis nie naastenby so vreugdevol kon wees nie.

Ná ons tussenpose op 'n tussenin-eiland vat ons weer die pad in Frankryk, waar ons weer onvermydelik in beroemde skrywers en hulle boeke vasloop. Nie letterlik nie, want hulle lewe lankal nie meer nie, maar hulle woorde en karakters lewe voort op die plekke waaroor hulle geskryf het.

In die streek Normandië besoek ons die stad Rouen, waar dit onmoontlik is om weg te kom van Gustave Flaubert en sy bekendste roman. Flaubert se verklaring van vereenselwiging met sy karakter, *Madame Bovary, c'est moi!*, is skynbaar apokrief, maar soos miljoene lesers wêreldwyd kon ek nog altyd iets van myself vind in die sondige, behoeftige, diep menslike Emma Bovary. Ons is almal Madame Bovary – of so voel dit terwyl ons haar fiktiewe spoor deur die strate van Rouen volg.

Ons stap na die katedraal met drie sierlike torings wat oor agt eeue gebou en herbou is, die einste katedraal wat Claude Monet in 'n hele reeks Impressionistiese skilderye uitgebeeld het. Monet was nog 'n beroemde burger van Normandië, en sy manjifieke tuin in Giverny, skaars 'n uur se ry van Rouen, is een van die redes waarom ons hierheen gekom het. Maar eers moet ons die katedraal besigtig, van buite én van binne, want dis die toneel van 'n skelm ontmoeting tussen Emma en haar verleier, Léon.

Wanneer hulle die katedraal verlaat, spring hulle in 'n gehuurde koets vir 'n wilde rit deur Rouen en omstreke, waartydens Emma oplaas swig en haar deugdelikheid prysgee. Wat presies in die koets gebeur, *tossing about like a vessel*, in die Engelse vertaling, word slegs gesuggereer deur die slim Flaubert. Soos inderdaad in die hof aangevoer is toe hy kort ná die verskyning van die roman weens obseniteit gedagvaar is.

Iewers langs die pad skeur Emma die briefie op wat sy vir die jong man wou gee om sy toenadering te weier, en al wat die leser "sien" is 'n kaal hand wat onder die geel seil van die koets se blindings verskyn om 'n paar flenters papier weg te gooi, flentertjies wat deur die wind versprei word, *and further off alighted like white butterflies on a field of red clover all in bloom.* Die res word aan die leser se verbeelding oorgelaat.

Flaubert is in 1857 vrygespreek in die obseniteit-hofsaak, wat gehelp het om die boek onmiddellik 'n blitsverkoper in Frankryk te maak, en byna twee eeue later lok die skrywer en sy skepping steeds lesers na Rouen. Daar is selfs 'n "literêre hotel" wat Flaubert se naam dra, en as jy (soos ons) nie kan bekostig om in die hotel oor te slaap nie, kan jy nogtans daar koffie drink en die informele Flaubert-museum besigtig. 'n Opgestopte weergawe van Flaubert se beroemde papegaai hang van die plafon af en 'n lewensgroote standbeeld van die skrywer staar ewig verlangend na die bont voël.

In die geskenkwinkel koop ons boekmerke met aanhalings uit Flaubert se romans om vir familielede te skenk. *There is no truth. There is only perception.* En: *A memory is a beautiful thing, it's almost a desire that you miss.* Asook my persoonlike gunsteling, wat ek aan myself skenk: *I doubt everything, even my doubts.* Dis die soort vertwyfeling wat ek onweerstaanbaar vind.

Soos gewoonlik soek ons nie net voedsel vir die gees nie, maar ook kos vir die maag. Die geskenkwinkel verkoop 'n tradisionele lekkertjie wat *Sucre de Rouen* of Suiker van Rouen genoem word, 'n stafie van suiker en appels wat in die sestiende eeu deur 'n plaaslike apteker geskep is as 'n kuur vir melancholie. Alain kyk verras na my toe ek 'n paar van hierdie lekkers koop. "Van wanneer af hou jy van suiglekkers?"

"Ek koop dit vir jou, liefie. Bloot omdat ek nie die poëtiese bemarkingsveldtog kan weerstaan nie."

Hy prop dadelik een in sy kies. "So jy wil nie eens proe nie?"

"Ek is nie seker of ek van my lewenslange melancholie genees wil word nie. Jy sal maar vir my moet sê of dit werk."

Hy grynslag. "Ek sal baie meer lekkers nodig hê voor ek enigiets kan sê."

Ons koop ook 'n dosie madeleines, die literêre koekie wat wêreldroem verwerf het danksy nog 'n skrywer wie se spook steeds deur Normandië dwaal. Hoewel Marcel Proust in Parys gebore en begrawe is, speel 'n belangrike deel van sy chef d'oeuvre, *À la recherche du temps perdu*, in Normandië af. Die roman se fiktiewe kusdorp, Balbec, is Cabourg in die ware lewe. En die Grand Hotel, waar Proust sewe jaar lank elke somer in kamer 414 op die vierde verdieping gebly het en aan sy meesterwerk geskryf het, is steeds 'n gesogte hotel in Cabourg.

Jy kan selfs in kamer 414 oornag, maar dis in 'n ander klas as daardie kamer 104 in 'n flentergat-motel in Arizona wat ons twee swerwers darem min of meer kon bekostig. Vir Proust se kamer 414 sou ons meer as 600 euro moes opdok, dus oorweeg ons dit nie eens nie.

As troosprys eet ons die madeleines wat ons in Rouen gekoop het en bespiegel oor watter kossmake ons eie jeugherinneringe oopblaas. Vir Proust en sy verteller was dit daardie skulpvormige koekie wat in tee gedompel is, maar ons het waarskynlik almal sulke kulinêre triggers wat ons terugvoer na dinge en mense en plekke van lank gelede.

"Melkkos," sê ek sonder veel aarseling. "Die eenvoud, die soetigheid, die kaneelgeur, die liefde wat ek kleintyd daarin kon proe."

My Fransman, wat nie melkkos as kind geken het nie en dus nie kan verstaan wat dit so spesiaal maak nie, sê vir hom is dit suiker op 'n sny brood. "Nie witsuiker nie. Daardie sagte, klammerige bruinsuiker wat ons *vergeoise* noem."

Net die woord is genoeg om hom te laat glimlag. Dis 'n soort suiker wat tradisioneel van beet vervaardig is, tipies van die noorde van Frankryk waar hy grootgeword het. Die rykdom van eenvoud, dis wat almal van ons in ons madeleines vind.

Ons bly 'n nag oor op die dorpie Jumièges, bloot omdat dit naby Rouen is, maar meer bekostigbaar as Rouen, en omdat ons hier na die oorblyfsels van 'n abdy uit die jaar 654 kan kyk. Dit word beskou as die mooiste ruïne in Frankryk – en dis reeds genoeg om my nuuskierigheid te prikkel in 'n land waar ek al soveel beeldskone bouvalle gesien het. Maar ons kan steeds nie wegkom van skrywers en hulle karakters nie.

Op pad na die ruïne lees ons 'n kennisgewing teen die muur van 'n huis wat ons inlig dat die skrywer Maurice Leblanc in sy kinderjare sy somervakansies hier deurgebring het. Ek het gedog ek woon darem al lank genoeg in Frankryk om die meeste Franse skrywers se name te herken, selfs al het ek nog nie hulle werk gelees nie, maar dié naam lui geen klokkie nie.

"Maurice *Wie*?" vra ek, sonder om juis 'n antwoord te verwag.

"Maurice Leblanc," vertel Alain my, "is die ou wat die sjarmante dief Arsène Lupin geskep het."

In die vroeë dae van Suid-Afrikaanse TV was daar 'n oorgeklankte reeks oor dié karakter. Deesdae is hy wêreldwyd gewild danksy 'n Netflix-reeks met die Franse akteur Omar Sy in die titelrol. En Leblanc, kom ek nou eers agter, is ook in Rouen gebore – 'n voorbeeld van 'n skrywer wie se fiktiewe karakter beroemder geword het as wat die skrywer ooit was.

"Ek wonder wat monsieur Leblanc hiervan sou gedink het as iemand dit in sy leeftyd kon voorspel," sê ek toe ons voor die beeldskone bouval van die abdy staan. "Die meeste skrywers hoop om darem 'n rukkie ná hulle dood onthou te word. Maar om 'n karakter te skep wat voortlewe lank nadat jou eie naam vergete geraak het, is seker nie 'n slegte troosprys nie."

Die abdy van Jumièges, of wat oorbly daarvan, bestaan al 'n verstommende veertien eeue lank. As 'n gebou met 'n skrywer vergelyk kan word, sou hierdie ruïne die argaïese Griekse digter Sappho kon wees. Hoewel slegs fragmente van haar liriese gedigte behoue gebly het, is die oorblyfsels genoeg om ons steeds te bekoor, meer as tweeduisend jaar nadat sy op die eiland Lesbos gelewe het.

Elke keer as ek op Lesbos kom, voel dit vir my asof Sappho steeds teenwoordig is. Nes ek in Rouen bewus bly van Flaubert, en in Cabourg van Proust, of op Matjiesfontein in die Karoo van Olive Schreiner. In Salinas in Kalifornië voel John Steinbeck se woorde nader as elders, en in Harlem in New York kan ek nie van James Baldwin vergeet nie. Skrywers wie se werk soos vuurtorings bly brand om swerwers se skepe van die rotse weg te hou.

Selfs wanneer die skrywer se naam vergete raak, kan die woorde steeds lig verskaf. Ek sou dit graag vir monsieur Leblanc wou sê.

33. OP SOEK NA 'N HOLTE VIR SWERWERSVOETE

Dis ons tiende maand op die pad. *On the road* klink steeds lekkerder, dalk net omdat dit ook die titel van 'n ikoniese boek is. En dit herinner ons aan Canned Heat se ode aan die langpad waarna ons dikwels die afgelope jaar in die kar geluister het. (*You know the first time I traveled / Out in the rain and snow / I didn't have no payroll / Not even no place to go . . .*) En aan al die verskillende karre, gehuur, geleen en gekoop, waarin ons na padmusiek met 'n beat kon luister.

Soms het ons selfs Willie Nelson se country-liedjie met dieselfde titel op ons playlist gesoek en lustig saamgesing: *On the road again / Goin' places that I've never been / Seein' things that I may never see again . . .*

Dis daardie dinge wat ons dalk nooit weer gaan sien nie wat ons wiele aan die rol hou.

En ons voete aan die stap, want 'n groot deel van hierdie pelgrimstog gebeur met dapper en stapper. Dis nou nie asof ons die Spaanse Camino aangedurf het nie, maar volgens die app op my selfoon wat my treë tel, het ons in stede soos Rome, Athene, Parys, New York, New Orleans en vele ander sowat 20 km per dag gestap. En dis nogal nie 'n slegte gemiddeld vir die Camino nie.

Tussen die ry en die stap is daar die kuier saam met vriende en familie, die stoepsit oral in Suid-Afrika, die gesels aan lang tafels in Italië en Griekeland, die intiemer gesprekke langs vleisbraaivure buite of kaggels binne. Dis waarom ons nie wil ophou nie. Ons is nog nie sat geswerf nie. Dalk nog lank nie. Maar ons weet alle goeie dinge kom tot 'n einde.

 Ek lewe al tien maande uit 'n tas. Elke keer as ek iets nuuts aanskaf om te dra, moet ek ontslae raak van iets wat reeds in die tas is, anders raak dit te swaar en te vol. Dis 'n reël wat ek graag vir die res van my lewe wil volg – hoewel ek hopelik binnekort weer uit 'n kas eerder as 'n tas sal aantrek – want ek wil nie meer 'n slagoffer van 'n onvolhoubare verbruikerskultuur wees nie. Ek hoop dat ek voortaan hierdie reël kan toepas wanneer ek enigiets koop – meubels, elektriese toerusting, lakens, handdoeke, wat ook al – want ek wil nie meer vasklou aan besittings wat ek nie werklik nódig het nie.

"Boeke en kunswerke is 'n uitsondering," argumenteer ek sommer by voorbaat. "Maar as ek 'n skildery of 'n beeld wil koop, sal ek 'n paar kitchen gadgets prysgee. Met plesier."

Die Fransman stry nie oor boeke en kuns nie. Hy is egter nie so seker hy wil kitchen gadgets of elektroniese toerusting prysgee nie. En hy vermoed ek gaan sukkel met minder klere.

"Wat van al die klere en skoene en bykomstighede wat jy in die skeepshouer gelos het?"

"Presies! Ek het gedog ek gaan my klere verskriklik mis. En nou kom ek agter, vir die eerste keer in my lewe, hoe min klere ek eintlik nodig het."

"Dít kon ek jou lankal gesê het," grinnik hy.

Maar ek moes dit self leer. Tydens ons swerftog het ek 'n paar rokke present gekry, klere waarvoor vriendinne moeg geraak het of wat hulle nie meer pas nie, wat gehelp het dat ek nie té verveeld raak met wat in my tas is nie. Maar vir elke "nuwe" rok moes ek van 'n ou rok in die tas ontslae raak. Selfs vir kleiner aankope soos die *Fuck off I'm reading*-sokkies waarvoor ek in New Orleans geswig het, moes ek 'n ander paar sokkies agterlaat, want elke gram gewig in die tas tel. Ek het 'n turkoois sjaal op 'n mark in Santa Fe in New Mexico gevind en 'n rooi sjaal aan die Suid-Afrikaanse Weskus vir iemand geskenk. Net laas week het ek in die Périgord-streek 'n lieflike langbroek van linne in 'n liefdadigheidswinkel gekoop, vir 'n skamele drie euro, en die volgende dag 'n soortgelyke langbroek in my tas by die winkel gaan aflaai.

Ek het waarlik geleer om dinge te laat gaan. Geliefde klere, boeke (wat ek steeds oral optel en agterlaat wanneer ek klaar gelees het), plekke, selfs mense. Dit word nooit makliker om geliefdes te groet nie, veral nie jou kinders en jou familie nie, maar as jy weet jy sien hulle net vir 'n kort rukkie voor jy verder reis, sorg jy dat elke oomblik saam met hulle tel. Ek verstaan nou eers werklik wat gehaltetyd beteken.

My Fransman, wat voorheen baie minder as ek gereis het vanweë sy werkverpligtinge, het in sy eerste aftreejaar sy nomadiese siel ontdek. Hy sê ons kan maar aanhou swerf, *to infinity and beyond*, soos in *Toy Story*.

Maar ek kan nie aftree nie, ek moet aanhou skryf, en hoewel my voete sal aanhou kriewel om verder te reis, begin my vingers ook teen dié tyd jeuk om 'n boek klaar te skryf.

Anders gestel, ek moet my stert op 'n stoel kry, 'n stoel wat stilstaan, op één plek, verkieslik 'n stil en afgesonderde plek, sodat ek maande lank aanmekaar kan skryf. Op dieselfde stoel, voor dieselfde tafel, in dieselfde vertrek. Dis waarna ons nou begin soek, daardie stilstaande stoel, iewers op die Franse platteland.

Dis nie 'n dringende soektog nie, want hierdie geriatric gap year is eers op 31 Augustus amptelik verby, en soos 'n wyse vriendin my in Suid-Afrika herinner het, ons hóéf mos nie op 1 September 'n huis te hê waarin ons die res van ons lewe wil woon nie. 'n Swerfjaar hoef nie letterlik 'n jaar te duur nie, dit kan korter of langer wees, en terwyl dit duur, wil ons dit nie bederf deur te veel te wroeg oor waar ons ons gaan vestig as dit verby is nie.

"Vestig" is buitendien so 'n gelaaide woord, die Afrikaanse vertaling van *settle*, die werkwoord vir wat *settlers* doen. Ons weet mos die meeste setlaars in die geskiedenisboeke word deesdae nie meer as helde beskou nie. Ons wil ons nie soos outydse setlaars gedra nie, ons wil nie plunder onder die plaaslike bevolking nie, ons wil net iewers insmelt. Tydelik, altans. Want ons weet ook ons wil verder reis, minstens 'n paar maande van die jaar terwyl ons nog gesond genoeg is om dit te doen.

Maar ek het 'n stilstaande skryfstoel nodig vir die res van die tyd.

En ek verlang al hoe meer na my boeke in daardie skeepshouer. Na my skilderye ook, en na die teekoppies met die goue randjies wat ek by my ouma geërf het, en na my handgemaakte vierkantige etenstafel, en na my dubbelbed van hout met my eie beddegoed daarop. Maar ek verlang veral na my boeke.

Ons gaan waarskynlik nie in dieselfde streek woon waar ons die vorige kwarteeu van ons lewe deurgebring het nie. Toe ons laas jaar hierdie swerf-tog begin het, was ons bitter hartseer om afskeid te neem van ons huis in Provence, maar ook opgewonde omdat ons vir die eerste keer werklik kon kies waar ons verder wil lewe. Onbelemmer deur kinders se skole of Alain se werkplek of enigiets anders behalwe ons vrees vir die onbekende.

Dis 'n angswekkende vorm van vryheid, soos ons toe reeds besef het, en ná tien maande van swerf is dit nog net so angswekkend. Maar ons het geleer om die angs te aanvaar en die vryheid te geniet. Jy kry nie sonskyn sonder skaduwees nie, en vryheid se skadukant is vrees. Ons het geleer om te grinnik oor sêgoed soos *better the devil you know* en soortgelyke frases wat bang mense as verskoning aangryp om nooit iets nuuts te doen nie. Deesdae soek ons eerder na daardie onbekende duiwel. Want wie sê hy's rêrig 'n duiwel?

En as jy eers die deur oopmaak vir die onbekende, kan die wonderlikste dinge met jou gebeur. Op 'n dag word ek uit die bloute gekontak deur 'n jong Suid-Afrikaner wat in Amsterdam woon en ons swerftog op die internet volg, deur die rubrieke wat ek vir 'n paar aanlyn-publikasies skryf. Anina vertel my dat haar familie 'n vakansiehuisie in die Périgord-streek van Dordogne besit. Dit staan meestal leeg omdat die familie oor die aardbol versprei is, in Suid-Afrika, Amerika en Nederland, en hulle wil dit nie verhuur nie omdat dit "te eenvoudig" is, maar ons is welkom om dit te gebruik as ons dalk dié omgewing wil verken.

Alain en ek kyk verstom na mekaar, want Périgord is 'n streek waaroor ons nuuskierig is en wat ons lus is om te leer ken, en hier kry ons 'n uitnodiging wat ons opnuut in *the kindness of strangers* laat glo. Anina stuur sommer ook vir ons 'n paar foto's van die kliphuisie sodat ons nie te veel verwag nie, want dis baie bar, maak sy verskoning. Geen oond of mikrogolf of wasmasjien nie, net die basiese meubels, geen verdere versierings of ornamente nie. Maar ons twee swerwers is mos lankal gewoond daaraan om sonder oonde en wasmasjiene te lewe. Die foto's van dik klipmure en 'n oop klipkaggel en 'n ystertafel buite onder 'n boom lyk vir ons soos 'n glimp van die paradys.

Uiteindelik oorreed ons Anina om ons ten minste vir water en elektrisiteit te laat betaal as ons 'n maand daar kan bly. Hierdie besluit stuur nie net ons swerftog in 'n nuwe rigting nie, maar moontlik selfs ons toekoms, want ná skaars 'n week in die kliphuisie is ons so betower deur die omgewing dat ons begin uitkyk vir 'n plek wat ons vir langer kan huur. Ons wil Périgord beter leer ken, want ons vermoed ons het die holte gevind waarna ons al byna 'n jaar soek.

'n Rusplek vir die hart, al bly die voete jeuk.

Een van die baie boeke wat ek die afgelope jaar in gratis biblioteke opgespoor het, dié een voor 'n teater in Durham, North Carolina, is *The Songlines* van Bruce Chatwin. Nog 'n ideale reisboek om te lees terwyl ek self ook reis, want Chatwin skryf oor die nomadiese roetes van die Australiese Aborigines, met vele verwysings na ander nomadiese volke. Aangesien die vroegste voorvaders van Homo sapiens nomades was, sit daardie nomadiese drang steeds so diep in ons gene vas dat sommige van ons nooit werklik daarvan kan wegkom nie. Dis in elk geval die troos wat ek uit die boek gekry het, dalk net omdat ek steeds 'n verskoning vir my ewige swerflus soek. Ander lesers sal weer ander trooswoorde daarin vind.

Ek sou die heel graagste iewers wou woon waar ek elke dag die see kan sien, want my matroosbloed is amper so dik soos my nomadiese bloed, maar my man soek die beskerming van bome of berge in die binneland. En teen dié tyd besef ek ook dat ons nie rêrig 'n see-uitsig kan bekostig nie.

"Ek sal liewers saam met jou in die binneland woon as sonder jou by die see," sê ek oplaas vir my reisgenoot.

"Périgord is darem nie té ver van die Atlantiese kus nie," troos hy, "en hier is groot riviere waarin jy kan swem."

"Waarin óns kan swem, hopelik."

Hy maak of hy nie hoor nie. "En groen woude waarin ons saam kan stap. En dis 'n kosparadys!"

Périgord is inderdaad die enigste streek in Frankryk waar truffels én foie gras as gesogte plaaslike produkte aangetref word, saam met eendvleis, wilde sampioene, okkerneute, kastaiings . . . Dit word al hoe aanlokliker. Ons ry deur onbekende dorpe en stap deur onbekende woude en die Fransman swem waaragtig selfs saam met my in onbekende riviere. En ons proe soveel as moontlik plaaslike kos, natuurlik, om ons te help besluit of ons hier wil vashaak.

In Bergerac loop ons letterlik agter ons neus aan deur die indrukwekkende ou stad op die oewers van die Dordogne-rivier. Dis byna onmoontlik om Bergerac te verken sonder om behep te raak met neuse, nie net omdat die geure van eendgeregte en die streek se wyne oral in die keisteenstrate hang nie, maar bowenal oor Cyrano en sy befaamde neus.

Dis 'n rots! Dis 'n piek! Dis 'n Kaap! Nee, nie 'n Kaap nie, dis 'n Skiereiland!

Die meeste Franse sal dadelik die oorspronklike weergawe van hierdie frase herken as 'n aanhaling uit Edmond Rostand se "Ode aan 'n neus" uit die toneelstuk *Cyrano de Bergerac* wat al dekades lank voorgeskrewe leeswerk in Franse skole is. Nes Engelssprekendes oral in die wêreld darem een of twee aanhalings uit Shakespeare se toneelstukke herken omdat hulle iewers op skool daarmee te doen gekry het.

Rostand se steeds gewilde toneelstuk is aan die einde van die negentiende eeu geskryf en reeds verskeie kere as rolprent verwerk, onder meer in 1990 met Gérard Depardieu in die titelrol en meer onlangs as 'n minder letterlike weergawe met die dwerg Peter Dinklage in die hoofrol. In 'n era waarin nose jobs en ander kosmetiese operasies alledaags geword het, sal kykers moontlik meer meegevoel hê met 'n karakter wie se fisieke toestand nie deur 'n operasie verander kan word nie. Maar Savinien de Cyrano de Bergerac het werklik bestaan, en in sy kort lewe van 1619 tot 1655 was hy wyd bekend vir sy enorme neus, sy gevatheid en welsprekendheid, en sy vaardigheid as swaardvegter.

Kortom, Cyrano was 'n kêrel met panache, 'n woord wat in die Engelse taal opgeneem is danksy die sukses van Rostand se toneelstuk.

En hoewel die ware Cyrano de Bergerac in Parys gebore is en nie ver van Parys gesterf het nie, is sy naam – en sy neus – vir ewig aan die stad Bergerac gekoppel. Daar is standbeelde van hom op pleine, sy naam pryk oral op geboue en winkels, en ons sien sy onmiskenbare profiel selfs in briladvertensies in 'n brilmaker se vertoonvenster.

Tydens ons eerste besoek aan Bergerac dryf 'n skielike somerstorm met donderweer en stortreën ons by 'n bistro in. Ons wou eintlik langs die rivier piekniek gehou het, maar nou het ons dringend 'n skuilplek nodig om droog te bly, en omdat dit toevallig tyd is vir middagete, besluit ons om sommer net hier te eet. Vlak onder 'n skildery van Cyrano wat ons met sy lang neus in die lug bekyk terwyl ons aan ons eendvleis smul. Maar ons laat ons nie afskrik deur sy formidabele teenwoordigheid nie. Cyrano was immers ook bekend as *bon vivant*, 'n sosiale persoon met 'n gekultiveerde en verfynde smaak, veral wat spys en drank betref, soos Merriam-Webster dit definieer.

Jy het nie 'n gróót neus nodig om kos en wyn behoorlik te waardeer nie, net 'n goeie reuksintuig, maar dalk het die buitengewone grootte van Cyrano se neus hom gehelp om ook 'n buitengewone reuksintuig te ontwikkel? Dis altans die verklaring van my Fransman, wat self nie met 'n klein neusie bedeel is nie.

En so swerf ons al snuiwend voort deur die vier kleure van die Périgord-streek. Die Pers Périgord het sy naam te danke aan die wyne en die wingerde, die Swart Périgord aan die swart truffels en donker woude, die Wit Périgord aan die bleek kranse en klippe, en die Groen Périgord aan die groen weivelde en sagte heuwels.

Op 21 Junie, die langste dag en kortste nag van die jaar, vier ons die nasionale *Fête de la Musique* in Brantôme, 'n allerlieflike dorp in die Groen Périgord. Ons wil nie noodwendig op Brantôme wóón nie, dis te besig, met heeltemal te veel Britse toeriste, maar dis 'n besonder plesierige kuierplek. En op hierdie eerste landwye musiekfees in drie jaar, ná die lang stilte van Covid, dreun die keisteenstrate van die dorp soos daar gelag en gesing en musiek gemaak word.

Brantôme word die Venesië van Périgord genoem, want die oudste deel is op 'n eiland in die middel van die Dronne-rivier gebou en jy bly heeltyd bewus van die water wat jou omring. Ons eet op die houtdek van 'n restaurantjie wat meer soos die dek van 'n boot voel. Toe ons per ongeluk te hard aan die tafel stamp, val een van ons vurke plops in die rivier reg langs ons. Ons leun oor die houtreling wat ons tafel van die glashelder rivierwater skei en sien tientalle vurke, messe, borde en wie weet wat nog alles op die bodem lê. Die kelner haal net sy skouers op en waarsku ons om ons selfone en persoonlike besittings aan die veiliger kant van die tafel te hou.

Ek eet versigtiger verder terwyl ek kort-kort na die eetgerei op die bodem van die rivier kyk. "Ek wonder hoeveel jare lê sommige van die vurke al daar."

"Dalk vra hulle elke nou en dan 'n duiker om alles boontoe te bring," bespiegel Alain. "Om die bodem 'n slag skoon te kry voordat die volgende generasie eters weer hulle eetgerei in die water laat val?"

Dis 'n beeld wat my bybly, daardie collateral damage van vele gesellige etes.

'n Week later sit ons in 'n ou kapel, naby die vervalle Abdy van Tourtoirac wat in 1003 opgerig is, en luister na 'n kamermusiekorkes wat 'n strykkwintet van Mozart speel. Agter die musikante brand lang katedraal-kerse en op die plafon kyk 'n beskilderde engel af op ons. Ons hou hande vas soos jong verliefdes, meegevoer deur die musiek en die ruimte waarin dit opgevoer word.

Ná meer as twintig jaar in 'n verhouding kan jy soms wonder of jy en jou lewensmaat altyd iets vir mekaar te sê sal hê. Dan gaan julle op 'n lang reis en julle kry elke dag soveel nuwe dinge om oor te gesels dat jy begin wonder waaroor julle gaan gesels as julle ophou reis. En dan beland julle weer op 'n plek waar woorde heeltemal oorbodig word, waar julle 'n emosie deel wat te diep is vir woorde, en dan sien jy weer kans vir die dag wanneer julle nie meer reis nie.

Ons het in hierdie swerfjaar genoeg gedeel wat ons vorentoe kan voed. Ons het nie uitmekaar gedryf soos ek gevrees het nie, ons het geleer om sáám te dryf. Soms letterlik, soos in die Egeïese See langs Lesbos.

Die volgende aand luister ons na vrolike straatmusiek by 'n kosmark op die dorpie Montagrier, 'n indrukwekkende koperblaasorkes wat New Orleans blues speel terwyl ons saam met honderde dorpenaars by lang tafels eet en drink. Kinders jaag mekaar voor die verhogie rond, bejaardes spring op en begin hups in die straat dans, die vroulike saxofoonspeler sing met 'n stem wat rillings langs my ruggraat afjaag.

"*Au secours*," sê ek en trek my man op sy voete sodat ons ook kan dans. "Help, ek word van voor af verlief op die Franse platteland!"

Hy glimlag asof hy geweet het dit sou gebeur. Ek het gedog ek sou elders 'n holte vir my voete en my hart vind, dalk in 'n ander land in Europa, dalk in Italië of Portugal of Griekeland. Maar hier in Périgord voel ek elke dag 'n bietjie meer tuis – weliswaar op 'n ander manier as wat ek in my geboorteland tuis voel, maar nogtans tuis.

En toe herinner hy my aan 'n gedig wat ons iewers op ons lang, lang pad gelees het. "Daardie een oor plekke wat voel asof hulle ons verwag."

En ek lees weer die Ierse digter David Whyte se "Etruscan Tomb" met 'n nuwe soort herkenning en erkenning, oor plekke wat ons soos pelgrims verwelkom: *to tell us suddenly / and without fanfare / of a new beginning / made out of nothing / but the way we got here.*

34. LEEF OM DIE STORIE TE VERTEL

Ons het gedog ons gaan hierdie swerfjaar soos 'n stringetjie krale bewaar. Sluit dit af, bind die twee punte aan mekaar vas, maak dit 'n halssnoer, 'n armband, 'n geslote sirkel. Iets wat blink om op 'n vaal dag uit te haal en te bewonder: Sjoe, kyk net wat het ons reggekry.

Nou begin dit al hoe meer soos 'n work in progress voel.

Ons wou eindig waar ons begin het. Ons wou hierdie kring simbolies toetrek op die dorpie in Vaucluse waar ons laas jaar die eerste nag van ons nuwe huislose bestaan deurgebring het. Tóé al het dit op 'n digterlike manier geskik gevoel om ons volgende hoofstuk dáár aan te durf, waar my storie en die Fransman se storie 'n kwarteeu gelede saamgesmelt het.

Ná elf maande van swerf bel ons dus ons voormalige buurman Armando om te hoor of ons vir 'n week lank verblyf op die dorp kan huur. (Elke klein dorpie in Provence het iemand soos Armando nodig – 'n soort joviale *concièrge*/nutsman/skakelbeampte/verhuringsagent – wat die sleutels van verskeie vakansiehuise veilig bewaar.) Die dorp bars uit sy nate, waarsku Armando, in hierdie eerste somer ná die Covid-beperkings afgeskaf is.

Maar die goeie nuus is dat die Switser wat twee dekades gelede ons eertydse huis gekoop het, 'n deel daarvan omskep het in 'n studio-woonstel wat per nag of per week gehuur kan word, en dié is blykbaar nog beskikbaar. En meteens voel dit weer soos daardie welgeluksalige toeval wat ons soveel keer die afgelope jaar getref het. Ons wou mos terugkeer na die begin van ons storie. Hier kry ons onverwags die kans om nie net op dieselfde dorpie te bly nie, maar in dieselfde húis as lank gelede.

En wat 'n verrassende, vertroostende ervaring word die verblyf toe. Niks het verander nie, en tog het alles verander. Die naam van die huis, Le Chant du Monde (Die Lied van die Wêreld), pryk steeds op die terracotta-muurtjie langs die hek. Dit was daar lank vóór ons die ou kliphuis bewoon het – dis juis die naam wat Alain oortuig het dis die regte tuiste vir hom, want dis die titel van 'n roman van Jean Giono, een van sy geliefde Franse skrywers – en dis goed om te weet dis steeds daar, twintig jaar ná ons die huis verlaat het.

Ek het destyds nog skaars van Giono gehoor, hy is nie naastenby so bekend in die Engelse leeswêreld soos in Frankryk nie, maar die naam het vir my ook instinktief reg gevoel. 'n Letterkundige verwysing vir 'n skrywer, 'n musikale verwysing vir die skrywer se musiekmal lewensmaat, en die inklusiewe internasionale omvang van 'n lied wat deur 'n veeltalige en multikulturele gesin gesing kan word.

'n Veel groter verrassing is dat my getroude van, Claisse, steeds op die posgleuf in die voordeur geverf is. Dít verwag jy nie as jy ná dekades terugkeer na 'n voormalige tuiste nie.

Binne-in het alles ook onthutsend dieselfde gebly, dieselfde blou teëls in die kombuis, dieselfde groot oop klipkaggel en beknopte dakbalkon, dieselfde onpraktiese trappe tussen alle leefruimtes. Dis waar ons dogter die eerste twee jaar van haar lewe deurgebring het, en toe sy eers begin kruip en daarna leer loop in 'n huis waar elke vertrek op 'n ander vlak as die res gebou is, moes ons elke deuropening versper om te keer dat sy by 'n trap aftuimel en haar nek breek. Ons was gek oor die ou kasarm, maar dit was nie 'n kindervriendelike woonplek nie.

Die studio-gedeelte is op die onderste van vele verdiepings ingerig, in 'n vertrek wat eeue gelede 'n stal was en wat ek destyds as skryfkamer gebruik het. In die lang krip teen die muur, voorheen met strooi vir plaasdiere gevul, het ek stapels boeke gebêre. Boeke was immers my kos, veral in die lang wintermaande wanneer al die vakansiegangers uit die dorpie verdwyn, nes die strooi wat die diere in die winter moes voed.

Intussen is die krip verwyder om plek te maak vir 'n dubbelbed – die enigste verandering in ons gewese tuiste waaroor ek spyt is. Nie dat ek die dubbelbed betreur nie, maar ek mis die krip. Die bed kom nuttig te pas toe ons letterlik platgeslaan word deur nóg 'n hittegolf – die hoeveelste in hierdie Europese somer van rekordtemperature – wat ons ure lank roerloos op die bed voor 'n elektriese waaier vaspen. Al ons planne om ou vriende op te soek en op ou paaie terug te stap smelt soos roomys in die ondraaglike hitte.

"Hoe gaan daardie gesegde nou weer oor die lewe wat gebeur terwyl jy besig is om ander planne te maak?" prewel ek met dor lippe vir my bed-maat. "Hittegolwe is wat gebeur terwyl jy ander planne maak."

Pandemiegolwe ook, besef ons die volgende dag.

Noudat niemand in Europa meer masker dra of sosiale afstand hand-haaf nie, breek 'n volgende brander van Covid-19-infeksies oor die be-volking. Op ons tweede dag in ons voormalige huis stuur Armando 'n boodskap dat hy positief getoets is, ná vlugtige kontak met 'n Amerikaan-se vakansieganger met Covid, en aangesien Armando daagliks met álmal op die dorpie in aanraking kom, word almal van ons onmiddellik "kon-takgevalle". Wat beteken ons moet afsprake met ou vriende afstel terwyl ons drie dae wag om 'n negatiewe uitslag van 'n PCR-toets te kry.

Tussen die hittegolf en die Covid-golf spoel ons soos wrakstukke uit op die dubbelbed. Ons lees speurverhale van Simenon en spanningsverhale van Stephen King, niks wat te veel dinkwerk kos nie, want ons breinselle is skynbaar ook aan die smelt, slurp liters yskoue gazpacho op, suig aan skywe soet spanspek. Nie heeltemal die triomfantelike terugkoms wat ons ons verbeel het nie. Ons het gedog ons sou terugkeer met sakke vol stories wat om vrolike tafels met ou vriende gedeel wou word. Amper soos in Breyten se beroemde gedig "'n Hand vol vere" het ons gedog *hoe ons dan sal huil en tee drink.*

Ons het gedog, ja.

Maar terwyl ons kontak met mense moet vermy, dwaal ons tog terug op 'n paar van ons ou paaie. Ons kruie vreeslik stadig verby die huis wat ons laas jaar moes verkoop, verlig om te sien die laventel en die rose groei steeds wild en welig, die bome wat ons geplant het, is nie afgekap nie, die water van die fontein in die voorhof vloei steeds. My hart is nog heeltemal te seer oor daardie huis om dit van binne te wil sien. Dalk sal ek oor 'n paar jaar deur die breë gang kan stap en by my gewese werkkamer kan inkyk, soos ek nou deur Le Chant du Monde stap en na die gewese stal kyk, met niks meer as verwonderde herkenning nie. Maar nie nou al nie.

Ons ry ook 'n lang ent tot by 'n dorp tussen die berge waar ek en my kleuterseun in 'n verlate hotel gewoon het voordat ons na Le Chant du Monde getrek het. Meer as twee dekades later is die hotel éérs verlate en die aanloklike naam L'Auberge Fleurie (Die Blomherberg) meer misleidend as ooit. Ons val vir evokatiewe name, ek en my man, meer as vir praktiese woonplekke.

In 1999 kon ek niks beter as 'n beknopte, lelike moderne woonstelletjie vir my en my kind bekostig nie – of ek kon 'n hele leë hotel met 'n mooi naam vir dieselfde maandelikse huur kry. Natuurlik het ek die hotel gekies. Ek het gedog dit sou 'n goeie idee wees om 'n boek in 'n leë hotel te probeer skryf, terwyl Daniel op sy fiets in die laaang gang tussen sewe of agt leë slaapkamers ry.

Ek het gedog, ja.

En toe sneeu dit die hele eerste maand van die jaar. En ek onthou Stephen King se verlate, toegesneeude hotel in *The Shining*, en hoe die hoofkarakter waansinnig raak terwyl hy 'n storie probeer skryf, en Jack Nicholson se maniese grynslag in Stanley Kubrick se rolprent, en die spookkindertjies wat in die lang gang verskyn, en ek wonder al hoe meer of ek nie maar eerder die lelike moderne woonstelletjie moes gekies het nie.

Gelukkig het die sneeu gesmelt voordat ek na drankmisbruik, waansin of gesinsmoord gedryf is. Ek het oorlewe en die boek klaar geskryf en saam met my seun van Die Blomherberg na Die Lied van die Wêreld getrek, waar Alain en sy seuns reeds gewoon het en ons babadogter binnekort by ons sou aansluit.

Toe ek so twintig jaar terug Gabriel García Márquez se outobiografie lees, was ek nogal afgunstig op wat ek as 'n volmaakte titel beskou het: *Living to Tell the Tale*. Hoe ouer ek word, hoe meer besef ek dis eintlik maar waaroor alles gaan. Om voluit te lewe en stories daaroor te vertel.

"Besef jy dat die meeste mense net kan droom oor al die avonture wat ons die afgelope jaar belewe het?" mymer ek. Steeds op die naat van my rug op die dubbelbed.

"Onthou jy hoe lank óns hieroor gedroom het?" vra my man, blink gesweet langs my. "G'n wonder dit voel steeds soms onwerklik nie."

"Vir jou ook?" Ek skud die Simenon-sagteband soos 'n outydse waaier voor my gesig, enigiets om 'n bries teen my vel te voel.

Hy knik en sug swaar. "Ongelukkig voel die hitte nie onwerklik nie."

Uiteindelik maak dit nie saak dat die hittegolf en die pandemie ons verhoed om ons swerfstories met ons vriende te deel nie, want aanstaande week bokspring ons bo-oor die Engelse kanaal tot in Brittanje, waar daar sekerlik nuwe stories wag. Wel, eintlik vlug ons vir die hitte, al die pad tot in Skotland, want ons vermoed dis die enigste plek in Europa waar ons in hierdie hittige somer koeler weer kan verwag.

Maar die rede maak ook nie rêrig saak nie. Die punt is dat ons stringetjie krale nog nie toegeknoop is nie. Ons begin wonder of ons dit ooit weer toegeknoop sal kry.

35. DINGE WAT DIESELFDE BLY

Daardie tweedehandse tjor wat ons so oorhaastig in Lille aangeskaf het? Ons het gelate aanvaar dat ons moontlik net 'n paar maande daarin sou rondrits, maar ons het 'n ryding dringend nodig gehad en ons kon nie bekostig om kieskeurig te wees nie. Uiteindelik sou die Opel Meriva ons soos 'n getroue ryperd dien, above and beyond the call of duty, dwarsdeur ons swerftog en daarna.

Maar selfs die getrouste perd kan ook siek raak, en toe ons die lang pad uit die hitte van Provence na 'n koeler noordelike klimaat aanpak, kry ons ryding skielik 'n steekse streek. Dis nie 'n meganiese probleem nie. Probleme het nou eenmaal die gewoonte om uit 'n onverwagse oord op te daag, en dis blykbaar 'n elektroniese kwaal wat die stuurwiel soos 'n koppige donkie in die verkeerde rigting wil laat draai.

Plotseling werk die kragstuur glad nie meer nie en die motor moet met bultende armspiere bestuur word. Op 'n lang reguit pad kan jou arms rus, maar ons wil steeds lang reguit snelweë vermy, en in die smal straatjies van plattelandse dorpies voel 'n uur agter die stuur soos 'n uur van gewig-stoot in 'n gym. Die haarnaaldkronkels van die skouspelagtige bergpaaie wat ons graag ry, word 'n angswekkende adrenalien-belaaide avontuur. Jy moet die stuur met brute spierkrag swaai om die draai te volg en nie by 'n krans af te foeter nie. Ons bly nogtans op die gevaarlike bergpaaie eerder as die vervelige snelweë, want wie weet wanneer ons weer die kans gaan kry om hierdie afgeleë berglandskappe diep in die hart van Frankryk te bewonder?

As ons net lewend in Lille kan uitkom, verseker ons mekaar, sal ons die stuur laat herstel voordat ons verder na Brittanje reis.

Tydens die naelbyt-rit na Lille doen ek navorsing op die internet om te probeer agterkom hoe 'n kragstuur werk – of nie werk nie, in ons geval – en hoe vinnig dit herstel kan word en, uiters belangrik vir ons beperkte begroting, hoeveel dit kos om dit te herstel. Wat ek te wete kom, buiten dat dit baie geld kos, is dat hierdie soort Opel van 'n bepaalde ouderdom dikwels kragstuurkwale opdoen as die kar sowat 100 000 km gery het. En ná ons weke lank kruis en dwars deur Frankryk gery het, het ons Opel nou byna 100 000 km op die klok.

"Dit verklaar seker waarom ons dit teen so 'n bekostigbare prys kon koop," reken Alain toe ons weer rakelings by 'n afgrond verbyskuur.

Ek staar stip voor my uit, asof ek die kar met blote wilskrag op die pad kan hou indien die bestuurder se spierkrag ingee. "As ons meer van motors geweet het, sou ons beslis meer agterdogtig gewees het."

Maar dis te laat vir trane, en toe ons oplaas ongedeerd in Lille opdaag, laat ons die stuur herstel terwyl ons by die uitgebreide familie kuier. Die herstelwerk vat 'n groot hap uit ons begroting vir die beplande wegkomkans na Brittanje se koeler weer, maar nou ja, eind goed, alles goed.

Maar dis toe nie die einde nie.

Minder as 'n week nadat die probleem ten duurste opgelos is – twee dae voordat ons die motor op 'n ferrie wil laai om na Engeland en Skotland te reis – gee die kragstuur waaragtig wéér die gees. Intussen het die garage waar ons dit laat "herstel" het, gesluit vir die somervakansie. In Frankryk is Augustus die slegste maand van die jaar as jy enige soort herstelwerk nodig het – aan jou lyf, jou tande, jou voertuig, jou huis, wat ook al. Almal is met vakansie, van dokters tot werktuigkundiges. Toe ons eindelik 'n garage vind wat nie gesluit is nie, met 'n werktuigkundige wat bereid is om dringend na die motor te kyk, hoor ons dat nóg 'n elektroniese probleem opgeduik het. Nou moet ons wag dat die een of ander onderdeel uit Duitsland bestel word. Geen manier waarop ons binne twee dae in hierdie voertuig na Brittanje kan ry nie.

"As ons 'n Franse motor gehad het," brom die Fransman, "sou dit baie makliker gewees het om die onderdeel in die hande te kry."

"Nie in Augustus nie," stry ek. "Dis makliker om iets uit Duitsland te bestel omdat die hele land nie vakansie hou nie."

Dis een van daardie ou bene wat ons twee ou honde gereeld vir mekaar laat knor. Ek waardeer die Franse se siening dat jy werk om te lewe, nie lewe om te werk nie. Maar elke nou en dan kom my onderdrukte Calvinisme steeds in opstand teen al die vakansies.

Nou moet ons op die nippertjie kaartjies koop om met die Eurostar-trein van Lille tot Londen te ry. Nóg 'n hap uit ons begroting, want die Eurostar is duur en ons sal boonop 'n kar moet huur om in Skotland uit te kom. Maar omdat ons die treinkaartjies so ter elfder ure aanskaf, word ons beloon met 'n spesiale promosie, seker om die duur trein op die laaste oomblik vol te kry. Ons koop eersteklaskaartjies vir heelwat goedkoper as wat selfs 'n tweedeklasreis sou gekos het indien ons lank voor die tyd bespreek het.

"Dit wys jou net," sê die Fransman terwyl ons in luuksueuse gemak tot by die St Pancras-stasie in Londen ry. "Dis nie altyd die vroegste voëls wat die vetste wurms vang nie."

Ons kry selfs gratis ontbyt, soos in 'n vliegtuig, aangedra deur 'n trein-waardin pleks van 'n lugwaardin. Ek eet so lekker aan 'n botterige vars croissant dat ek skoon vergeet om kloustrofobies te raak omdat ons deur 'n tonnel diep onder die water ry. En ek neem my voor om ons retoer-kaartjies ook so laat as moontlik te koop.

In Londen voel ons soos surfers wat uitasem op 'n strand uitgespoel word. Ons het die Europese hittegolf tot hier gery, en dis inderdaad min-der warm as in die suide van Frankryk, maar dis steeds die droogste somer wat ek nog in Londen belewe het. Ons vriende wat al dekades hier woon, kan nie onthou dat die parke en rivieroewers al ooit so dor en bar gelyk het nie.

As jy in 'n droë land grootgeword het, word jy maklik verlei deur die ein-delose skakerings van groen wat jy in 'n reënerige land aantref. Sedert ek in my eerste brugjaar vier dekades gelede 'n paar maande in Londen gewerk het, betower die sagte groen heuwels en welige groen heinings van Brittanje my. Elke keer as ek terugkeer, word ek van voor af betower en verower. Ek mis die son, natuurlik, en ek lag vir die Londenaars se opgewondenheid as die temperatuur tot 18 °C styg, vir hoe hulle in die naaste park gaan lê en van soveel moontlik klere ontslae raak sodat hulle bleek lywe so gou moontlik 'n pienk skynsel kan kry. Maar ek bly gek oor die groen parke.

Daarom is hierdie besoek in 'n vaal, droë somer nogal 'n onthutsende ervaring. Hyde Park, Regent's Park en ander beroemde parke en pleine herinner my vir die eerste keer aan die Suid-Afrikaanse veld. Die alom-teenwoordige groen is vervang deur skakerings van geel en bruin. Soms lyk die grasperke selfs gloeiend goudkleurig in die son, nie lelik as jy na die veld verlang nie, maar beslis nie wat jy in Londen verwag nie.

"Dis so . . . so on-Engels," mompel ek 'n bietjie bedruk toe ons op 'n stukkie krapperige bruin gras in Green Park neersak. "Selfs die naam klink sarkasties. Green Park!"

Maar daar is darem ook dinge wat nooit verander in hierdie land nie, verseker ek my Fransman. Om dit te bewys sleep ek hom saam na twee Shakespeare-toneelstukke in 'n enkele week, albei buitelug-opvoerings, wat my onverwags dankbaar maak vir die droë somer. Die kanse is soveel skraler as gewoonlik dat die opvoerings deur reën bederf sal word.

Ons gaan kyk na *The Tempest* in Shakespeare's Globe, die rekonstruksie van die oorspronklike ronde Globe Theatre op die suidelike oewer van die Teems, waar Shakespeare se werk vier eeue gelede vir die eerste keer opgevoer is. Vir 'n Shakespeare groupie uit Suid-Afrika wat in matriek met *The Tempest* as voorgeskrewe werk kennis gemaak het, voel dit soos *such stuff as dreams are made on*. Ek het 'n paar opvoerings van *The Tempest* bygewoon sedert daardie eerste onvergeetlike keer in matriek, maar nog nooit in hierdie ikoniese teater nie. Die woorde voer my mee soos nog nooit voorheen nie, veral daardie uitroep in die vierde bedryf wat tot die titel van Aldous Huxley se beroemdste boek gelei het: *O brave new world that has such people in't!*

Ek druk my man se hand en sien uit die hoek van my oog dat hy net so meegevoer lyk. Hy was bekommerd dat hy nie genoeg van Shakespeare se Engels sou verstaan nie. Ek het hom herinner dat hy nog nooit in sy lewe so aanmekaar in Engels moes kommunikeer soos gedurende die ses maande wat ons in Amerika en Suid-Afrika deurgebring het nie.

"Maar ek het nie Shakespeare-Engels met enigiemand gepraat nie."

"Maak nie saak nie. Shakespeare se taal is soos goeie digkuns. Jy hoef nie elke woord te verstáán om dit te waardeer nie."

Hy het nogtans vooraf 'n Franse opsomming van elke bedryf gelees, om ten minste die aksie te volg indien hy sou sukkel om die taal te volg. En nou het Shakespeare hom klaarblyklik ook ingekatrol.

Ons gaan kyk ook na 'n opvoering van *A Midsummer Night's Dream* in Cambridge, in die lieflike tuin van St John's College (wat wonderbaarlik groener as die Londense parke gebly het), en weer lees die Fransman 'n Franse opsomming van die aksie. Maar dié keer maak die presiese betekenis van elke woord selfs minder saak. Om *A Midsummer Night's Dream* op 'n maanlignag in die middel van die somer in 'n ou Britse tuin te belewe sou 'n magiese ervaring wees selfs al verstaan jy nie die helfte van die woorde nie.

In Cambridge kuier ons by ons ou vriende, Irma en Smuts, saam met wie ons al vele reise en partytjies aangedurf het. Tussen ons het ons vier kinders van dieselfde ouderdom, 'n voordeel wat deur die jare gehelp het om gesamentlike gesinsuitstappies meer aanloklik vir almal te maak. En danksy Irma het nog 'n Britse tradisie vir my 'n onontbeerlike ritueel geword elke keer as ek in Cambridge kom. Toe ons kinders nog klein was, het ons almal saam na die buurdorpie Grantchester gestap vir tee en varsgebakte skons in die boord van The Old Vicarage, die huis waar die jong digter Rupert Brooke gewoon het voordat hy in die Eerste Wêreldoorlog dood is.

Hierdie somer stap ons weer daarheen, op 'n voetpaadjie langs die Camrivier wat ons deur groen weivelde lei. Nie heeltemal so groen soos gewoonlik nie, maar darem minder dor as die oewer van die Teems in Londen. Studente hou steeds langs die water piekniek en toeriste vaar steeds op tradisionele platboomskuite verby en vergaap hulle aan alles.

Op Grantchester bestel ons tee en skons met aarbeikonfyt en heuning en 'n dik laag room so wit soos vars sneeu. Ons sak neer in die lae seilstoele onder die vrugtebome, gesels tot ons te lui word vir gesels, en lees of droom nog 'n paar uur om. Elke keer as ek hier kom, verstaan ek die verlangende ode aan The Old Vicarage wat Rupert Brooke in 'n kafee in Berlyn geskryf het. In hierdie boord kan jy sowaar heeldag net na die lug lê en staar. *And, flower-lulled in sleepy grass, / Hear the cool lapse of hours pass, / Until the centuries blend and blur / In Grantchester, in Grantchester.*

Brooke, wat deur die digter W.B. Yeats beskryf is as "die aantreklikste man in Engeland", is dood minder as drie jaar ná hy daardie woorde geskryf het. Hoewel hy net 27 was, het hy nie, soos die meeste van die begaafde jong kunstenaars in die sogenaamde Twenty-Seven Club, sy eie lewe geneem of aan 'n oordosis dwelms beswyk nie. En hoewel hy 'n soldaat was, is hy nie op die slagveld dood nie. Die beeldskone, romantiese jongeling het gesterf weens 'n muskietbyt wat septies geword het. Soms slaan die wrede ironie van die noodlot werklik my asem weg.

Maar terwyl ons in 'n droë Engelse somer in 'n koel boord tee drink en heuning op ons skons smeer, is ons saam met Brooke dankbaar vir alles wat skynbaar ewig onveranderd bly in hierdie land. Hy rond sy Grant-chester-gedig af met 'n reeks retoriese vrae, tot by die smagtende slotreël: *And is there honey still for tea?*

Ons dogter en haar kêrel sluit ook in Cambridge by ons aan om saam met ons in Irma se motor tot in Skotland te ry. Soos telkens die afgelope jaar wanneer ons kort ente saam met familie of vriende gereis het, verwon-der ek my aan hoe elke passasier die dinamiek in 'n voertuig verander. Ons twee swerwers reis al so lank saam, letterlik en figuurlik, dat ons teen dié tyd waarskynlik telepaties kan kommunikeer. *Radar love*, noem Alain dit tergend, soos in die liedjie van Golden Earring, wat toevallig ook oor 'n ryery gaan: *I've been driving all night, my hands wet on the wheel . . .*

Wanneer daar meer mense in die motor is, gesels ons oor ander dinge, maak ons ander grappies. Op pad na Skotland raak Mia en Pierre gou moeg van ons Boomers se musiek en sy oorreed haar pa om 'n slag na háár playlist te luister. Hy trek sy gesig 'n paar keer asof iemand op sy tone trap, maar gelukkig kan sy dit nie van die agtersitplek af sien nie. En ons hou meer gereeld stil om kos aan te skaf omdat Pierre selfs meer gereeld as Alain honger raak.

Wat ons na Skotland lok, benewens die koeler weer, is die Edinburgh International Festival, die ouma van alle kunstefeeste wat elke somer 'n volle maand lank gevier word. Ons begroting is in sy peetjie en ons kan nie bekostig om 'n klomp vertonings by te woon nie, maar ons weet uit ervaring dat daar oorgenoeg gratis vermaak gedurende die feestyd is. Die strate en pleine van die ou stad verander in een enorme verhoog, met musikante en mimiekkunstenaars en marionette net waar jy kyk, kome-diante en akrobate wat hulle ding doen, akteurs in fabelagtige kostuums wat stukkies van toneelstukke opvoer. Jy kan eintlik maar net by 'n bui-telugtafel in die Royal Mile sit en bier drink, dan kom Balzac se *comédie humaine* by jou verby.

Daar is ook gratis kunsuitstallings van internasionale gehalte, museums wat ons nog nie besoek het nie of weer wil besoek, boekpraatjies deur bekende skrywers en veel meer om ons drie dae lank dolbesig te hou.

Vir Mia, wat van kleins af mal is oor Harry Potter, is Edinburgh bowenal die plek waar J.K. Rowling hierdie betowerende reeks begin skryf het. Ons kan nie 'n pelgrimstog na die ouwêreldse Harry Potter-winkeltjie vryspring nie. Vir haar pa, wat gek is oor Ian Rankin se misdaadfiksie, is Edinburgh die stad waar hy hom verbeel hy gaan enige oomblik in die speurder Rebus vasloop. Hy het sy eerste Rebus-roman gelees terwyl ons die eerste keer saam hier was, en nou herinner elke tweede straat en kroeg hom weer aan 'n toneel uit een van dié boeke. En Mia se Pierre is 'n *Lord of the Rings*-fanatikus wat sekerlik die weeklikse byeenkoms van die plaaslike studente se Tolkien Society sou bygewoon het as dit nie nou vakansie was nie.

Vir my is Edinburgh die plek waar my Skotse wortels gevoed word, waar ek haggis eet en na doedelsakmusiek luister en selfs 'n bietjie nader voel aan my jongste Skotse literêre crush, Ali Smith, wat 'n ruk hier gewoon het. In Cambridge het Irma vir my 'n getekende hardeband-eksemplaar van *Spring* geskenk, die derde boek in Smith se kwartet oor die seisoene. Ek het dit reeds in die sagteband-weergawe gelees, maar lees dit toe sommer gou weer, en koop *Summer,* wat pas verskyn het, om deur die res van hierdie warm Europese somer saam met my te piekel.

"Jy weet jy't nie plek in jou tas vir nog boeke nie," waarsku Alain.

Ek weet. Maar sommige boeke word nie net deur die leser gedra nie, hulle dra ook die leser. Ali Smith se seisoen-kwartet val in daardie kategorie.

Wat ek nie geweet het nie, is dat die skrywer vandeesweek hier in Edinburgh aan die grootste boekfees in die wêreld deelneem. Dis net nog 'n afdeling van die massiewe kunstefees, maar die program word in 'n afsonderlike lywige brosjure gepubliseer, en teen die tyd dat ek dié brosjure deurblaai, het Ali Smith se praatjie reeds begin. Ek hardloop soos ek laas op skool gehardloop het deur die besige strate van die stad, die Fransman hygend en protesterend op my hakke. ("Waarheen hardloop ons?" "Na die saal waar sy praat!" "Dis te laat!" "Ek moet nogtans probeer!") Toe ons uitasem by die saal opdaag, is die deure toe en laatkommers word nie ingelaat nie. Ek wens ek kon 'n vloermoer gooi, soos 'n gillende peuter. Ek het waaragtig die kans verbrou om 'n literêre crush in lewende lywe te ontmoet.

Die personeel wat haar boeke in die voorportaal verkoop, is gaaf genoeg om my langs die tafel te laat wag, ingeval sy dalk ná die praatjie haar boeke kom teken. Maar ek wag vergeefs. Sy het by 'n agterdeur uitgeglip, hoor ek 'n uur later, dalk omdat die personeel haar gewaarsku het dat 'n natgeswete fan uit Afrika met 'n waansinnige trek in die oë heel voor in die ry vir haar wag.

"Ek's jammer, liefie," sê my man toe ek teleurgesteld wegstap.

"Ek ook." Maar met elke tree word my tred ligter. Om ámper vir Ali Smith te ontmoet, sê ek vir my man, is so goed soos om 'n dosyn ander skrywers te ontmoet. Dis al hoe ek hierdie vreemde euforie kan verklaar.

'n Paar dae later, terug in Cambridge en dringend op soek na goedkoop Eurostar-kaartjies, smag ek na daardie euforiese gevoel. Ek het gehoop die pryse van die kaartjies sal sak as ek weer tot op die nippertjie wag, maar hoe nader die vertrektyd van elke trein kom, hoe duurder word die kaartjies.

"Seker omdat daar in Augustus meer Britte is wat die son in Frankryk soek as Franse wat enigiets in Brittanje soek," sê die Fransman met Franse beterweterigheid.

Hy is waarskynlik reg, want van Londen af is daar geen halfleë eersteklas-waens wat gevul word met plebs soos ons wat net tweedeklas-kaartjies kan bekostig nie. Uiteindelik betaal ons twee keer so duur vir ons tweedeklas-kaartjies terug na Lille as wat ons vir ons eersteklas-kaartjies na Londen betaal het.

In Lille kry ons die Opel – wat hopelik dié keer ordentlik herstel is – en ry weer na Dordogne. Die Périgord-streek het ons in die somer betower, maar nou wil ons die herfs daar deurbring om te kyk of die betowering hou. Sommige dinge bly altyd dieselfde, sê ons vir mekaar, maar sommige dinge verander heeltemal as die weer verander. Ons moet seker maak dat ons verhouding met Périgord die reën en die koue kan weerstaan voordat ons die drastiese besluit neem om ons oorblywende besittings uit die skeepshouer te bevry en hierheen te bring.

36. LIEWER LAAT AS NOOIT

Kort voor Kersfees, ná meer as vyftien maande van 'n nomadiese bestaan, trek ons na 'n eenvoudige huurhuisie met 'n wilde tuin in Périgord. Ons het besluit ons sien kans om in dié streek vas te haak, miskien selfs weer 'n woonplek te koop, want eiendom is heelwat goedkoper as waar ons voorheen gewoon het.

Maar eers geniet ons nog 'n laaste wals op die eiland Korsika. Of dalk moet ek dit eerder 'n tango noem, met onverwagse kinkels en swierige swaaie soos die Korsikaanse bergpaaie. Sensueel soos die see wat aan wye wit strande lek, smeulend soos die son wat saans in die sugtende see sink soos in 'n minnaar se omhelsing. Korsika is so oorrompelend soos 'n ge-improviseerde Latyns-Amerikaanse dans.

Ons vriend Kobus Braai het ons genooi om 'n Frans-Suid-Afrikaanse kennis se huis op te pas. Net die plek om jou boek klaar te skryf, sê hy toe ek flou teëstribbel dat ek weer aan die skryf moet kom. Stilte en afsonde-ring, lieflike see-uitsigte, swemplekke en staproetes, wat meer wil jy hê?

"Korsika is fantasties," beaam my man met blink oë, want hy was al op die eiland en ek nog nie.

"Korsika is fantasties," sing ons kinders in 'n koor saam toe ons hulle van die uitnodiging vertel. Ek het gedog hulle sou teen dié tyd verveeld wees met ons reisstories, ons eerder aanmoedig om 'n slag tot rus te kom en ons soos voorbeeldige oumense te gedra. Toe nou nie.

Toe stem ek natuurlik in om die huis te kom oppas.

Gedurende hierdie swerftog het ons 'n paar lieflike leë huise langs die pad opgepas. Dit het half toevallig gebeur, soos soveel dinge die afgelope vyftien maande. Vriende en vriende van vriende en selfs vreemdelinge wat intussen vriende geword het, het ons genooi om in hulle huise te bly terwyl hulle elders reis of werk. Van North Carolina en Connecticut in Amerika tot Kaapstad, van Périgord in Frankryk tot hierdie huis teen 'n berghang, met 'n uitsig op die see deur elke venster, in 'n afgesonderde gehuggie in Korsika.

Ek het al 'n lang lys van tydelike beroepe in my lewe beoefen. Ek was kelnerin en kroegmeisie, parfuumverkoper en proefleser, au pair en toergids, redigeerder, resensent en rubriekskrywer. En nou kan ek nog 'n kwalifikasie by my CV voeg: Huisoppasser.

Om 'n huis in Korsika op te pas is egter nie dieselfde as om 'n huis op enige ander plek op te pas nie. In North Carolina kan jy dalk skrikkerig wees vir bure wat hulle ondersteuning vir Trump op kennisgewings op hulle grasperke adverteer, maar jy kan hulle vermy en uit die moeilikheid bly. In Kaapstad moet jy diefalarms stel elke keer as jy die huis verlaat en snags seker maak dat alle deure en vensters toe is, want misdaad is 'n probleem. In Périgord is die bure gaaf én misdaad is so beperk dat jy nie snags jou vensters hoef toe te maak nie, behalwe om die muskiete buite te hou. Maar in Korsika moet jy 'n huis oppas om te keer dat die bure dit met 'n tuisgemaakte bom aan die brand steek.

Die Korsikane het 'n oeroue strewe na onafhanklikheid wat van geslag na geslag oorgedra word, en 'n opstandigheid teenoor Frankryk wat steeds as die koloniale besetter beskou word. Die Korsikane hou nie van Franse van die vasteland nie en steek soms Franse vakansiehuise op die eiland aan die brand om hulle wrewel uit te druk. Hulle hou veral nie van Parysenaars nie, is ons gewaarsku, want Parys is die setel van die ongewenste owerheid.

"*Bof*," sê my Fransman, "ek hou ook nie van Parysenaars nie, so ek sal goed klaarkom met die Korsikane."

"En ek is in elk geval net baster-Frans," redeneer ek. "Soos die Korsikane het ek 'n ander komvandaan."

Van ons eerste dag op die eiland was almal – van kelners en winkeliers tot vreemdelinge op straat – nog net gaaf met ons. Maar laas naweek is drie onbewoonde huise weer in bomaanvalle beskadig, een daarvan op Cargèse, 'n dorpie wat ons van ons stoep af oorkant 'n glinsterende blou baai kan sien.

Hoewel die FLNC (Nasionale Bevrydingsfront van Korsika) in 2014 amptelik verklaar het dat hulle die gewapende stryd om onafhanklikheid laat vaar, het kleiner splintergroepe altyd militant gebly, en sedert die rebelleleier Yvan Colonna vroeër vanjaar deur 'n medegevangene in 'n

Franse tronk vermoor is, dreig die FLNC om weer die wapen op te neem. Colonna se nom de guerre was Skaapwagter van Cargèse – wat waarskynlik verklaar waarom 'n Franse vakansiehuis op Cargèse ook laas naweek geteiken is.

Die voortslepende geweld is die grootste rede waarom ek, ná meer as 'n kwarteeu in Frankryk, nog nooit voorheen in Korsika was nie. Toe ek in die jare negentig in Europa kom woon het, het die terreur op die eiland hoogty gevier en mense het gereeld in bomaanvalle gesterf. Vir my, 'n Suid-Afrikaner uit 'n gewelddadige samelewing, het dit onsinnig geklink om te gaan vakansie hou op 'n plek waar ek voortdurend bang sou wees vir geweld.

Almal, insluitend my Franse geliefde, het my aanhoudend vertel van die asemrowende natuurskoon wat vir enige moontlike gevaar kan vergoed – Korsika word nie verniet Die Eiland van Skoonheid genoem nie – maar ek wou eerder wag "tot dinge kalmer word".

Nou is ek hier, 'n soort menslike veiligheidsmuur om 'n leë huis te beskerm, kan jy seker sê, en my asem word inderdaad daagliks weggeslaan deur die alomteenwoordige skoonheid van hoë bergpieke en groen woude, wit kranse en uitgestrekte strande en die see in elke denkbare skakering van blou. Maar hoe meer ek oor die bloedige geskiedenis van Korsika te wete kom, oor vendettas wat dekades lank duur, oor "bandiete van eer" wat deur die polisie gejag en deur die bevolking beskerm word, oor rebellies en sluipmoorde en weerstandbewegings, hoe meer vermoed ek dat dinge nooit werklik "kalm" gaan word nie. Korsika se natuurskoon het weliswaar 'n kalmerende invloed, maar die geskiedenis van die eiland is allesbehalwe 'n kalm relaas.

En al waaroor ek spyt is, is dat ek nie lankal gekom het nie.

Ek lees wat iemand in 1948 vir die Britse skrywer Dorothy Carrington gesê het, op die laaste dag van haar eerste reis deur Korsika: *Gee pad hier voordat jy volkome betower en verslaaf is.* Sy het nie geluister nie, sy het teruggekeer, weer en weer, en haar uiteindelik in Ajaccio gevestig, waar sy in 2002 op die ouderdom van amper 92 oorlede is.

Carrington se boek *Granite Island: A Portrait of Corsica* het vyftig jaar gelede verskyn en intussen klassieke status verkry. Dis 'n magnum opus waarin haar persoonlike belewenis van die eiland saamsmelt met deeglike navorsing oor die politieke geskiedenis, mites en legendes. Sy skryf oor fassinerende verskynsels soos "droomjagters" en sieners, die spontane rouliedere van *voceratrices*, die polifoniese koorsang van skaapwagters of vissermanne.

Ek moet eerlik sê dat Korsikaanse polifoniese musiek vir my Fransman so pynlik op die oor is soos die Briels se Afrikaanse gejodel en Hawaise kitare vir my. Maar nogtans sal ons jubel, nie jodel nie, let wel, oor wat ons hier aantref.

Hoewel die eiland die afgelope halfeeu onherroeplik verander het, is Carrington se liriese beskrywings steeds 'n beter gids vir 'n reisiger wat Korsika wil verstaan as enige moderne gidsboek met volkleurfoto's en wenke oor waar jy kan eet en slaap. Ondanks al die veranderinge, is daar baie wat dieselfde gebly het. En wanneer 'n begaafde skrywer 'n reiservaring verwoord, word daardie woorde nooit werklik oud nie.

Dis waarom ek gedurende die Amerikaanse been van ons swerfjaar saam met John Steinbeck en sy wolhaarhond Charley in 'n primitiewe kampeerwa met die romantiese naam Rocinante kon klim. Soveel van wat Steinbeck geskryf het, was nog net so waar vir ons eie reis in 'n moderne kampeerwa deur 'n ewig-veranderende Amerika.

Skrywers soos Steinbeck en Carrington kry dit reg om op 'n intens persoonlike manier die siel van 'n plek vas te vang eerder as om bloot pleknae en feite met anekdotes af te wissel. Plekname verander, soos ons Suid-Afrikaners maar te goed weet, feite word verdraai, anekdotes verflou, maar die siel bly die siel.

En Korsika het 'n óú siel. Kyk maar na die menhirs en obeliske uit die Nuwe Steentydperk wat duisende jare ongestoord op die eiland rondgelê het, soos klippers waarmee die kinders van reuse gespeel het, tot dit taamlik laat in die twintigste eeu eers deur geleerdes uit die buitewêreld "ontdek" is. Dis boonop 'n opstandige siel dié, gevorm deur die een ongewenste besetter na die ander, van die antieke Grieke en Romeine tot die owerhede van Pisa en Genova. Selfs die Britse Ryk het kortstondig hier kom baasspeel voordat die gebied uiteindelik twee eeue gelede deur Frankryk oorgeneem is.

Van altyd af vind seerowers, voortvlugtiges, bandiete en rebelle op die eiland skuiling, danksy die beskutte baaie waar skepe veilig kon anker, die baie berge in die binneland wat moeilik bereikbaar was, en die onbegaanbare bosse of *maquis* waar enigeen na willekeur kon wegraak.

Dis hoofsaaklik weens die *maquis* – en die inherente opstandigheid van die bevolking – dat 'n indrukwekkende weerstandbeweging in die Tweede Wêreldoorlog ook hier ontstaan het. Die eiland is eers deur die Italianers en daarna deur die Duitsers beset, maar vir baie Korsikane was dit net nóg twee besetters in hulle ewige stryd om onafhanklikheid. So onwelkom soos al die ander – en teen dié tyd het hulle geweet hoe om teen besetters te baklei.

Deesdae is die ongereptheid van die kuslyn inderdaad bederf, soos Carrington voorspel het, deur moderne toerisme en alles wat dit meebring – onaansienlike hotelle, kitskos-restaurante, supermarkte en sake-ondernemings – maar die bergryke binneland bly grotendeels onbewoon en onontwikkel. Hier tref jy nog die soort afsondering aan wat al hoe skaarser word in Europa. In die somer sak kampeerders en stappers in swerms op die berge toe – op soek na die begeerlike afsondering wat hulle dan heel ironies help vernietig – maar buite seisoen kan jy ure op bergpaaie met haarnaalddraaie ry, hoër en steeds hoër tot jou ore toeslaan en dit voel asof jy deur die klankgrens gaan breek, en net enkele ander motors teenkom.

Hierdie bergagtige, bosagtige landskappe waar die mens en sy maaksels nie alomteenwoordig is nie, laat my na my geboorteland verlang. Ek het nie eens besef hoe ek sulke verlatenheid in Europa mis nie, tot Korsika in die herfs aan my geheue kom krap het. Die Calanques de Piana, 'n arena van rooskleurige rotsformasies in fabelagtige vorms, is so ontroerend soos die Vallei van Verlatenheid in die Oos-Kaap of die Swartbergpas na Die Hel in die Karoo.

Maar selfs aan die kus kan jy steeds verlatenheid en afsondering vind. Die huis wat ons oppas, hang teen 'n helling hoog bo die Golf van Sagone. Om dit te bereik moet jy 'n bergpaadjie met blinde hoogtes en bedrieglike draaie beproef, uitswaai vir sinkgate en jou hart vashou wanneer 'n motor van voor af aankom op plekke waar twee motors net-net by mekaar kan verbyskuur, tussen kranse en 'n gapende afgrond. Die naaste winkel waar brood of enige soort kos gekoop kan word, is 'n halfuur se ry van ons, hoofsaaklik op sulke soort bergpaaie. Ná donker word dit selfs gevaarliker, want dan moet jy vir wilde varke of bokke uitswaai sonder om by die afgrond af te rol.

Ons beperk dus ons inkopies en ons uitstappies, sorg dat die spens vol bly en benut die vrugte en groente in die tuin. Ons maak saans kaggelvuur om die koue te verdryf en ons word soggens wakker in 'n dubbelbed met 'n uitsig op die see wat nie in geld gemeet kan word nie. Anderkant die baai lê berge en nogmaals berge, laag op laag van blou, blouer, blouste, sommige van die hoogste pieke reeds wit van die eerste wintersneeu.

In die somer is die hele stemming op die eiland anders, vroliker en bedrywiger, maar ek was nog altyd aangetrek tot die melancholiese stilte van vakansieplekke buite seisoen. In die somer sal Korsika seker ander vreugdes verskaf, maar ek is gek oor hierdie herfservaring. Ek stap my kuitspiere seer teen die hellings en ek lees voor die kaggel en ek skryf by 'n kombuistafel. En elke keer as ek opkyk, is die see, die lug en die berge 'n ander skakering van blou.

Vanoggend lê die water soos 'n donkerblou dam onder 'n wolklose lug, die onweerstaanbare cliché van die gladde Mediterreense See, maar gister was die water grysblou en onstuimig en vol skuim onder bollende wolke. En eergister was die berge skoonveldweg agter misnewels.

"Ek weet nie hoe dit môre gaan lyk nie," praat ek met myself, "maar ek sien uit na die prentjie."

"Skryf," vermaan my man wat langs die kombuistafel besig is om ons middagete te kook. "Skryf dit neer, skryf dit neer."

Ons glimlag vir mekaar. Wat hierdie herfsverblyf in Korsika ons bied, is stiltetyd om te onthou waar ons oral die afgelope vyftien maande was. 'n Wegkomkans om te waardeer dat ons dit tot hier gemaak het, nader aan mekaar ondanks alles. Of dalk juis as gevolg van alles. 'n Laaste kans om ons voor te berei op ons volgende hoofstuk in 'n onbekende omgewing.

Dis die blou van onthou wat my hier tref, want die herinneringe wat ons gedurende ons swerftog versamel het, vloei so onophoudelik soos die olie in die weduwee se kruik. Maar dis ook die wasiger blou van wonder oor wat voorlê, van hoop dat ons gelukkig sal wees in ons nuwe tuiste.

Die blou van vertrou, dis hoe ek nou daaraan dink, en die skielike verrassende groen van 'n nuwe begin. Want hoop is altyd groen, en groen keer altyd terug. Dit weet ek ook nou.

EN OM AF TE SLUIT

Hoe eindig jy 'n swerftog na 'n onbekende bestemming? Wanneer jy op-
laas die bestemming bereik waarheen jy heelpad onbewustelik gemik het,
instinktief, blindelings, daardie tuiste waar jy al jou pogings om weg te
kom gaan laat vaar?

Ek wens ek kon sê dit was so eenvoudig.

Ek besef al hoe meer dat enige uitgerekte swerftog voortduur lank na-
dat dit amptelik verby is. Indien nie letterlik nie, dan ten minste figuurlik.
Byna twee jaar ná ek in 'n huurhuisie in Périgord ingetrek het, waar ek my
boeke weer kon uitpak, my skilderye teen die mure kon hang, my klippe
en skulpe en vere en ander optelgoed kon aanvul met nog sulke goeters
wat ek tydens ons reis opgetel het, reis ek steeds. In my herinneringe, my
verbeelding, my drome. In die boeke wat ek lees en die flieks wat ek kyk
en die musiek waarna ek luister.

Ek probeer steeds ligter lewe, ervarings eerder as besittings versamel,
minder verbruik en weggooi en mors, sagter op ons kosbare aarde trap.
As ek iets nuuts koop of present kry, wonder ek wat ek vir iemand anders
kan gee sodat ek nie te swaar dra aan besittings nie. Asof ek steeds uit 'n
tas lewe.

Hierdie denkbeeldige tas is heelwat groter as die regte tas waaruit ek
vyftien maande lank moes lewe, maar dis nie soos Mary Poppins se won-
derbaarlike sak waarin enigiets kan pas nie. Ek bly bewus van die beper-
kings van besittings.

Maar ondanks hierdie selfopgelegde beperkings – of dalk juis danksy
sulke reëls wat ons reis my geleer het – voel ek vryer as ooit voorheen.

Dis meer as net die vryheid waaroor Janis Joplin op die eerste dag van
ons swerftog gesing het, daardie angswekkende vryheid wat jy voel wan-
neer jy niks meer oor het om te verloor nie. Ná só 'n lang reis weet ek dat
vryheid 'n houding is, soos die filosoof Johan Degenaar dit gestel het, 'n
houding waardeur jy alledaagsheid oorwin. Noudat ek weer elke nag in
dieselfde bed slaap, strewe ek elke dag na hierdie houding.

Dis maklik om alledaagsheid te oorwin wanneer jy buite jou gemaksone is, wanneer alles om jou anders lyk en klink en ruik as waaraan jy gewoond is. Jy het nie werklik 'n keuse nie. Jy gryp die andersheid aan of jy keer druipstert terug na die verveligheid van die bekende. Dis wanneer jy elke oggend in dieselfde bed wakker word dat alledaagsheid jou kan oorweldig. Dís wanneer jy 'n houding van vryheid nodig het.

En hoe ouer jy word, hoe nodiger word dit. Reg in die begin van ons swerftog het ek by Camus se graf troos gevind in sy woorde oor die ewigdurende somer wat ons in onsself kan vind. Noudat ons weer in 'n huis woon, dink ek dikwels aan wat Camus oor ouderdom geskryf het. Die tragedie van ouderdom, beweer hy in *La chute* (*The Fall*), is nie dat jy oud is nie, maar dat jy jonk is. In jou verouderende lyf klop 'n hart wat nog net so nuuskierig en honger en vol verlange is as toe jy jonk was.

Die ware uitdaging, of jy nou reis of nie, is om hierdie honger hart nie heeltemal te laat uithonger nie. Deesdae vermoed ek liefde bly die beste – dalk selfs die enigste – manier om dit reg te kry.

"So hoe het hierdie reis julle verhouding verander?" wil vriende van ver af weet.

Ons naaste familie hoef dit nie te vra nie. Hulle kan sien dat ons nader aan mekaar lewe. Twee perde wat 'n wa sáám deur 'n drif moes trek – en toe word daardie trekkery 'n onvoorspelbare en immer veranderende avontuur.

Die lewe sal jou breek. Daar is geen manier om heel anderkant uit te kom nie. Dis eers wanneer jy al jou stukkies weer bymekaar moet skraap dat jy leer om langs 'n appelboom te sit en te luister hoe die appels rondom jou val. *Vertel jouself dat jy soveel appels geproe het as wat jy kon.* Dis 'n brokkie raad wat ek in die Amerikaanse skrywer Louise Erdrich se boek oor genesing, *The Painted Drum*, gekry het.

Ons swerftog was 'n manier om soveel moontlik van daardie appels te proe. Om nie net langs die boom te sit nie, maar letterlik in die boom te klim, soos ek in my skoonma se appelboom naby Lille geklim het, om 'n bekende omgewing uit 'n ander hoek te bekyk.

"Jy hoef nie eens in 'n vliegtuig te klim om anders na die wêreld te kyk nie," sê ek nou vir ons kinders. "Jy kan bloot in die naaste boom klim."

Die gevoel van vryheid en dapperheid wat ek daar bo in *belle-maman* Francine se appelboom ervaar het, is wat ek probeer oproep elke keer as die alledaagse lewe dreig om my onder te kry. Die gevoel wat my oorweldig het toe ek in die herfs in 'n meer in Switserland geswem het. Of in die Egeïese See tussen Griekeland en Turkye gedryf het. Of op 'n houtplatform geklim het om die son in die Mississippi-rivier te sien sak of onder eeue oue rooihoutbome aan die Kaliforniese kus gekampeer het. Of op 'n gruwelike grondpad na Die Hel en terug gery het. Of in Stilbaai se Goukourivier toegelaat het dat die stroom my wegvoer see toe, al drywend, met my sarong om my kop gedraai sodat ek darem 'n droë kledingstuk het vir die terugstap langs die rivier.

Ons het albei geleer, ek en die Fransman, om sulke klein oomblikke van vreugde aan te gryp, om te wéét ons is gelukkig terwyl die geluk ons soos 'n brander tref, onverwags, intens, in 'n oogwenk verby.

En ek steek steeds my kersie op by ander skrywers, soos George Eliot wat beweer het dis nooit te laat om te wees wat jy kon gewees het nie. Ons swerftog het my geleer dat ek steeds op pad is na die self wat ek kon gewees het. En hopelik kán wees, as ek niks as vanselfsprekend aanvaar nie, as ek altyd verwonderd kan bly.

"Dit kos oefening," sê ek vir ons kinders. "Soms moet jy oud word en groot ongelukkigheid belewe en ver reis om dit reg te kry. Maar o, as jy dit regkry!"

Dan kan jy vir die res van jou lewe aan die reis bly – al doen jy dit terwyl jy op jou eie stoep sit. Dan word vryheid soveel meer as net nog 'n woord. Nou die dag sit ek hier op my gehuurde stoep en lees Jeanette Winterson se roman *The Passion,* 'n boek wat ek lank terug gelees het, toe ek te jonk was om te besef dit gaan nie net oor hartstog nie, maar miskien nog meer oor vryheid. Om iemand anders lief genoeg te hê om selfs net vir 'n oomblik van jouself te vergeet, skryf Winterson, is om vry te wees.

Dalk is dit al wat ware vryheid beteken. Die vermoë om lief te hê. Maar dit vertel ek nie vir ons kinders nie, dit klink te vervelig tussen al ons reisstories oor noue ontkomings en onverwagse ervarings. Hulle sal dit hopelik eendag self besef.

OM TE BEDANK

Hierdie reis – en hierdie boek – sou nie moontlik gewees het sonder *the kindness of strangers* en die barmhartigheid van vriende en familie nie. Sommige van die goedgunstiges wat ons langs die pad 'n bord kos, 'n bed om in te slaap of 'n stoep om op te kuier aangebied het, het ek in die boek bloot op hulle voorname genoem omdat ek 'n informele geselstrant wou behou, maar nou moet ek hulle behoorlik bedank.

In Frankryk kon ons dwarsdeur ons swerfjaar staatmaak op my skoonsus Edith Claisse en die hele uitgebreide Claisse-familie, insluitend ons volwasse kinders en hulle metgeselle: Thomas en Geraldine Lo, Mia en Pierre Debusscher, en Hugo. Verder is ons reis vergemaklik deur die gasvryheid van Armando en Odile Perrone, Loes Schillemans, André Coetzee en Louisa Sherman, Gavin en Glenda Younge, Louis Jansen van Vuuren en Hardy Olivier, en die liewe Lynn Boerin, ook bekend as Lynn Chaulieu. Kobus Botha, alias Kobus Braai, het ons genooi om Adrian Lees se huis in Korsika op te pas en 'n bietjie saam met ons daar gekuier. En Anina Visser se uitnodiging na haar ouers, Tania en Broekies Visser, se kliphuisie in die Périgord-streek het uiteindelik gelei tot ons besluit om ons in dié omgewing te vestig.

In Switserland het ons seun Daniel en sy metgesel, Marie Arnaud, ons tuis laat voel, terwyl Zeona Jacobs en haar man, Philip Taramarcaz, ons ook in hulle huis verwelkom het. In Italië het Lida Meyer-Masini ons met raad en daad bygestaan terwyl ons Rome verken het, en in die Puglia-streek was Mario en Yvette Maruccia ons geesdriftige gidse. Die Griekse eiland Lesbos sou moontlik nie deel van ons swerftog gewees het as dit nie was vir Elizabeth Wiese-Prager, wat ek lank gelede in Frankryk leer ken het, asook Frederik de Jager en Douw Steyn wat my in 2017 genooi het om die eerste van verskeie skryfwerkswinkels daar aan te bied nie. Taxia Koskina, wat my naam Grieks laat klink deur my "Maritaki" te noem, en Giannis Pitsoulis verdien ook 'n spesiale dankie. In Engeland is ons op die hande gedra deur S.P. van Wyk en Marius Gerber, terwyl Irma en Smuts Beyers selfs vir ons 'n motor geleen het toe ons s'n onklaar raak.

Verskeie barmhartige Samaritane met 'n Suid-Afrikaanse agtergrond het gehelp om die enorme VSA 'n bietjie meer bekend te laat voel: Ingrid en Gavin du Toit in Connecticut, Micheline Tusenius en haar gesin in Washington DC, Michelle en Jaco Hamman in Tennessee, Amanda Pyper in Kalifornië, en bowenal Karin Hougaard en Lize Booyens wat hulle lieflike huis in North Carolina vir ons geleen het. Dankie ook aan die Amerikaners wat hulle deur en hulle hart vir ons oopgemaak het: Edith Hoogenboom in Manhattan, asook Robin en Robert Jones, alias Shanti en Blu, in Santa Barbara.

In my gasvrye geboorteland het ons op soveel stoepe gekuier dat my bedankingslys onmoontlik almal kan insluit, maar ek wil tog die belangrikstes noem: Elna van der Merwe en Pieter Marais op Stilbaai; Tony Jackman en Diane Cassere op Cradock; Piet Steyn, Desima Beukes, John Miles en Saar Steenkamp op Nieuwoudtville; Paula en Louis Pereira op Prins Albert; Terry de Vries op Barrydale; Wiaan van der Vyver, Peter van Noord en Johan van Zyl, J.P. Meyer, Rudoph en Emma Willemse en Kitty Snyman in die Sandveld en die Swartland se omgewing; Lien Botha en Raymond Smith op Bettysbaai; Ingrid en Koos Marais in die Krugerwildtuin.

In die Kaapse Skiereiland en Stellenbosch is ek dank verskuldig aan my aange-troude familie, Esmé van der Vyver en die Brink-broers, asook aan enkele jarelange vriende: Wilma en Nico McLachlan, Irna van Zyl en Bridget McCarney, Wilhelmien en Charl van der Merwe, Marietha Channel alias Koffiesak, Julia Viljoen en Karin Brynard.

En vir die res wat ons langs die pad raakgekuier het, julle weet wie julle is, en ek sê diep uit my hart dankie vir julle vriendskap en geselskap.

Terwyl ek aan hierdie boek geskryf het, is ek bygestaan deur Kerneels Breyten-bach en Annemarié van Niekerk, wat die eerste weergawe gelees en onontbeerlike raad gegee het, asook deur my redakteur Solette Swanepoel en redigeerders Francois Smith en Etienne Bloemhof. Dankie, soos altyd, aan Eben Pienaar en die geesdriftige bemarkingspan by Tafelberg.

Skryf bly nou eenmaal 'n alleenreis, maar dit voel minder eensaam wanneer soveel mense jou op jou roete ondersteun, aanmoedig, en letterlik of figuurlik pad-kos verskaf.

Frankryk
Februarie 2025

BRONNELYS

Hierdie alfabetiese lys bevat nie al die boeke wat in die teks genoem word nie, slegs dié waaruit 'n frase of meer aangehaal word. Hopelik sal sommige lesers se nuuskierigheid geprikkel word om van die romans, digbundels of nie-fiksieboeke te lees – of weer te lees – sodat die wye wêreld van lesers kan aanhou draai.

Baldwin, James, *Giovanni's Room*, Dial Press, 1956.

Bishop, Elizabeth, *Geography III*, FSG Classics, 2008 (oorspronklik in 1976 uitgegee).

Boerneef, *Palissandryne*, Nasionale Boekhandel, 1964.
  Sesde hoepel, Tafelberg, 1976.

Brillat-Savarin, Jean Anthelme, *The Physiology of Taste*, Everyman, 2009 (oorspronklik in 1825 in Frans uitgegee as *La physiologie du goût*).

Brooke, Rupert, *1914 and other Poems*, Penguin Books, 1999.

Camus, Albert, *L'Été* (*Summer*), Folio, 2006 (oorspronklik in 1954 uitgegee).
  La chute (*The Fall*), Folio, 1998 (oorspronklik in 1956 uitgegee).

Carrington, Dorothy, *Granite Island: A Portrait of Corsica*, Penguin Books, 2008 (oorspronklik in 1971 uitgegee).

Carroll, Lewis, *Alice se avonture in Wonderland*, vertaal deur André P. Brink, Human & Rousseau, 1965.

De Vries, Abraham H., *Soms op 'n reis*, Human & Rousseau, 1987.

Didion, Joan, *Slouching towards Bethlehem*, Farrar, Straus and Giroux, 2008 (oorspronklik in 1968 uitgegee).

Elkin, Lauren, *Flâneuse – Women Walk the City in Paris, New York, Tokyo, Venice and London*, Vintage, 2017.

Erdrich, Louise, *The Painted Drum*, HarperCollins, 2006.

Flaubert, Gustave, *Madame Bovary*, Penguin Classics, 2007 (oorspronklik in 1856 in Frans uitgegee).

Gide, André, *Les faux-monnayeurs* (*The Counterfeiters*), Nouvelle Revue Francaise, 1925.

Kazantzakis, Nikos, *Zorba the Greek*, Faber & Faber, 2008 (oorspronklik in 1946 in Grieks uitgegee).

Lawrence, D.H., *Birds, Beasts and Flowers*, Bibliotech Press, 2022 (oorspronklik in 1954 uitgegee).

Markham, Beryl, *West with the Night*, Penguin Books, 1988 (oorspronklik in 1923 uitgegee).

Oliver, Mary, *New and Selected Poems Volume One*, Beacon Press, 2004 (oorspronklik in 1992 uitgegee).

Proust, Marcel, *Du côté de chez Swann*, Flammarion, 1999 (eerste deel van *À la recherche du temps perdu*, oorspronklik in 1913 uitgegee).

Salinger, J.D., *The Catcher in the Rye*, Little, Brown and Company, 1951.
Schreiner, Olive, *The Story of an African Farm*, Century Hutchinson, 1983 (oorspronklik in 1883 uitgegee).
Solnit, Rebecca, *A Field Guide to Getting Lost*, Canongate Books, 2017.
    Orwell's Roses, Viking Press, 2021.
Steinbeck, John, *Travels with Charley – In Search of America*, Penguin Books, 2017 (oorspronklik in 1962 uitgegee).

Wallis, Michael, *Route 66: The Mother Road*, St Martin's Press, 2001.
Whyte, David, *Pilgrim: Poems*, Many Rivers Press, 2014.
Wilder, Thornton, *The Woman of Andros*, Albert & Charles Boni, 1930.
Winterson, Jeanette, *The Passion*, Bloomsbury Press, 1984.

www.ingramcontent.com/pod-product-compliance
Lightning Source LLC
Chambersburg PA
CBHW030820090426
42737CB00009B/800